本书系广东省哲学社会科学规划2020年度一般项目（项目编号：GD20CFX13）阶段性成果。

南强知产文库

著作权
默示许可研究

尹卫民　著

厦门大学出版社
XIAMEN UNIVERSITY PRESS
国家一级出版社
全国百佳图书出版单位

图书在版编目（CIP）数据

著作权默示许可研究 / 尹卫民著. -- 厦门 ：厦门大学出版社，2024.12. --（南强知产文库）. -- ISBN 978-7-5615-9607-4

Ⅰ.D923.414

中国国家版本馆 CIP 数据核字第 2024ND8326 号

责任编辑　李　宁
美术编辑　李夏凌
技术编辑　许克华

出版发行　厦门大学出版社
社　　址　厦门市软件园二期望海路 39 号
邮政编码　361008
总　　机　0592-2181111　0592-2181406（传真）
营销中心　0592-2184458　0592-2181365
网　　址　http://www.xmupress.com
邮　　箱　xmup@xmupress.com
印　　刷　厦门市金凯龙包装科技有限公司

开本　720 mm×1 020 mm　1/16
印张　16.5
字数　215 千字
版次　2024 年 12 月第 1 版
印次　2024 年 12 月第 1 次印刷
定价　83.00 元

本书如有印装质量问题请直接寄承印厂调换

厦门大学出版社
微信二维码

厦门大学出版社
微博二维码

目　录

导　论 ·· 001

第一章　著作权默示许可的内涵、属性及发展 ································· 013
　　第一节　著作权默示许可的内涵 ·· 015
　　第二节　域外著作权默示许可的发展历程 ····································· 030
　　第三节　著作权默示许可属性的认识分歧与厘定 ·························· 048
　　第四节　著作权默示许可与相关权利限制模式的比较 ··················· 061

第二章　著作权默示许可的正当性分析 ··· 079
　　第一节　默示许可与著作权法利益平衡功能 ································· 081
　　第二节　著作权默示许可的宪法价值 ·· 095
　　第三节　著作权默示许可使用的现实需求 ····································· 126

第三章　著作权默示许可的典型适用 ··· 139
　　第一节　著作权默示许可对孤儿作品的适用 ································· 141
　　第二节　著作权默示许可与著作权延伸性集体管理机制的结合 ····· 157
　　第三节　著作权默示许可在网络环境下的适用 ····························· 175

第四章　我国著作权默示许可的制度构建 ································ 191
　　第一节　著作权默示许可在我国立法与司法中的体现 ·············· 193
　　第二节　著作权默示许可应遵循的原则 ································ 204
　　第三节　我国著作权默示许可应然性规范思路 ······················ 219
　　第四节　完善我国相关法律条文的立法建议 ·························· 237

结　语 ··· 243

参考文献 ·· 247

导论

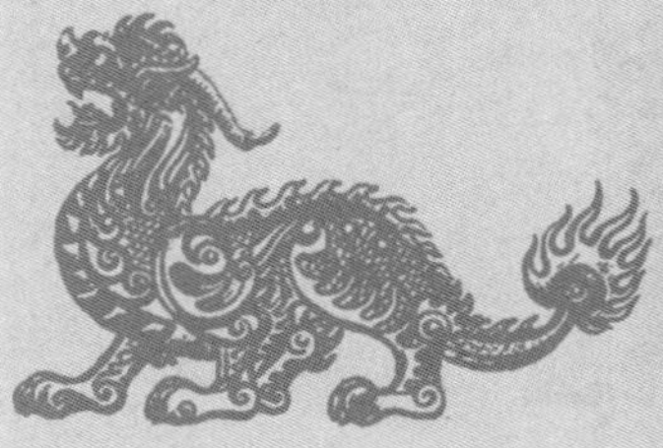

一、著作权默示许可的兴起

知识产权许可是指知识产权权利人许可他人在一定期限、一定范围内以一定方式使用其知识产权的法律行为。以许可是否以明确的方式作出为标准，知识产权许可可分为明示许可与默示许可。著作权许可作为知识产权许可的一种，亦可划分为明示许可与默示许可。著作权明示许可最典型的模式是著作权许可使用合同。著作权许可使用合同具备一般民事合同所应符合的条件，其特征之一为合同双方当事人基于合意形成一致的意思表示，该合同是诺成性、期限性的双务有偿合同。因此，著作权许可使用合同的主体是著作权人与作品使用者，二者对各自所享有的权利和应承担的义务形成了合意。著作权许可使用合同一般采用书面形式，但是在特定情形下也允许当事人采用口头形式。

著作权许可除了著作权许可使用合同这一典型模式之外，还有著作权默示许可，他人亦可通过该模式获得著作权人的授权而使用其作品。著作权默示许可与著作权许可使用合同最大的不同之处在于前者是他人通过著作权人的沉默或者特定行为而推定著作权人许可使用其作品，而非根据著作权人与使用者之间的合意产生许可使用合同。换言之，只要著作权人在特定情形中作出沉默或者特定行为，即表明著作权人许可他人使用其作品，而无须使用者与著作权人达成书面或者口头合同。

著作权许可使用合同是著作权人授权的基本模式，通过该模式他人得以使用著作权人的作品，作品得以流通和传播。进入互联网技术时代后，著作权许可使用合同仍然在作品授权使用方面发挥作用。互联网技术的产生和发展，促使数字作品数量呈爆炸式增长，其传播速度也进一步加快。数字作品在传播和使用过程中不可避免发生侵权纠纷。互联网技术对传统的著作权制度以及作品使用模式产生了很大的冲击，尤其是在海量作品涌现这一背景下如何合法使用这些作品是个亟待解决的问题。最经典的著作权许可使用授权方式当属著作权许可使用合同，通过该方式能够明确著作权人与使用者双方的权利、义务及责任。但是，在互联网技术时代，著作权许可使用合同授权模式不能完全应对海量作品产生、快速传播这一局面，有必要寻求新的方式解决作品授权问题。著作权默示许可并非新生事物，在立法和司法中皆有体现和运用。著作权许可使用合同的不足可以通过著作权默示许可予以弥补，完善著作权法体系，进一步实现著作权法的立法目的。

著作权的立法目的之一为保护作者的合法权益。基于此，立法将著作权定性为私权并且赋予作者一系列的权利。著作权法保护作者合法权益的原因主要为以下三个方面：第一，著作权所保护的客体是作者的智力劳动成果；第二，作者智力劳动的性质决定了著作权权能的产生；第三，著作权主体包括了原始主体与继受主体，而作为原始主体的作者最为重要。[①] 立法也明确了作者通过其作品实现经济利益的途径，如自己行使著作权以实现其经济利益，或者许可他人使用其作品，或者转让其著作财产权以获得相应报酬，抑或将其作品通过质押、信托等方式进行融资。通过著作权默示许可将作品授权他人使用，实现作品的流通与传播，进而实现著作权主体利益的最大化。

虽然著作权是一种私权，但是作品具有很强的公共产品属性，这一属性决定了著作权法的另一目的是实现公共利益。[②] 著作权法的诸多原则与制度都是为了实现公共利益而制定的，诸如思想与表达二分法原

---

① 冯晓青.知识产权利益平衡理论［M］.北京：中国政法大学出版社，2006：94-95.

② 冯晓青.知识产权利益平衡理论［M］.北京：中国政法大学出版社，2006：317.

则、合理使用、法定许可、著作财产权保护期限制。显而易见，这些原则与制度确立的目的在于限制著作权主体的权利，实现公共利益的增长。著作权默示许可能够实现著作权主体的私人利益，与此同时，著作权默示许可增加了他人接触作品的机会，作品通过著作权默示许可实现了更大范围的传播与流通。因此，从公共利益的角度来看，著作权默示许可促进了作品的流通和传播，增加了人们接触作品的机会，公共利益在无形之中得到了实现和增加。

默示许可最早出现在专利法中，是权利穷竭原则的理论基础。此后，默示许可出现在著作权法中，与发行权一次用尽原则相结合。著作权默示许可在英美法系国家的司法实践中运用较多，从传统著作权领域到当今的数字著作权领域，都可看到默示许可的身影。默示许可在著作权领域得到了很大的发展，但时至今日也遭遇了很多困惑和难点。

对著作权默示许可进行研究具有重大的理论意义，主要体现为以下三个方面：第一，研究著作权默示许可制度是对该制度本身的完善。学界对著作权默示许可的诸多理论还处于初步论证、探讨阶段，如著作权默示许可的法律性质、著作权默示许可与合理使用、法定许可等制度的比较，应当进一步论证和明确其法律性质，更深刻地认识著作权默示许可与合理使用、法定许可等制度的相同及不同之处，为立法提供宝贵建议，以利于该制度在立法中的建构和落实。第二，著作权默示许可是利益平衡原则的具体体现。著作权默示许可表面上是对著作权人的自我限制，但实质上仍然是一种授权许可。因此，该制度一方面保护了著作权人的权利，另一方面对其权利作了相应限制，实现了著作权人、作品使用者、作品传播者三者之间的平衡，最终体现了利益平衡原则。第三，著作权默示许可能够完善著作权法体系。著作权法体系中有合理使用制度、法定许可制度以及强制许可制度，建立著作权默示许可制度可以进一步完善著作权法体系。尤其是当今社会已经进入数字时代，著作权的外延已经从传统著作权领域扩展至数字网络领域。在这个大背景之下，有必要论证著作权法引入默示许可的正当性、合法性、必要性以及具体的规则。

任何理论或制度的论证和构建最终都要付诸实践，仅仅停留于纸面无甚意义，应该让实践去检验这个理论或制度是否可行，是否具有生命力。著作权默示许可制度的实践意义主要体现在以下三个方面：第一，著作权默示许可有利于解决网络环境下海量作品授权问题，形成著作权人与作品使用者共赢的局面。在传统著作权领域，一般通过"一对一"授权模式授予被许可人行使合同约定的著作权。但是在网络环境下，创作主体剧增，作品也随之剧增。此外，著作权人借助网络平台可以快速、便捷地传播作品。因此，在网络环境下海量作品授权问题让"一对一"模式变得捉襟见肘，著作权默示许可制度的出现恰恰弥补了"一对一"模式的不足，满足了著作权人与作品使用者双方的利益需求，契合了时代的发展。第二，著作权默示许可制度有利于著作权纠纷的解决。著作权默示许可制度的确立，意味着在部分著作权纠纷中，一方当事人可将默示许可作为侵权诉讼的抗辩事由以维护其自身利益。在此情形下，法院可依据著作权默示许可制度对案件进行审理，及时作出裁判，妥善解决著作权纠纷。第三，著作权默示许可制度有利于公共利益的实现。著作权默示许可制度一方面可以保护著作权人的权利，满足其利益需求；另一方面可以起到限制著作权人滥用权利的作用，进而促进作品的流通和传播，让更多的人接触到作品，实现公共利益的增长，增加社会福祉。

二、著作权默示许可的理论研究进路

著作权默示许可在司法实践中的运用引起了国内外学者的关注，对著作权默示许可有了一定的研究。有关著作权默示许可的研究，国内学者主要关注以下三个方面。

其一，著作权默示许可的内涵。有的学者对著作权默示许可的特征作了分析，而未确定其内涵，如张今认为，著作权默示许可与其他授权许可的不同之处在于是否需要通过书面形式或者正式授权以表明著作权人的意思表示。[①] 而有学者则对著作权默示许可的内涵进行了界定。如薛红认为，著作权默示许可即著作权人未明确表示他人可使用其作品，但通过著作权人的行为可以推定著作权人并不反对他人使用其作品的一种许可。[②] 又如，郭威认为，著作权默示许可是在特定情形下版权人未明示许可他人使用其作品，但是从版权人的行为或其他原因可以推定其对使用该作品的行为并不反对的一种许可形态。[③] 再如，黄汇认为，著作权默示许可是作者未明确拒绝他人对作品的利用或者经过合理的催告公示之后，作者未明确表示反对使用其作品，则可推定作者对他人的使用予以认可的一种制度。[④]

其二，著作权默示许可的法律属性。著作权默示许可的法律属性也是国内学者的关注焦点。如吕炳斌提出，著作权默示许可是对著作权人权利的限制。[⑤] 而赵莉提出，著作权默示许可的本质属性是授权许可，属于著作权人行使其权利的具体模式。[⑥] 郭威则认为，著作权默示许可属于权利限制，但因著作权人自动放弃相关权益，因此该权利限制具有内化

[①] 张今.数字环境下恢复著作权利益平衡的基本思路[J].科技与法律，2004(4):52-58.

[②] 薛红.网络改写《著作权法》[J].IT 世界，2001(17):104-106.

[③] 郭威.版权默示许可制度研究[M].北京：中国法制出版社，2014:59-64.

[④] 黄汇.版权法上公共领域的衰弱与兴起[J].现代法学，2010(4):30-40.

[⑤] 吕炳斌.网络时代的版权默示许可制度：两起Google案的分析[J].电子知识产权，2009(7):73-76.

[⑥] 赵莉.网络环境下默示许可与版权之权利限制分析[J].信息网络安全，2009(2):44-46.

性。① 王栋认为，著作权默示许可应当属于网络环境下的一项基本原则。②

其三，著作权默示许可的适用范围。著作权默示许可不同于一般的授权许可，其适用领域也是国内学者关注的焦点。吕炳斌认为，著作权默示许可既适用于搜索引擎，也适用于数字图书馆。③ 梅术文认为著作权默示许可主要适用于以下情形：第一，特定的网络区域，如博客、BBS；第二，作者向期刊社、杂志社投稿有可能发生默示许可；第三，商业竞争领域，如 QQ 软件，作为权利主体的腾讯公司默示许可其他网站对软件作品进行非营利性传播。④ 王国柱撰文专门论述了著作权默示许可在网络环境下的适用，认为著作权默示许可是可以适用于网络环境下的著作权授权。⑤

著作权默示许可源自英美判例法系，国外学者未对著作权默示许可的内涵作出明确界定，也未对其正当性进行探讨，国外学者及司法实践者更加侧重于著作权默示许可在司法实践中的运用。如著作权默示许可的适用条件和规则，著作权默示许可"选择—退出"机制的具体模式。此外，随着著作权默示许可在司法实践中的适用其适用范围也在不断变化，这也是国外学者所关注的焦点。网络技术产生之后，进一步促进了国外学者对著作权默示许可的研究热情，如奥莱特·费奇曼·阿弗里在其《默示许可——出现于著作权法中的新标准》一文中对默示许可在网

---

① 郭威.版权默示许可制度研究［M］.北京：中国法制出版社，2014:69-74.

② 王栋.基于网络搜索服务的默示许可制度研究［J］.常熟理工学院学报（哲学社会科学版），2010(1):62-66.

③ 吕炳斌.网络时代的版权默示许可制度：两起Google案的分析［J］.电子知识产权，2009(7):73-76.

④ 梅术文.信息网络传播权默示许可制度的不足与完善［J］.法学，2009(6):50-58.

⑤ 王国柱.知识产权默示许可制度研究［D］.长春：吉林大学，2013:121-147.

络环境下能否生存进行了探讨。①

国内外学者对著作权默示许可的研究主要集中于其内涵、法律属性、适用范围、适用条件等方面。在内涵方面，虽然已有国内学者对著作权默示许可作了界定，国内学者都能紧扣其无须书面形式或其他正式授权这一特征进行定义，但著作权默示许可还具有一般授权许可所不具有的其他特征，著作权默示许可的内涵仍然具有探讨的空间。在法律属性方面，很多学者提出了自己的观点，如权利限制说、权利行使说、内化权利限制说、法律原则说。有的学说具有一定的合理性，如权利限制说、权利行使说；而有的学说存在缺陷，如内化权利限制说、法律原则说。著作权默示许可的本质属性仍然属于权利行使，但是它又有别于一般的授权，因此著作权默示许可的法律性质有待进一步论证。

有关著作权默示许可的适用范围，也有学者作了研究，认为著作权默示许可可以适用于搜索引擎、数字图书馆、特定的网络区域等。由学者的研究成果可知，著作权默示许可在网络环境下的适用空间更大。网络环境下，作品数量急剧增加，作品传播速度也显著提高。传统的著作权许可使用方式已经不能满足数字技术时代下作品的传播和利用，而著作权默示许可可以弥补传统授权方式的不足。著作权默示许可在网络环境下的适用空间更加广阔无可厚非，但并不表明著作权默示许可无法适用于其他领域。只要符合著作权默示许可的适用条件，无论是纸质作品，还是数字作品，都能通过该方式达到流通和利用的目的。

有关著作权默示许可的正当性，国内外学者鲜有探讨和研究。欲将建立某一制度，首先应探讨其存在的正当性，著作权默示许可概莫能外。著作权默示许可的正当性可以从著作权法的利益平衡功能、宪法意义、

---

① AFORI O F. Implied License: an Emerging New Standard in Copyright Law [J]. Santa Clara Computer & High Tech. LJ, 2008, 25 (2):275-326.

现实需求等方面进行探讨。此外,有关构建著作权默示许可应遵循的原则,国内外学者也未涉及。构建著作权默示许可应遵循诚实信用、利益平衡、效益三原则。在适用著作权默示许可时相关主体享有何种权利以及应履行何种义务,法律规范亦鲜有规定,诸多学者未作过多探讨,在构建著作权默示许可时应进一步明确有关主体的权利和义务,从而保障所涉主体权利的实现,发挥著作权默示许可应有的功能。

著作权默示许可已经适用于国内外司法实践之中,但由上分析可知,学界对著作权默示许可尚未形成系统的研究,相关制度构建的体系和内容尚未达成共识。与著作权默示许可相关的理论研究应当持续进行,丰富著作权默示许可内容,完善其制度构建体系。唯有如此,才能在立法中明确著作权默示许可的法律地位,发挥其作用和功能。

三、著作权默示许可的制度构建路径

笔者希望通过本书的分析和论证能够对著作权默示许可制度有更进一步的了解和认识,同时试图廓清以下问题:第一,著作权默示许可的法律性质决定该制度在著作权法中的定位以及将来立法中的安排,因此有必要明确著作权默示许可的法律属性。第二,虽然著作权默示许可制度在域外立法和司法实践中日臻成熟,但是仍有必要对该制度的正当性进行论证,为我国立法引进该制度提供正当性理论支撑。第三,在确定著作权默示许可制度的法律性质和证成该制度的正当性后,笔者将对著作权默示许可制度的建构提出具体方案,并协调相关制度的关系,使之融入著作权法。第四,笔者将研究规定该制度的路径,处理好该制度与现有的《中华人民共和国民法典》(以下简称《民法典》)以及《中华人民共和国著作权法》(以下简称《著作权法》)等法律规范的关系,并提出具体的立法建议。

笔者将围绕上述问题，从以下四个部分进行分析和讨论。

第一章为"著作权默示许可的内涵、属性及发展"。首先，该部分论述了著作权默示许可的内涵。国外学者没有直接对著作权默示许可的内涵进行界定，而国内有学者对著作权默示许可的内涵作了界定。笔者以著作权默示许可的特征为视角试图界定著作权默示许可的内涵。其次，该部分分析了域外著作权默示许可的发展历程。著作权默示许可在英美法系判例法中得到了广泛的适用，但是经历了一个较长的发展过程，其适用标准也一直在变化。著作权默示许可在大陆法系成文法中的适用不如英美法系，这与大陆法系的法律制度本身具有很大的关系。再次，该部分对著作权默示许可的法律属性予以分析和论证。目前，有关著作权默示许可的法律属性有权利限制说、权利行使说、内化权利限制说、法律原则说。著作权默示许可具有权利限制的属性，但本质上仍然属于作者行使权利的具体方式。最后，该部分将著作权默示许可与相关权利限制制度如合理使用、法定许可、强制许可进行了比较，分析了彼此之间的相同之处与不同之处。

第二章为"著作权默示许可的正当性分析"。该部分具体包括三大方面的内容：第一，著作权默示许可具有激励创作与保障接近作品的功能。而这两种功能在作者与传播者、作者与使用者之间实现了利益平衡，同时对作者自身来讲也实现了平衡。第二，著作权默示许可具有一定的宪法基础。通过著作权默示许可可以实现平等权、言论自由、出版自由等。第三，著作权默示许可具有现实需求。传统的著作权授权方式有其局限性，而著作权默示许可能够促进作品的流通和利用，优化各主体利益。

第三章为"著作权默示许可的典型适用"。首先，著作权默示许可能够适用于孤儿作品的使用。孤儿作品的使用机制有"准强制许可+提存""勤勉寻找+登记+自由使用""最低标准之勤勉查找+限定适用范围"三种模式。这三种模式有其优点，但也存在不足。著作权默示许可能够克服这些模式的缺点，实现孤儿作品的充分利用，实现各方利益需求。其次，著作权默示许可也可以适用于著作权延伸性集体管理。有关著作权延伸性集体管理的现有学说有经济效率说和集体协商传统说两种，这两种学说都能证成建立著作权延伸性集体管理制度的必要性和正当性，而著作权默示许可是对著作权延伸性集体管理理论的有力补充。最后，著作权默示许可在网络领域存在极大的适用空间。著作权默示许可可以适用于搜索引擎、数字图书馆、社交网络等网络领域作品的传播和使用。

第四章为"我国著作权默示许可的制度构建"。该部分具体包括四大方面的内容：第一，介绍著作权默示许可在我国立法和司法中的体现，并对其不足进行检讨。第二，论证著作权默示许可应遵循的原则，如诚实信用、利益平衡以及效益原则。第三，分析我国著作权默示许可制度构建的具体要求，如何分配相关主体所享有的权利和承担的义务，如何分配该制度产生的利益以及该制度之下的侵权行为的认定。第四，对我国构建著作权默示许可制度提出立法性建议，如我国著作权默示许可的立法路径的构思、《著作权法》中有关默示许可制度的立法建议以及《信息网络传播权保护条例》中有关默示许可制度完善的立法建议。

第一章

著作权默示许可的内涵、属性及发展

知识产权默示许可涵盖了著作权默示许可，但著作权默示许可有其自身的理论基础。笔者试图在本章对著作权默示许可的内涵作进一步的分析和确定，对著作权默示许可在英美法系和大陆法系的发展历程进行梳理，厘定其法律属性以确定其法律地位。最后对著作权默示许可与相关权利限制制度进行比较研究，以明确著作权默示许可的独立性。

第一节　著作权默示许可的内涵

内涵是指一个概念所反映的事物本质属性的总和，也就是概念的内容。[①] 著作权默示许可的内涵反映了人们对该制度最直观的认识，继而决定了立法者在立法中如何安排该制度。此外，随着科学技术的进步和社会的不断发展，著作权经历了印刷术时代和电子时代，如今又进入了数字技术和网络时代，著作权的内容因而变得更加丰富，著作权默示许可的内涵也势必发生相应的变化。因此，有必要对著作权默示许可的内涵进行审视和进一步明确。只有明确了其内涵，才能知晓该制度的价值，进而作出合理的安排，最终通过该制度妥当安置相关主体的利益。

一、国内外有关著作权默示许可内涵的观点及其分析

（一）国内对著作权默示许可内涵的界定

国内学界对著作权默示许可内涵的界定经历了一个探讨的过程。薛红认为，作品的默示许可，是指著作权人虽然未以明确的方式表示他人

[①] 中国社会科学院语言研究所词典编辑室. 现代汉语词典 [M]. 7版. 北京：商务印书馆，2016:944.

可以使用其作品，但根据著作权人的行为表明著作权人并不反对他人使用其作品。[1] 赵莉认为，默示许可存在于著作权领域，但是默示许可并不是网络环境下的专有名词，其来源于传统民法，属于民事活动的一部分。在民事活动中，虽然双方没有以明确的意思表示进行民事行为，但是据其行为可以推定双方认可两者之间的行为，因此该行为具有法律效力。[2] 张今认为，默示许可是诸多著作权授权许可中的一种，与其他授权许可的不同之处在于，默示许可只需根据著作权人的行为即可推定著作权人对他人使用其作品的认可，而无须通过书面形式或正式授权以表明著作权人的意思表示。对于著作权人而言，通过默示许可以明确其授权许可这一意思表示；对使用者来讲，一旦发生侵权纠纷，著作权默示许可可作为使用者的侵权抗辩事由以免除其侵权责任。[3]

随着对著作权默示许可的深入探讨，学界对该制度内涵的认识日益深刻。郭威认为应对著作权默示许可的内涵作如下表述：在特定情形下，著作权人虽然未以明确的方式许可他人使用其作品，但是从著作权人的行为或其他事由可以推定著作权人对他人使用其作品的行为并不表示反对的一种许可样态。[4] 黄汇以保证公共领域的存在为目的，将著作权默示许可界定为：一旦作品创作完成并且公之于众，如作者未以明确的方式拒绝他人使用其作品或者经过合理的催告公示后，作者没有明确表明不能使用作品，则可以推定作者对他人的使用予以认可，但使用者必须向作者支付报酬的一种制度。[5] 梅术文从网络空间的角度出发，将

---

[1] 薛红.网络改写《著作权法》[J].IT世界，2001(17):104-106.
[2] 赵莉.质疑网络版权中"默示许可"的法律地位[J].电子知识产权，2003(12):21-24.
[3] 张今.数字环境下恢复著作权利益平衡的基本思路[J].科技与法律，2004(4):52-58.
[4] 郭威.版权默示许可制度研究[M].北京：中国法制出版社，2014:64.
[5] 黄汇.版权法上公共领域的衰弱与兴起[J].现代法学，2010(4):30-40.

信息网络传播权默示许可的内涵界定为：在特定情形下，虽然著作权人未以明确的方式许可其作品在网络环境下传播，但根据法律规定或者其特定行为可以推定著作权人对他人使用其作品的行为并不反对，由此即可认定他人经由著作权人许可利用其作品的许可样态。[①] 王国柱认为应该将著作权默示许可划分为传统的著作权默示许可与网络著作权默示许可，因此在界定其内涵时必须兼具，不能有所偏颇。同时，王国柱还认为，在界定著作权默示许可时，除了根据行为推断权利人默示许可之外，还应将因沉默而推定的默示许可纳入其中。此外，在认定著作权默示许可时，应当将作品使用者或者被控侵权人的合理信赖这一因素考虑进去。[②]

（二）国外对著作权默示许可内涵的描述

国外学者并未直接确定著作权默示许可的内涵，而是将之与强制许可等非自愿许可进行比较予以认识。如小杰伊·德雷特勒认为："并非所有的许可都采用明示和做成文件记录的书面协议方式，许可也可能是默示的。默示的许可可以仅仅根据书面文件中的条款或者当时的情形而产生，也可以根据当时情形与明示条款相结合而产生。"[③] 同时，默示许可可依据多种情形产生，包括书面协定、信函中的条款或内容、当事人的合理期待、当事人的行为、公正与平等的指示以及知识产权制度赖以

---

① 梅术文.信息网络传播权默示许可制度的不足与完善[J].法学，2009(6): 50-58.
② 王国柱.知识产权默示许可制度研究[D].长春：吉林大学，2013:65-72.
③ 小杰伊·德雷特勒.知识产权许可：上[M].王春燕，等译.北京：清华大学出版社，2003:183.

建立的各种政策。① 默示许可发端于专利许可，随后引入著作权领域。

又如，美国版权法专家尼默是从著作权默示许可的成立和生效要件角度进行描述的：著作权转让这一法律行为需要明确的书面形式，而非独占性的著作权许可并不要求该形式，著作权许可可以口头形式成立，亦可出于特定行为上的默示而成立。根据司法实践，一旦著作权许可中的双方当事人的行为一致地表明二者皆有意愿达成著作权许可协议，则该非独占性著作权许可即为成立。在1909年的《美国版权法》中可找到该司法原则的踪迹，该原则可用以证明口头或者默示许可的成立。②

再如奥莱特·费奇曼·阿弗里认为，默示许可对知识产权法来讲，并非新生事物，而目前其适用是受限的。它基本上被视为合同法的衍生物，用于填补现有合同或类似合同的关系，一种作为识别有关各方的主观或客观意图的方式……从这个角度讲，默示许可的标准将推翻各方当事人的意图，甚至是明示许可。从这个意义上讲，这里使用"默示许可"是一种比喻，因为它在合同法领域中被移除了，事实上在某些情况下通过某手段绕过实际合同条款而使用。③

（三）国内外观点的比较和归纳

很多国内外学者对著作权默示许可有较深入的分析和认识，并且对其内涵予以确定。国内学者从不同的角度对著作权默示许可进行了分析，因此得出的结果有所差异。例如，有学者以保证公共领域的存在为

---

① 汤茂仁.知识产权合同理论与判解制度[M].苏州：苏州大学出版社，2005:61.

② NIMMER M B, NIMMER D. Nimmer on Copyright[M]. New York: Matthew Bender & Company, Incorporated, 2003:10-50.

③ AFORI O F. Implied License: an Emerging New Standard in Copyright Law[J]. Santa Clara Computer & High Tech. LJ, 2008, 25 (2):275-326.

切入点对著作权默示许可作了界定，有学者认为著作权默示许可应当分为传统的著作权默示许可与网络著作权默示许可，还有学者以网络为适用范围对著作权默示许可的内涵进行了分析和界定。虽然诸多学者对著作权默示许可的认识角度不同，但诸学者的观点表明，著作权默示许可属于民事法律行为，应受民事法律规范调整，同时著作权默示许可属于特殊的授权许可，其特殊之处在于无须通过书面形式传递著作权人的意思表示。

国外学者对著作权默示许可的内涵也有一定认识和研究，但与国内学者不同的是，国外学者并未直接明确著作权默示许可的内涵。国外学者更加关注著作权默示许可产生的情形、适用范围、适用条件等。这与默示许可起源于英美判例法系有关。默示许可发端于英美合同法领域，法院在审理 Bettes v. Wilmott 案件时运用了默示许可，[①] 此后法院将默示许可运用于专利产品买卖纠纷案件中，之后又将之运用于著作权案件中。在英美法中，判决可以成为先例从而对以后相同或者相类似的案件具有一定的拘束力，而默示许可先后运用于合同案件、专利案件、著作权案件印证了英美法的这一特征。法官将默示许可运用于司法审判，则应明确默示许可的适用条件、适用范围等，这也就促成了国外学者更加侧重于这些领域的研究。

二、著作权默示许可的外在特征和内在含义

事物的内涵反映其本质属性，而本质属性必然涵盖了该事物的主要特征。反而言之，要对事物的内涵予以界定，有必要且应当以该事物的特征为基点对著作权默示许可进行认识和分析，进而确定其内涵。

[①] 严桂珍.我国专利平行进口制度之选择：默示许可［J］.政治与法律，2009（4）:83-90.

（一）著作权默示许可的特征

1. 著作权默示许可属于民事法律行为

民事法律行为简称为法律行为，是指"以意思表示为要素，因意思表示而发生一定私法效果的法律事实"[①]。《民法典》第133条规定，民事法律行为是民事主体通过意思表示设立、变更、终止民事法律关系的行为。民事法律行为以意思表示为要素，以发生一定的私法效果为目的，为人们提供了进行民事活动的行为模式。根据民事法律行为所含意思表示为单方还是双方抑或多方，可将民事法律行为区分为单方法律行为、双方法律行为以及多方法律行为。单方法律行为是指只需要一方当事人的意思表示就可成立的法律行为；双方法律行为是指双方当事人为追求不同的利益而作出不同的意思表示，并在意思表示一致的基础上成立的法律行为；多方法律行为是指两方以上的当事人为追求共同的利益而作出彼此平行的意思表示，并在意思表示一致的基础上成立的法律行为。[②] 由于著作权默示许可仅涉及著作权人与作品使用者或著作权人与作品传播者之间的法律关系，而非多方主体之间的法律关系，同时所涉主体的利益追求并非一致，因此著作权默示许可并不属于多方法律行为。

双方法律行为中各方主体追求的利益不同，作出的意思表示也不同。合同是最典型的双方法律行为。以买卖合同为例，买方意在取得商品的所有权，卖方意在取得价款，各方意思表示相反却又相辅相成，一方权利的实现依赖于另一方义务的履行。虽然著作权默示许可中仅涉及著作权人与作品使用者或者著作权人与作品传播者两个主体，但并不表

[①] 王泽鉴.民法总则［M］.北京：北京大学出版社，2009:200.
[②] 柳经纬.民法［M］.厦门：厦门大学出版社，2012:116-117.

明著作权默示许可为双方法律行为。在著作权默示许可中，著作权人的意思表示可通过其沉默或者其特定行为推断出来，而作品使用者或作品传播者的意思表示并未通过具体的方式作出。因此，在著作权默示许可中缺乏作品使用者或作品传播者的意思表示，著作权人与作品使用者或作品传播者之间并未形成合意，著作权默示许可不能被称为双方法律行为。

单方法律行为只需一项意思表示即可成立。单方法律行为又可分为有相对人的单方法律行为和无相对人的单方法律行为，前者如债务的免除、悬赏广告、捐助行为，后者如所有权的抛弃、遗嘱的订立。著作权人以其沉默或者特定行为表明许可他人使用其作品的意思表示，而无须他人作出意思表示与之形成合意。著作权默示许可应属于单方法律行为，并且属于有相对人的单方法律行为。虽然我国立法并没有明确规定默示许可的概念及制度，但是从相关立法中可觅其踪迹。1986年颁布的《中华人民共和国民法通则》(以下简称《民法通则》)第56条规定，民事法律行为可以采取书面、口头或者其他形式。虽然该条没有将默示许可作为进行民事法律行为的一种方式，但是可以认为"其他形式"包含了默示许可这一方式。随后《最高人民法院关于贯彻执行〈中华人民共和国民法通则〉若干问题的意见（试行）》(以下简称《民通意见》)第66条指出，一方向另一方提出民事权利要求，对方没有用语言或文字明确表示意见，但其行为已经表示接受的，可以认定为默示。通过该规定，《民通意见》明确了双方当事人在特定情况下可以将默示视为民事法律行为的一种方式。如果说《民通意见》仅仅属于司法解释，而《民法典》则将默示上升到了立法层面。《民法典》第140条规定，行为人可以明示或默示的方式作出意思表示。因此，从立法层面来看，我国立法对"默示许可"的态度经历了从蕴含到确认的过程。

2. 著作权默示许可具有非明示性

明示，即明确的指示。如《著作权法》第 27 条第 1 款规定，转让著作财产权，权利人与受让人应当订立书面合同。该条款的规定为明示性规定，即权利人转让其著作财产权时必须以书面形式转让，而不得以默示或者其他非书面形式将著作财产权让与他人。非明示，顾名思义，即未明确地给予指示，表意人并非通过书面、口头或者其他明示性的行为表达其意思表示，其意思表示是以默示的形式表达出来的。他人根据表意人特定情况下的沉默或其特定的行为推断出表意人的意思表示。

默示的意思表示可以通过沉默的方式传递。"如同语言那样，沉默（Schweigen）也可以被作为表示的媒介。以沉默的方式作出的表示，即'无言的表示'与'通过语言作出的表示'，因此而具有同等效力。"[①] 因此，沉默在特定情况下可以"说话"。但必须明确的是，只有双方之间就沉默作为意思表示的媒介达成一致时，表意人才能以沉默为媒介传达其意思表示。以《著作权法》第 35 条第 2 款为例，该款规定作品刊登于报纸或期刊后，如果著作权人未声明不得转载、摘编，那么其他报纸或期刊可以转载或者作为文摘、资料刊登。著作权人未声明不得转载、摘编即表明著作权人以默示的形式允许其他报刊转载或者摘编其作品，此即典型的以默示的方式传达表意人的意思表示。

默示的意思表示还可从特定的行为推断而来。可推断的意思表示指"表意人在为意思表示时，经常不使用话语（说出的话语或写下的文字），而使用其他某种具有特定的、法律行为意义上的符号。这种意义，可以产生于约定（Vereinbarung，如密码符号），或者更经常地产生于交易惯例（Verkehrssitte）。如根据交易惯例，点头或摇头意为回答某个问题；将一枚

[①] 维尔纳·弗卢梅. 法律行为论 [M]. 迟颖, 译. 北京：法律出版社，2013:74.

硬币投入自动售货机；登上一辆收费乘坐的公共汽车；将定日扔弃的丢弃物品放在门口等待运走等"①。著作权默示许可方面如某个设计师交付由自己设计完成的某产品第一阶段产品设计图，意在对该设计图进行复制和发行，而其客户对该设计图表示满意并向设计师支付相应费用，由此可以认定客户享有默示许可，即使用由设计师后续设计完成的其他阶段的产品设计图。如果不允许客户使用由设计师设计完成的其他阶段的产品设计图，则第一阶段的产品设计图对客户来讲不具有相当价值。再如，某作家向某报社或杂志社交付由自己创作完成的部分小说，报社或杂志社对该部分小说表示满意且向作家支付了报酬。虽然作家与报社或杂志社并未明确约定该小说的后续部分由报社或杂志社出版，但通过作家的交付行为可以合理认定报社或杂志社对作家后续创作完成的小说享有出版的权利，否则作家先期交付的部分小说对报社或杂志社来讲价值不大。

3. 著作权默示许可是对被许可人信赖利益的保护

著作权默示许可体现了被许可人对著作权人的合理信赖，即被许可人根据著作权人的特定行为或者其沉默而合理地认为著作权人许可使用其作品，由此而产生了合理信赖利益。英美法系对合理信赖保护的具体表现之一为允诺禁反言原则。根据该原则，表意人以自己的行为或语言向相对人作出影响双方法律关系的允诺，相对人基于表意人的允诺而为相应行为，导致自身状况发生变化，此时法院应当禁止表意人违反其允诺。②大陆法系对合理信赖的保护具体表现为诚实信用原则。诚实信用原则是民法的基本原则。诚实信用原则包括主观诚信和客观诚信：前者为毋害他人的内心状态，可以为不知，也可以是错误；后者是毋害他人甚至有益他人的行

---

① 迪特尔·梅迪库斯.德国民法总论[M].邵建东，译.北京：法律出版社，2013:252-253.

② 陈融."允诺禁反言"原则研究[J].河北法学，2007(7):132-136.

为。二者可依毋害他人之戒条而统一。① 无论是英美法系的允诺禁反言原则，还是大陆法系的诚实信用原则，二者都是对行为相对人合理信赖利益的保护，其最终目的是保护行为相对人，以免其合理信赖利益受到侵害。

英美法系与大陆法系有关信赖利益保护的理论基础不同，同时有关信赖利益保护的法律保护模式也不一样，但是仍然可以从两大法系中提炼出关于信赖利益保护的一般性要素。第一，必须具有显然的意图或事实。显然的意图是指依据社会的一般观念或理性人的认识程度，表意人一方的允诺导致相对人认为表意人想这样行事而非那样行事。显然的事实是指事实呈现于外部世界即可。第二，存在信赖行为。信赖行为是指相对人相信由表意人引出的显然的意图或事实后所采取的行为。第三，信赖人即相对人须为善意。相对人不知晓事实真相或者不知晓表意人会背弃其允诺。第四，须具备可归责性。可归责性强调显然的允诺或事实的产生可归咎于一方主体。② 以上四种一般性要素是构成信赖利益保护的标准，而信赖利益保护则是善意相对人向表意人主张赔偿的依据。

4. 著作权默示许可具有特定的适用范围

权利人许可他人行使其著作财产权一般采用"一对一"的授权模式，即通过权利人与使用者签订书面合同以实现使用者行使著作财产权的目的。《著作权法》第 26 条规定，使用他人作品应当与著作权人订立书面合同，除非有例外的情形。因此，无论是在复制技术时代，还是在电子技术时代，抑或当今的数字技术时代，通过书面合同确定许可使用权是著作财产权许可的常用机制，只有在特定情形下默示许可才能成为

---

① 徐国栋.民法基本原则解释：诚信原则的历史、实务、法理研究[M].北京：北京大学出版社，2013:84.

② 朱广新.信赖责任研究：以契约之缔结为分析对象[M].北京：法律出版社，2007:94-95.

设立许可使用权的方式。以数字技术时代为例，虽然数字技术时代作品海量出现，并且著作权人可以通过网络等数字技术创作和传播其作品，但是这并不代表"一对一"的授权模式已经过时，默示许可方式可以取而代之。"一对一"的授权模式仍然占据主流，其原因在于书面合同能够更加清晰地确定著作权人与使用者之间的权利义务关系以及双方所要承担的法律责任。因此，书面许可是常态，而默示许可是例外。

由于《著作权法》并未对著作权默示许可作出明确规定，以至于有论者认为适用该制度不具合法性。[1] 虽然《著作权法》并未明确规定著作权默示许可，但并不意味着其中不存在该制度，而是《著作权法》对默示许可的规定过于模糊，《著作权法》中仍然可觅该制度的身影。如《著作权法》第35条第2款规定，作品刊登后，如果著作权人未声明不得转载、摘编，则其他报刊可以转载、摘编。著作权人未声明不得转载、摘编，表明著作权人以默示的形式同意报刊转载、摘编。又如，《著作权法》第42条第2款规定，针对已经合法录制为录音制品的音乐作品，如果著作权人未声明不得使用，则录音制作者可以使用前述音乐作品制作录音制品。著作权人未作例外声明，表明著作权人以默示的形式许可录音制作者使用其作品用于录音制作。前述条文的内容都属于著作权法定许可，但混杂了著作权默示许可的规定。将著作权默示许可混杂于著作权法定许可、合理使用之中，导致了著作权默示许可的模糊性。而《著作权法》对默示许可制度的模糊性规定也决定了其适用范围的特定性。

著作权默示许可具有特定的适用空间。"一对一"的授权方式仍然是著作财产权授权的主要方式，但在网络空间下该模式有所不适。随着科学技术的发展，互联网的使用已经非常普遍，人们通过互联网进行创

---

[1] 翟建雄.合理使用还是侵犯版权？：Google图书馆计划的判例解析[J].法律文献信息与研究，2007(4):16-29.

作和传播作品也逐渐增多,即有别于传统纸质作品的网络作品越来越多,并且此类作品以数字形式存在决定了该形式的作品通常情况下通过网络传播。如果坚持适用"一对一"授权模式授权他人使用海量的网络作品,并不现实且成本过于高昂。著作权默示许可的出现弥补了"一对一"授权模式的不足,能够较好地解决网络作品授权问题。因此,《信息网络传播权保护条例》就特定作品的许可使用授权问题作了专门规定,如该条例第9条即通过默示许可以解决特定的网络作品的传播问题,而该规定为典型的著作权默示许可。将著作权默示许可适用于网络空间能够实现其最大价值,同时也促进了作品的传播和使用,社会福祉得以增长,公共利益得以实现,私人利益与公共利益二者之间得以平衡。

5. 著作权默示许可蕴含"选择—退出"机制

"选择—退出"机制与"选择—加入"机制不同,"选择—加入"是指使用者意欲使用著作权人的作品须经著作权人同意,否则其行为被视为侵权,除非符合合理使用、法定许可或强制许可等特殊情形。传统的"一对一"授权许可模式即典型的"选择—加入"模式,著作权人通过"一对一"的方式授权使用者,经过授权之后使用者才能行使有关著作财产权。与"选择—加入"相对应的模式是"选择—退出"机制,"选择—退出"机制是指使用者使用著作权人的作品事先并未征得著作权人的同意,同时著作权人也未明确拒绝授权,如果著作权人意欲终止使用者对其作品的使用,则著作权人必须作出选择退出的决定。

合理使用、法定许可以及网络服务提供商"避风港"制度都体现了"选择—退出"机制。[①] 著作权默示许可亦蕴含了该原理。以《信息网络传播权保护条例》第9条为例,该条规定网络服务提供者以扶贫为目的

---

① 梁志文.版权法上的"选择退出"制度及其合法性问题[J].法学,2010(6):92-94.

而向农村地区提供与扶贫有关的作品，网络服务提供者在提供作品之前应公告作品、作者以及报酬标准的信息。自公告之日起满30日，如著作权人无异议，则网络服务提供者可以通过网络向农村地区提供其作品，同时按照相应标准向著作权人支付报酬。根据该条规定，著作权人还享有退出提供作品的权利，即著作权人如因不满所得报酬或其他事由而不同意提供其作品，则网络服务提供者应当删除著作权人的作品。针对向贫困地区提供的扶贫作品，网络服务提供者可以不经著作权人许可而使用其作品，但同时也为著作权人提供了退出使用其作品的路径。因此，《信息网络传播权保护条例》第9条淋漓尽致地体现了"选择—退出"机制。

6. 著作权默示许可具有侵权抗辩的效力

著作权侵权抗辩，是指被告针对原告提出的要求被告承担著作权侵权责任的诉讼请求而作出的其行为并不属于侵权或者不应当承担民事责任的抗辩。[①] 根据《著作权法》的规定，被告就原告的诉讼请求可以提出作品权属、合理使用、法定许可、授权许可、作品合法来源、作品已过保护期等作为抗辩理由。默示许可来自著作权人的客观行为，他人可以此判断著作权人的真实意思表示，认为已与著作权人达成协议。根据该标准，默示许可是根据各种情况得出的，如当事人的行为、书面协议、信函内容，一旦成立著作权默示许可，如果著作权人主张作品使用者侵犯其著作权，则作品使用者可以以著作权默示许可为由进行抗辩。

有关著作权默示许可的法律要件的讨论较少。有论者从《信息网络传播权保护条例》第9条所规定的著作权默示许可这一角度出发讨论该类著作权默示许可的法律要件，该类著作权默示许可法律要件包括使用作品的目的要件、默示许可的作品类型、默示许可的行为表现为权利人

---

① 唐义虎.知识产权侵权责任研究［M］.北京：北京大学出版社，2015:164.

没有对被许可人的公告提出异议、默示许可的后果四要件。[1] 由于该四要件仅仅是针对《信息网络传播权保护条例》第9条分析所得出的结果，因此该四要件的适用空间非常有限，不能够适用于所有的著作权默示许可。有学者认为，对著作权默示许可法律要件的分析应当从"默示"与"许可"两方面入手，认为构成著作权默示许可首先应当存在默示意思表示的推定诱因，其次应当具有成为许可内容的行为。[2] 著作权默示许可是否成立关键在于默示的意思表示是否形成，至于许可内容的行为应当与一般的授权许可的行为无异。被许可人通过一般授权许可所允许的许可行为，在著作权默示许可之下也能够得到实现。而著作权默示许可与一般授权许可的最大不同之处在于二者在达成许可人与被许可人双方的意思表示一致的方式不同。

如前文所述，著作权默示许可包括著作权人以沉默的方式许可以及著作权人以特定的行为许可两种方式，因此，著作权默示许可的法律要件仍然应当从这两方面进行论证和分析。首先，在特定情形下，沉默可以构成默示许可。沉默如同语言一样，也可以被作为表示的媒介。例如，在作出表决时，沉默经常可以构成表示的信号。人们会询问相关人员是反对还是弃权。在这种形式的表决中，沉默构成同意的表示信号。[3] 判断著作权人以沉默的方式同意他人使用其作品仍然应当根据我国相关法律的规定。《民法典》第140条第2款规定，沉默只有在法律规定、当事人约定或者符合当事人之间的交易习惯时，才可以视为意思表示。例如，甲制片公司将乙小说家创作的侦探小说改编并拍摄成电影，乙未以任何形式表示反对，并收取了甲支付的报酬。一旦乙对甲将其侦探小说改编

---

[1] 梅术文.信息网络传播权默示许可制度的不足与完善[J].法学，2009(6):50-58.
[2] 郭威.版权默示许可制度研究[M].北京：中国法制出版社，2014:64-66.
[3] 维尔纳·弗卢梅.法律行为[M].迟颖，译.北京：法律出版社，2013:74.

并拍摄成电影的行为报以沉默，则表明乙同意甲行使改编权和摄制权。其次，著作权人特定的行为亦可产生默示许可，他人根据著作权人的特定行为推断著作权人同意他人使用其作品。可推断的意思表示是指，表意人在进行意思表示时，经常不使用话语，而使用某种特定的、具有法律行为意义的符号。①判断著作权人是否以特定行为允许他人使用其作品，一般基于双方主体之间是否存在约定或者是否存在交易惯例。例如，甲为体育用品公司，乙设计师主动将其产品设计交付于甲使用，甲对乙所做的设计非常满意，并向乙支付报酬。虽然甲乙之间并无书面委托协议，但是根据乙的交付行为可以推断，乙同意甲使用其设计用于甲生产的体育用品。就著作权默示许可而言，通过著作权人的特定行为以判断著作权人是否同意他人使用其作品与著作权人是否以沉默的方式许可他人使用其作品都存在一定的难度，这也致使著作权默示许可的适用空间有限。

（二）著作权默示许可内涵的确定

概念的构建应当从认识对象的特征入手，但并不意味着在构建过程中应当将认识对象的全部特征纳入其中。构建概念的方法是舍弃认识对象的不重要的特征，概念的构建"不在于概念的设计者已完全掌握该对象之一切重要的特征，而在于假定，其基于目的性的考虑（规范意旨），取舍该对象已认知之特征时，已将其充分而且必要之特征保留下来。从而后来在该概念之适用上，亦即在将事实涵摄于该概念之操作中（例如将法律事实涵摄于构成要件要素），在规范上把保留下来以外之特征一概视为不重要"②。而在对认识对象的特征的取舍过程中应当服从于特定

---

① 迪特尔·梅迪库斯.德国民法总论［M］.邵建东，译.北京：法律出版社，2013:252-253.

② 黄茂荣.法学方法与现代民法［M］.7版.厦门：厦门大学出版社，2024:75.

的目的，同时保留下来的特征必须反映一定的价值取向。

　　前文已论及著作权默示许可的六大特征，除了这些特征外，著作权默示许可还含有其他特征，如有论者认为著作权默示许可蕴含着确保许可行为公平效率的基本制度功能这一特征。此外，著作权默示许可使用的内容还具有丰富性。① 前文未论及的这些特征并不表明笔者不赞同有关论者的提法，笔者只是将著作权默示许可的重要特征予以罗列。这种思路与构建概念的方法相一致，即舍弃认识对象的不重要的特征，注重认识对象的重要或关键特征的分析。基于前述著作权默示许可的特征，笔者尝试将著作权默示许可的内涵确定为：在特定的范围内，虽然著作权人未以明确的方式许可他人使用其作品，但他人根据著作权人的沉默或其特定行为推断出著作权人对他人使用其作品的行为并不反对，作品使用者得以据此进行侵权抗辩，而著作权人可以"选择—退出"的方式终止他人使用其作品的特殊许可形式。

第二节　域外著作权默示许可的发展历程

一、著作权默示许可在英美法系的产生和发展

　　英美法系是指英国中世纪以来以普通法的实践为基础而形成的一种以判例法为主要表现形式的法律家族体系。② 除了英国之外，英美法系国家和地区主要包括曾经是英国的殖民地、附属国和地区。由于美国曾经是英国的殖民地，因此美国法律也深受英国法的影响。在此笔者以英国、美国两个典型的英美法系国家为例分析著作权默示许可在这两个国

---

① 郭威.版权默示许可制度研究 [M].北京：中国法制出版社，2014:68-69.
② 周赟.法理学 [M].北京：清华大学出版社，2013:105.

家的历史演进。

（一）著作权默示许可在英国的产生和发展

1. 默示许可在专利权领域的产生

默示许可是英美法系国家合同法上非常重要的法律概念，默示许可原理最早也是运用于合同法领域。早在1871年，默示许可原理就运用于 Betts v. Wilmott 案件的审理之中。法院在判决中阐明：一旦出现买受人购买了在其预期范围内能够给付的物品这一情形，就必须存在与这种预期相反的清楚并且明确的约定，以证明出卖人的下述主张具有正当的理由：出卖人并没有给予购买者出售该物品，或者以任何购买者愿意的方式使用的许可。[①] 在知识产权方面，默示许可并非首先运用于著作权领域，而是运用于专利权领域。在专利产品销售中，英国允许专利权人对自己售出的或者经过专利权人许可的被许可人售出的专利产品的使用和转售提出限制性条件，如该限制性条件并未由专利权人或者专利权人授权许可的被许可人明确提出，则转售或者使用该专利产品的默示许可由购买者获得。[②] 1911年，英国法院首次将默示许可运用于一个专利案件之中：首先，被许可人可以进行附有条件的销售，或者附加限制性条件，但前提是该限制性条件并不适用于普通物品销售；其次，如上述限制性条件并未附加于销售之中，则可推定专利产品所有人的全部权利转移至买受人；最后，在销售专利产品时，如果买受人知晓专利权人或者专利权人的代理人所附加的限制性条件，则买受人对自己从专利权人或

---

① 严桂珍.平行进口法律规制研究［M］.北京：北京大学出版社，2009:56.
② 尹新天.专利权的保护［M］.北京：知识产权出版社，2005:65.

其代理人处购买的专利产品的所有权将受到限制。[①]

英国司法机关除了将默示许可运用于专利产品销售之中，同时还将默示许可运用于平行进口的案件之中，1996 年的 Roussel Uclaf v. Hockley 案件为典型。一位中国商人购买了一位英国专利权人的专利产品，但是专利权人并没有对专利产品的首次销售及其再销售问题附加"限制性声明"，法院认定该专利产品可由其购买者或者该专利产品销售环节中的任何销售者自由地将该专利产品进口至英国。[②] 显然，在平行进口方面，英国司法机关通过默示许可原则来解决平行进口问题，而不是通过权利穷竭原则来解决这个问题。在专利法领域，权利穷竭原则是指专利权人自己制造或者许可他人制造的专利产品经过首次销售进入市场之后，专利权人对这些产品的适用和销售不再享有任何意义上的支配权。虽然权利穷竭是以默示许可原则为基础，但是权利穷竭与默示许可仍然存在不同：其一，二者的理论依据不同。默示许可的理论基础是财产所有权转移理论，也就是财产所有者将其产品出售，即表明购买者获得了该产品的财产权利，除非某些权利为财产所有者保留；而权利穷竭原则的理论基础是"报酬论"，即产品所有人在产品的首次销售中已经实现了其利益，因此出售人不能再阻止其后手处理该产品。其二，默示许可与权利穷竭的结果不同。由于是否存在默示许可是由法官决定的，若平行进口问题以默示许可理论解决，则最终结果具有不确定性因素：如法官认定默示许可存在，则权利人无权禁止该专利产品的平行进口；如法官认定默示许可不存在，则权利人有权禁止该专利产品的平行进口。若将权利穷竭原则适用于平行进口问题，则结果具有确定性：如果适用国内权利

---

① 王春燕.平行进口法律规制的比较研究［M］.北京：中国人民大学出版社，2012:172.

② 王国柱.知识产权默示许可制度研究［D］.长春：吉林大学，2013:7-8.

穷竭原则，除了返销的平行进口之外，权利人权利不穷竭，平行进口构成侵权；如果适用国际权利穷竭原则，权利人的权利将于产品首次销售之后穷竭，进口商的行为并不构成侵权。其三，合同限制的效力不同。在存在合同限制的情形下，一旦采用默示许可原则，这种合同的限制将会产生专利法上的效果，进口商的平行进口行为属于侵权行为；如果采用权利穷竭原则，则不论国内穷尽，还是国际穷尽，合同限制并不导致专利法上效力的产生，而仅仅产生合同法上的效力，最终专利权人只能以违反合同约定为由起诉进口商。①

2. 默示许可在著作权领域的运用

默示许可发端于合同法，随后英国司法机关将该原则运用于专利产品销售以及专利产品的平行进口案件之中，此后英国司法机关又将默示许可运用于著作权领域。在 British Leyland Motor Co. v. Armstrong Patents Co. Ltd 一案中，被告 Armstrong 对制造生产由原告 British Leyland 设计和制造的名为 Marina 汽车排气管备用件未获得授权。由于原告对自己设计和制造 Marina 汽车排气管备用件并未取得专利权，因此，当原告发现被告的行为之后，原告以被告侵犯了其著作权为由向法院提起诉讼。原告认为自己对 Marina 汽车排气管备用件的设计图享有著作权，而被告在生产该汽车备用件时侵犯了原告的著作权，应当承担相应的侵权责任。英国上议院审理此案之后认为，被告在生产 Marina 汽车排气管备用件时并没有侵犯原告的著作权。原因在于被告仅以间接复制的方式复制了原告的设计图纸，而 Marina 汽车用户有权以最经济和最方便的方式保养和维护所购汽车，被告所生产的汽车排气管既然能够适用于汽车用户的车

---

① 严桂珍.平行进口法律规制研究［M］.北京：北京大学出版社，2009:58-59.

辆，汽车用户当然可以购买被告的产品。① 英国上议院在审理该案时运用了默示许可原理，既然原告将 Marina 汽车出售予他人，表明原告已经以默示的方式允许汽车用户以适当的方式维护和保养所购汽车，即使该汽车包含原告的著作权。

从英国上议院对 British Leyland Motor Co. v. Armstrong Patents Co. Ltd 案件的处理可以看出，上议院对著作权默示许可的运用也借助了权利穷竭原则。著作权法中的权利穷竭原则即发行权一次用尽原则。发行权一次用尽原则是指著作权人享有以所有权转移的方式向公众提供其作品原件或者复制件的发行权，但是作品原件或者经授权合法制作的作品复制件经过著作权人许可，首次销售或者赠予之后，则著作权人不再对该作品原件或者复制件的再次流转享有控制权利。② 发行权一次用尽原则的主要功能在于保障商品的自由流通，避免著作权人对作品原件或者作品复制件的所有权产生垄断性权利。同时，发行权一次用尽原则也很好地区分了著作权与作品实物所有权。虽然发行权一次用尽原则也是以默示许可理论为基础，但发行权一次用尽原则与著作权默示许可之间仍然存在不同。二者的本质差别在于，发行权一次用尽原则属于既定的法律原则，其适用空间更具普遍性；而著作权默示许可属于具体规则，其适用的空间范围更具特定性。虽然著作权默示许可的适用空间具有特定性，但该规则具有很强的灵活性，使之得以融入以判例法为主的英美法系并且得到长足的发展。

（二）著作权默示许可在美国的产生和发展

著作权默示许可在美国司法中的产生和演进与其在英国的情形一样，也是来自合同法，而后适用于专利权领域，之后进入著作权领域。

---

① See British Leyland Motor Co. v. Armstrong Patents Co. Ltd UKHL 7 (1986).
② 王迁. 著作权法 [M]. 北京：中国人民大学出版社，2015:181.

首个涉及默示许可的案例是 1873 年的 Adams v. Burke 一案，该案法官在判决书中表示，不能认为该案中的专利产品的销售方仅仅作为波士顿地区的权利人，可以将自身没有的权利，即在波士顿之外的其他地区使用这个专利的权利，通过在波士顿行使销售权而以默示许可的方式授权第三人。① 因此，默示许可在美国司法中也是首先出现在专利产品销售合同中。默示许可的基本原则首次被阐述是在 De Forest Radio Telephone Co. v. United States 案中。美国电报电话公司是该案中的专利被许可人，该公司表示对于在战时美国联邦政府制造"电子三极管"的行为同意不进行干预。与此同时，美国政府和政府的制造商还从该公司获得了蓝图、图纸以及技术上的帮助。在此情形之下，美国联邦最高法院认定政府获得了包括制造和使用电子三极管在内的默示许可。② 在该案的判决中，美国联邦最高法院阐述了默示许可的基本原则：达到许可使用的目的并非一定要经过正式授权。如果他人可根据专利权人所使用的语言或者专利权人向他人所实施的行为推断专利权人同意他人使用其专利，他人根据此推断而实施制造、使用或者销售行为，专利权人的行为构成许可，并且一旦发生侵权诉讼，他人可以之作为侵权抗辩理由。至于专利权人与被许可人之间所构成的许可应被认定为免费许可还是付费许可，则应根据当时的具体情形判定。必须明确的是，一旦发生诉讼纠纷，专利权人与被许可人之间的法律关系应当被认定为契约关系而非侵权。③ 美国联邦最高法院在该案中对默示许可的基本原则做了经典阐述，至今默示许可作为一项基本原则在美国司法审判中仍发挥其效力。

美国法官认为，虽然默示许可并未直接体现于《美国版权法》之

---

① See 84 U.S. 453, 456 (1873).

② 小杰伊·德雷特勒.知识产权许可：上［M］.王春燕，等译.北京：清华大学出版社，2003:183.

③ See De Forest Radio Telephone Co. v. United States, 273 U. S. 241 (1927).

中，但《美国版权法》以及《美国合同法》的原理中隐含了著作权默示许可。① 在美国，著作权法领域适用默示许可较为典型的案件是 Effects Associates Inc. v. Cohen 一案。该案案情大致如下：一部名为"The Stuff"的恐怖电影由被告 Cohen 自编自导自制，为了达到更好的视觉效果，被告聘请了原告 Effects Associates 特效公司为自己的电影制作特效镜头。由于被告对原告制作的特效镜头并不满意，因此只向原告支付了事先约定报酬的一半酬金。原告向被告主张剩余酬金，但是被告拒绝支付。虽然被告对原告制作的特效镜头不满，但是被告仍然在其电影中使用了原告的作品。原告认为被告的使用行为侵犯了其著作权，遂起诉至法院。② 审理该案的联邦第九巡回法院的法官认为，原告在被告的邀请之下创作出特效镜头作品并且已经向被告交付，原告的交付行为表明原告同意被告复制并且发行。如果原告将特效镜头作品向被告交付时并未授权被告在电影中使用这个特效镜头，则表明原告并没有对电影作出有价值的贡献，而这一假设与被告向原告支付将近 56000 美元的酬金且原告接受了该酬金这一事实并不相符。因此，法院法官认为原告以默示许可的方式允许被告将原告特效镜头作品添加至电影之中。这一判决得到了上诉法院的确认，从而确立了该判决的判例指导地位。③

虽然著作权默示许可在美国司法领域已有适用，但是其适用范围非常狭窄。直到 Field v. Google Inc. 案件的出现，美国内华达州联邦地区法院在该案件中适用了著作权默示许可，自此之后，著作权默示许可的适用范围得到了拓宽。该案原告 Field 是美国律师兼作家，Field 自己建立了一个网站，并将自己创作的 51 部作品上传至网站。2004 年，Field 以

---

① 张今，陈倩婷. 论著作权默示许可使用的立法实践[J]. 法学杂志，2012(2)：71-76.

② See Effects Associates Inc. v. Cohen, 908 F. 2d555 (1990).

③ 郭威. 版权默示许可制度研究[M]. 北京：中国法制出版社，2014：83.

Google 公司为被告向法院提起诉讼，认为 Google 公司擅自将自己创建网站中的作品下载并存储于公司的数据库且允许网络用户读取这些作品的行为侵犯了其著作权，要求 Google 公司承担侵权责任。[①] 在该案发生之前，Google 公司从未因搜索网上在线作品而遭遇起诉。Google 也意识到了潜在的风险，因而采取了相应的措施，即"退出"（Opt-Out）机制，在该机制下网站可以拒绝 Google 的搜索。"退出"机制包含三种方法：其一，使用"Robot 排除协议"，即网站创建者通过创建"robots.txt"文件的方式告知 Google 搜索引擎网站哪些内容可以搜索，哪些内容不得搜索；其二，使用元标记（meta-tags）的方式，网站创建者通过在每一页上标注元标记的方式告知 Google 搜索引擎如何搜索该页面；其三，网站可以直接向 Google 请求移除特定的内容。[②] 而 Field 也知道 Google 公司的"退出"机制，但是 Field 在自己建立的网站中并未采取任何措施，以避免引导或者拒绝其网站页面被 Google 搜索引擎搜索。联邦地区法院法官在处理该案件时认为，Field 明明知道 Google 公司所提供的"退出"机制的三种方式，但是并未使用其中任何一种方式以避免引导或者拒绝 Google 公司的搜索引擎搜索其网站。因此，Field 的行为表明自己以默示的方式许可 Google 公司的搜索引擎搜索其网站。最后，法院认定 Google 公司的搜索、下载以及储存等一系列行为并不构成侵权。

（三）著作权默示许可在英美法系适用标准的变化

默示许可在以英国和美国为代表的英美法系国家来源于合同法，随后运用于专利法领域，最后进入著作权法领域并且得到广泛的运用。法官造

---

① See Field v. Google Inc., 412 F. Supp. 2d 1106 (2006).
② 吕炳斌.网络时代的版权默示许可制度：两起 Google 案的分析［J］.电子知识产权，2009(7):73-76.

法是英美法系的特征之一。可以说,英美法系中很多制度都是通过司法而非立法形成的。在制度创新方面,如商法制度的引进、信托制度的产生等,皆由法官在司法审判中通过具体的判例予以确立,然后由后来者予以遵循;在社会变革方面,如法治传统的确立、英美法系对国王专制的制约等,也都是英美法系法律职业阶层共同抗争的结果。[①]默示许可在英美法系的确立,也应当归功于法官。默示许可虽然来源于英美法系合同法,但是并没有为英美法系立法所明确,仅仅是合同法的补充。也正因为默示许可是合同法的补充,有学者认为默示许可是一种隐性制度,而在其基础之上发展出来的发行权一次用尽原则是一种显性制度。[②]由于默示许可体现于司法之中而不是立法之中,默示许可是一种隐性制度这一说法印证了英美法系法官造法的事实,默示许可在法官造法过程中萌芽、成长并发展。

默示许可在著作权法领域适用的过程中,其适用标准一直在变化,该变化体现于典型的判例之中。在 British Leyland Motor Co. v. Armstrong Patents Co. Ltd 一案中,英国上议院认为,既然原告已将 Marina 汽车出售予他人,则其出售行为表明原告已经同意汽车用户以适当的方式保养和维修所购汽车,即使该汽车包含原告的著作权。而在 Effects Associates Inc. v. Cohen 一案中,美国联邦第九巡回法院的法官认为,原告是应被告的邀请而制作特效镜头,且在作品制作完成后向被告交付了该作品。原告的制作及交付行为表明原告同意被告使用其作品,该使用包括复制和发行作品。针对著作权默示许可的适用标准,美国部分法院认为,当满足以下条件时才能适用默示许可:首先,作者根据使用者的要求创作了作品;其次,作者向使用者交付了创作作品;最后,作者具有让使用者复制发行其作品的意愿。另一些法院则认为适用著作权默示许可应当考

---

① 刘兆兴.比较法学[M].北京:社会科学文献出版社,2004:346-347.
② 郭威.默示许可在版权法中的演进与趋势[J].东方法学,2012(3):78-86.

虑以下因素：第一，双方即作者与使用者之间的关系是具有关联性的暂时性交易还是长期合作；第二，作者是否使用了书面协议，书面协议的存在表明将来只有在作者以明确的方式表示同意或者作者参与的情形下才能使用其作品；第三，作者创作作品以及向使用者交付其作品的行为是否意味着在缺乏作者参与或不存在作者许可的情形下使用者仍然可以使用其作品。[1]

默示许可适用于传统的作品领域，进入数字时代之后，默示许可也随之运用于数字作品领域。在数字作品领域的运用以 Field v. Google Inc. 案最为经典。随着默示许可在数字作品领域的适用，其适用标准也发生了相应变化。在 Field v. Google Inc. 案件中，美国法院适用了著作权默示许可，同时也确立了著作权默示许可适用的标准。该案中的原告 Field 明知如果不在自己创建的网站采取相应措施以引导或者拒绝 Google 公司的搜索引擎进行搜索，则 Google 公司的搜索引擎将会自动搜索其网站。由此可认定 Field 明知 Google 公司的搜索引擎会搜索其网站并使用上载至网站中的作品。此即法院在审理该案时适用著作权默示许可的标准之一，即作品作者明知使用者在使用其作品。与此同时，Field 针对 Google 公司搜索引擎的搜索行为，并未采取 Google 公司所提供的"退出"机制，即 Field 没有在其网站中使用"Robot 排除协议"，也没有使用元标记，更没有直接请求 Google 移除相关内容。因此，可以认定 Field 对 Google 公司搜索及使用其作品的行为表示同意，只是该意思表示是以沉默的方式作出。此即法院在审理该案时适用著作权默示许可的标准之二，即作者许可使用者使用其作品的意思表示以沉默的方式作出。

无论是 British Leyland Motor Co. v. Armstrong Patents Co. Ltd 案，还

---

[1] 张今，陈倩婷．论著作权默示许可使用的立法实践［J］．法学杂志，2012(2):71-76.

是 Effects Associates Inc. v. Cohen 案，抑或美国法院所提出的适用著作权默示许可的条件或应当考虑的因素，从英美两国的司法案例以及美国法院所提的条件或因素之中，可以发现这些司法案例或条件、因素所包含的一个共同特点，即使用者都是通过作者的特定行为推定作者许可使用者使用其作品。以美国法院所提出的条件说和因素说为例，前者以作者创作了作品并向使用者交付其作品为条件而推定作者同意使用者使用其作品，后者亦表明作者向使用者交付作品的行为是使用者推定作者同意应当考虑的因素。因此，在著作权默示许可适用之初，判定作者是否同意使用者使用其作品的必备要素是作者是否向使用者交付了作品，即作者是否通过特定行为表明自己同意他人使用其作品。

而在 Field v. Google Inc. 一案中，美国法院对著作权默示许可的适用确立了两个条件，其一为作品作者明知使用者使用其作品，其二为作者对使用者的使用行为保持沉默，即对使用者的使用行为以沉默的方式表示同意。相对于美国法院先前提出的适用著作权默示许可应满足的条件或应考虑的因素来讲，在 Field v. Google Inc. 案件中，美国法院降低了著作权默示许可的适用门槛，只要作者知晓他人使用其作品，同时作者对使用行为保持沉默即可推定作者同意他人使用其作品，由此使用者将免于承担侵权责任。

二、著作权默示许可在大陆法系中的体现

大陆法系范围分布非常广泛，该法系以欧洲为中心，以法国和德国为主。法国曾经对亚洲、非洲、中美洲、南美洲等地区的部分国家进行殖民，曾经被殖民的国家深受法国民法典的影响，法国知识产权法典的影响力远不及法国民法典。同时，法国知识产权法典中也无默示许可的

规定。德国民法典对希腊、巴西、日本、韩国等国家的民法典具有深刻的影响。与此同时，德国著作权法对日本、韩国等国家的著作权法也具有较大影响。因此，笔者以德国、日本和韩国为对象，对这三个国家中的著作权默示许可的规定进行论述，以期认识著作权默示许可在大陆法系国家的现状。

（一）《德国著作权法》有关著作权默示许可的规定

德国属于大陆法系国家，大陆法系的特征之一在于其法律以法典的形式出现。德国作为大陆法系国家的典型代表，诸多法律制度都是体现于法典之中，而非像英美法系国家体现于司法判例之中。著作权默示许可亦可从《德国著作权法》中去寻觅其踪迹。

1.《德国著作权法》第 46 条

《德国著作权法》第 46 条是关于为教堂、学校或者课堂教学需要而使用已发表作品进行汇编的规定。该条第 1 款规定，如果作品的部分内容或者小篇幅的语言作品或者音乐作品、单独的美术作品或单独的摄影作品在发表之后成为集大量作者作品的汇编的组成部分，并且根据作品的特点只为学校、非营利性培训机构或者进修教育机构，或者职业教育机构的课堂教学，或者教堂使用，则本法允许将该作品进行复制、传播和公开提供。同时该条第 5 款规定，如果作品不再符合作者的信念而且作者不愿继续使用该作品而收回现有的利用权，则作者可以禁止本条第 1 款和第 2 款所允许的使用。[①]《德国著作权法》第 46 条第 1 款规定属于著作权法上的法定许可，即该条第 1 款是有关为教堂、学校或者课

---

① 十二国著作权法 [M].《十二国著作权法》翻译组，译.北京：清华大学出版社，2011:160-161.

堂教学需要而使用已经发表作品进行汇编的法定许可，而该条第5款则与默示许可相关。《德国著作权法》第46条第5款所涉作品作者以特定的行为表示许可他人使用其作品进行汇编，用于教堂、学校或者课堂教学，只要作品作者未行使其回收权，则意味着作者同意有关主体根据《德国著作权法》第46条第1款将其作品进行汇编，实现了以默示的方式许可他人将其作品进行汇编用于特定目的。

2.《德国著作权法》第49条

《德国著作权法》第49条是有关报纸文章和广播电视评论复制与发行或者公开再现的规定。该条第1款规定，本法允许将单篇的广播电视评论、来自报纸和其他仅仅报道时事的新闻纸上发表的单篇文章及其附带发表的图片，涉及政治、经济、宗教时事，并且没有声明保留权利的，在其他类似报纸、新闻纸上复制与发行或者公开再现。对于复制、发行与公开再现，应当向著作权人给付适当报酬，除非将文章作简短的摘要，并且以概要的形式复制、发行或者公开再现。[①] 该款规定类似于我国《著作权法》第35条第2款的规定，即有关报社、期刊社文章转载的规定。该款属于转载报社、期刊社已发表作品的法定许可的规定，但是实施该款法定许可的前提条件之一是著作权人未作不得转载、摘编的声明，因此其本质上也属于法定许可与默示许可的混合。《德国著作权法》第49条第1款是有关报纸文章、广播电视评论等文章转载、发行的法定许可。该款规定行使该法定许可使用权的前提条件之一是报纸文章、广播电视评论等文章的著作权人没有声明保留权利，该规定与我国《著作权法》第35条第2款所规定的例外声明具有异曲同工之处。报纸文章、广播电视评论等文章著作权

---

① 十二国著作权法 [M].《十二国著作权法》翻译组，译.北京：清华大学出版社，2011:161.

人没有声明保留权利，则表明著作权人以沉默的方式许可其他类似报纸、新闻媒介转载、发行其文章，但转载文章的其他类似报纸、新闻媒介等应当向著作权人支付相应报酬。由著作权默示许可内涵可知，《德国著作权法》第49条第1款亦属于典型的著作权默示许可规定。

（二）《日本著作权法》有关著作权默示许可的规定

《日本著作权法》于1970年制定颁布，我国《著作权法》于1990年制定颁布。我国《著作权法》的制定在很大程度上参考了《日本著作权法》，著作权法整体结构的设计、著作权和邻接权权利主体的安排、具体权利和义务的确定、违约责任和侵权责任的认定等，都参照了《日本著作权法》的规定。而默示许可也可从《日本著作权法》中寻觅一二。

1.《日本著作权法》第32条

《日本著作权法》第32条是有关引用和转载的规定。该条第2款规定，国家或者地方公共团体机关、独立行政法人或者地方独立行政法人为了让社会公众知晓而制作并且以其名义发表的公共关系资料、统计资料、报告和其他类似的作品，作为说明资料可以在报纸、杂志或者其他出版信息资料上转载。但是，著作权人明确声明禁止转载的不在此限。[①]

该款规定亦与我国《著作权法》第35条第2款规定相类似，但二者存在不同之处。其一，前者著作权主体特定，其主体主要为国家或者地方公共团体机关、独立行政法人或者地方独立行政法人；后者的作品著作权人不特定，其对象指向为向报社、期刊社投稿的主体。其二，二者所指作品范围不同。由于前者作品著作权人特定，因此也导致该款规定的作品范围也是特定的。前者所涉作品是由国家或者地方公共团体机

---

① 日本著作权法［M］.李扬，译.北京：知识产权出版社，2011:25.

关、独立行政法人或者地方独立行政法人制作且发表的公共关系资料、统计资料、报告以及其他相类似的作品。后者由于所指作品著作权人并非特定，因此也导致其作品范围不具有特定性。其三，是否需要向著作权人支付报酬，二者存在不同。《日本著作权法》第 32 条规定本质上属于合理使用，因此当报纸、杂志或者媒介转载由国家或者地方公共团体机关等主体发表的公共关系资料、统计资料等类似作品时，不需要向著作权人支付报酬。而我国《著作权法》第 35 条第 2 款具有法定许可的属性，因此该条款规定了一旦其他报刊社转载或者作为文摘、资料刊登已经发表于期刊社上的文章，应当向著作权人支付相应报酬。

虽然《日本著作权法》第 32 条第 2 款与我国《著作权法》第 35 条第 2 款存在不同，但前者与后者一样也含有默示许可的因素。《日本著作权法》第 32 条第 2 款存在但书规定，即如果著作权人明确表明禁止报纸、杂志或其他媒介转载其作品，则这些媒介不能转载其作品。一旦著作权人没有作此声明，则意味着著作权人以默示的方式允许报纸、杂志或者其他媒介转载其作品。

2.《日本著作权法》第 39 条

《日本著作权法》第 39 条是关于时事评论文章转载的规定。该条第 1 款规定，报纸、杂志刊登、发行的有关政治、经济或者社会时事问题的评论（具有学术性质的评论除外），可以在其他报纸、杂志上进行转载，或者进行播放、有线播放，或者专门以播放服务地域内接收为目的进行自动公众传播。但是，著作权人明确禁止使用的除外。[①]《日本著作权法》第 39 条第 1 款的规定类似于我国《著作权法》第 24 条第 1 款第 4 项的规定。《日本著作权法》第 39 条与我国《著作权法》第 24 条第 1

---

① 日本著作权法 [M].李扬，译.北京：知识产权出版社，2011:30.

款第 4 项一样，都是有关时事性文章转载的规定，二者的本质属性都属于合理使用，报纸、期刊、电视台等媒介既无须经过著作权人同意，也无须向著作权人支付报酬而转载、播放已经发表的时事性文章。但由于《日本著作权法》第 39 条第 1 款与我国《著作权法》第 24 条第 1 款第 4 项都有但书规定，如果著作权人明确表示不得转载、播放已经发表的时事性文章，则其他报纸、期刊、电视台等媒介不得进行转载、播放。反而言之，一旦著作权人未作此禁止性声明，则意味着其他报纸、期刊、电视台等媒介可以对著作权人已经发表的时事性文章进行转载、播放，即著作权人以沉默的方式许可报纸、期刊、电视台等媒介转载、播放自己已经发表的时事性文章。

（三）《韩国著作权法》有关默示许可的规定

自 1905 年开始，《韩国著作权法》一直受《日本著作权法》的影响。1905 年，日本逼迫韩国签订丧权辱国的《第二次日韩协约》，韩国沦为日本的"保护国"，在此期间韩国适用日本的统监府令。1908 年，韩国颁布了《著作权令》，而这一法令也沿袭了《日本著作权法》。1948 年韩国政府成立，其著作权法仍然沿用了《日本著作权法》。[1]虽然韩国于 1957 年重新制定了著作权法，但是根据该法的整体设计、具体的内容安排等可以看出，《韩国著作权法》仍然深受《日本著作权法》的影响。而默示许可在《韩国著作权法》中亦有体现。

《韩国著作权法》第 27 条是有关时事新闻文章和社论的复制的规定。该条规定，其他媒体有权对《报纸促进法》第 2 条规定的报纸、网络报纸或者《新闻机构促进法》第 2 条规定的新闻机构出版的时事新闻与社

---

[1] 方纲德.中韩著作权法律制度比较研究［D］.大连：中国海洋大学，2009:5.

论进行复制、传播、广播。但是标有禁止利用标志的除外。[①]该条规定亦与我国《著作权法》第24条第1款第4项规定相类似,二者都属于媒体对已经发表的时事新闻或社论进行合理使用的规定。与此同时,二者都规定了例外声明。我国《著作权法》第24条第1款第4项作有但书规定;《韩国著作权法》第27条也规定,如果报纸、网络报纸、新闻机构等媒介已经发表的时事新闻或社论上标有禁止利用的标志,则其他媒体不得对这些文章进行复制、传播、广播。如果不存在禁止性利用的标志,则表明著作权人允许其他媒体对其文章进行复制、传播、广播。在此情形下,著作权人则是以默示的方式许可其他媒体对其文章进行复制、传播、广播。

(四)对著作权默示许可在大陆法系发展的评价

由前文论述可知,著作权默示许可在德国、日本、韩国三个国家的法律体系中也是以立法的形式出现。此外,我国有关著作权默示许可的规定也是以立法的形式体现出来。可以说,著作权默示许可在大陆法系的渊源属于著作权法。而在英美法系,著作权默示许可应追溯至英美法系的合同法。同时需要指出的是,在知识产权领域,默示许可首先运用于专利权领域,随后才进入著作权领域。法律法典化是大陆法系的重要特征之一,很多法律制度都是以成文法的形式出现,而非像英美法系通过司法判例形成。成文法具有较好的规范功能、预防功能以及社会改革功能,而相较于成文法,不成文法则具有更强的稳定性和社会适应性。[②]以著作权默示许可适用标准在英美法系的变迁为例,著作权默示许可适用标准变化的主要原因是为了适应社会发展的变化。数字技术的出现,

---

[①] 十二国著作权法[M].《十二国著作权法》翻译组,译.北京:清华大学出版社,2011:516.

[②] 付子堂.法理学初阶[M].北京:法律出版社,2005:159.

丰富了著作权的内涵，同时也拓展了著作权的外延。为了进一步维护著作权人的权利以及对其权利作出相应限制，英美法系国家的法官在适用著作权默示许可时与时俱进，具体体现为著作权默示许可适用标准的变化。著作权默示许可在英美法系国家适用标准的变迁是不成文法具有更强的社会适应性的又一力证。而成文法系国家的法律以明确的法律条文出现，成文法虽然能够更容易被人们认识和掌握，但是容易脱离社会现实，不能从容应对新事物和新情况。成文法的这一不足也体现在著作权默示许可之上，著作权默示许可并未受到德国、日本、韩国等大陆法系国家重视，其发展远不如英美法系国家。

除了著作权默示许可在大陆法系国家的发展缓慢之外，其适用范围也非常狭窄。以德国、日本、韩国三个国家的著作权法为例，《德国著作权法》第46条、第49条是分别关于为教堂、学校或者课堂教学需要而使用已发表作品进行汇编与报纸文章和广播电视评论复制、发行或者公开再现的法定许可规定，在法定许可之中夹杂着著作权默示许可。《日本著作权法》第32条、第39条是关于引用和转载与时事评论文章转载的合理使用规定，而著作权默示许可也是夹杂于两条规定之中。再有《韩国著作权法》第27条是关于时事新闻文章和社论的复制的合理使用规定，而著作权默示许可也夹杂于其中。法定许可与合理使用都是对著作权人权利的限制，因此其适用必须具备严格的条件。著作权默示许可夹杂于两种制度之中，意味着著作权默示许可的适用首先要满足于法定许可或合理使用的适用要件；与此同时还须符合其他要件，即著作权默示许可自身所必须具备的条件。适用条件的多重性导致著作权默示许可在大陆法系的适用范围非常狭窄，这也是著作权默示许可在大陆法系国家发展缓慢的原因之一。

第三节　著作权默示许可属性的认识分歧与厘定

针对著作权默示许可的法律属性，学界一直存有争议。到目前为止，存在权利限制说、权利行使说、内化权利限制说、法律原则说等诸学说。笔者在此对诸观点一一作介绍。同时，笔者结合著作权默示许可的内涵和诸学说观点，提出著作权默示许可既属于著作权人许可他人使用作品的一种方式，又是对著作权人行使权利的自我限制，即著作权默示许可具有授权和限制的双重属性。但需要强调的是，授权是著作权默示许可的本质属性，著作权人对其权利的自我限制并不影响著作权默示许可属于授权这一本质属性。

一、著作权默示许可属性的既有学说

（一）权利限制说

有论者从网络著作权角度分析著作权默示许可的性质，认为网络世界具有开放性，网络用户不应当受到著作权人专有权的过分牵制。持论者认为默示许可是对通过网络传播作品的著作权人的权利限制。持论者以电子布告板、新闻组、聊天室发的帖子为例，认为这些都是著作权人的作品，如果他人通过网络转发、张贴这些作品则属于默示许可行为，于著作权人而言属于权利限制。[①]持论者虽然提出了著作权默示许可的法律性质，但是并未对此说法进行详细且深入的论证。

另有论者从搜索引擎的角度认识默示许可，认为合同法应是默示许

---

① 薛红.网络改写《著作权法》[J].IT世界，2001(17):104-106.

可的最终渊源，知识产权法将默示许可引入其中使之成为该领域的新标准，成为新型的著作权权利限制模式，因此传统意义上的默示许可发生了演变。持论者认为在默示许可之下，著作权人应当承担防止侵权的责任，该观点与侵权法原理大相径庭。同时，持论者认为默示许可应当被认定为法定权利限制制度，但是默示许可的适用应该有一定的限制，可以适用于网络环境，如搜索引擎服务。而有些领域仍然应继续适用明示许可，如对文章的转载。[①]持论者从搜索引擎的角度认识默示许可，得出的结论是默示许可是一种权利限制，其解释是传统意义上的默示许可已经发生了演变，但是并未具体探讨该原因。默示许可来源于合同法，那么将默示许可定性为权利限制是否与合同法原理相违背？这个问题值得进一步探讨。

（二）权利行使说

另有论者提出相反观点。持论者从以下三个方面论证著作权默示许可并非权利限制方式。

首先，无论是国际条约还是国内法，都明确规定法定性属于权利限制的属性之一，因此对权利作出限制的前提是立法必须作出明确规定。由于我国相关法律规范并未将著作权默示许可定性为权利限制，因此不应将之作为权利限制的方式。

其次，持论者认为著作权的权利限制必须符合国际条约的"三步检验标准"（three-step test），由《中华人民共和国著作权法实施条例》（以下简称《著作权法实施条例》）第 21 条的规定可知，《著作权法》规定的合理使用、法定许可等权利限制方式与"三步检验标准"相一致，因

[①] 吕炳斌.网络时代的版权默示许可制度：两起Google案的分析[J].电子知识产权，2009(7)：73-76.

此，如果默示许可属于权利限制方式，则应当遵循"三步检验标准"。但是默示许可与"三步检验标准"属于不同的范畴，因此不应将之定性为权利限制方式。同时，持论者认为默示许可本身并没有产生复制。[①]默示许可是根据著作权人的行为推定著作权人允许他人使用其作品，但这种使用并未产生复制，即复制权仍然为著作权人控制。使用者若要复制作品，仍须经过著作权人许可。

最后，持论者提出默示许可属于使用许可。作者一旦将作品上传至网络，表明作者已经知晓网络环境具有开放性以及作品传播的快捷性。因此，他人通过网络使用、传播其作品已经获得了作者的许可，即使作者没有明示许可，他人也已经通过默示许可获得了作者的同意，而该默示许可即使用许可。持论者还认为，如果非要将默示许可定性为权利限制方式，该制度充其量是作者的"自我限制"。[②]从持论者的论证中可以判断持论者认为著作权默示许可属于作者行使其权利的方式之一，而非对其权利的限制。

（三）内化权利限制说

另有论者认为著作权默示许可属于内化的权利限制。持论者认为，著作权默示许可在《著作权法》中已有相关规定，如《著作权法》第35条第2款、第42条第2款以及第46条第2款等条款的规定都符合默示许可的特征，因此法无明文规定的说法不正确。持论者从法律行为和法律适用的角度论证默示许可符合"三步检验标准"。持论者认为著作权默示许可属于权利限制的方式，但是由于其本质属性为许可合同所

---

① 赵莉. 网络环境下默示许可与版权之权利限制分析[J]. 信息网络安全, 2009(2):44-46.

② 赵莉. 质疑网络版权中"默示许可"的法律地位[J]. 电子知识产权, 2003(12):21-24.

决定，即著作权人在该制度之下自动放弃相关著作权利益，以兑现公共利益。①

自动放弃著作权利益与强制放弃著作权利益具有本质区别，自动放弃意味着著作权人对权利的抛弃，而后者则是因为法定原因或者其他事由致使著作权人被迫放弃相关著作权利益，如《著作权法》规定的合理使用、法定许可以法定的形式对著作权人作出相应限制。持论者主张著作权默示许可属于权利限制，但持论者从合同法基本原理出发论证出著作权默示许可的法律性质属于著作权人行使权利的方式之一，最终导致论证结果与其观点并不一致。

（四）法律原则说

有论者认为默示许可是网络时代的必然产物，是数字技术发展的必然结果，默示许可适用于网络著作权是一种必然的选择。因此，持论者认为应当将默示许可视为网络特定领域的一项基本原则。如此，不仅可以摆脱合同法原理的束缚，也可以从默示许可的属性之争中解脱出来。②

法律原则有基本原则与具体原则之分。基本原则负载某个部门法的根本价值，此类原则对该部门法的所有法律规范都具有效力，这些规范的制定都必须遵循基本原则。而具体原则是基本原则在具体的法律关系中的展现，其效力只局限于具体的法律关系。持论者认为默示许可适用于特定的网络领域，如搜索引擎。既然默示许可只能适用于特定的网络领域，则表明该制度不具有普遍性。因此，按照持论者的思路，若

---

① 郭威.版权默示许可制度研究[M].北京：中国法制出版社，2014 73.
② 王栋.基于网络搜索服务的默示许可制度研究[J].常熟理工学院学报（哲学社会科学版），2010(1):62-66.

将默示许可定性为法律原则,只能定性为具体原则,而不宜定性为基本原则。

二、著作权默示许可属性的理性界定

著作权默示许可的法律性质决定了该制度在著作权法中的地位及其安置问题。以合理使用和法定许可为例,这两种制度属于权利限制方式,因此决定了两者的地位与著作权权利实现方式的地位不同。《著作权法》第 1 条开宗明义,将该法的宗旨和目的确定为保护著作权人、邻接权人的利益,促进作品的创作和传播。在实现这一宗旨和目的的前提下,最终利益的天平还是要倾向于著作权人,侧重于保护著作权人的利益。因此,对著作权默示许可的法律定性将决定它在《著作权法》中的地位如何。著作权默示许可的法律性质决定了该制度在《著作权法》中的安置,如果其法律性质属于权利限制,则立法条文应当将该制度与合理使用、法定许可安置在一起;如果该制度的法律性质属于作者的权利之一,则应将该制度与作者的权利安置在一起;如果该制度的法律性质属于其他,则也应当在适当的位置对该制度作出妥善安置。因此,著作权默示许可的法律性质的重要性非同小可,应作进一步认识和研究。

(一)"自愿授权—自我限制"理论对诸学说的吸纳

1. 对"权利行使说"的吸收

首先,授权属性是著作权默示许可的属性之一。正如有论者所言,如果要对权利进行限制,则立法对该限制必须作出明确规定,因为法定性是权利限制的属性之一。以合理使用为例,《保护文学和艺术作品伯尔尼公约》(以下简称《伯尔尼公约》)第9条第2款规定,成员国法律有权允许在特定情况下复制作品,但这种复制不得损害作品的正常使用,也不得无故危害作者的合法利益。《与贸易有关的知识产权协定》(以下简称TRIPs协定)第13条规定,缔约方对独占权的限制或豁免应当局限于特定情况,且该情况不得与作品的正常利用相冲突,不得不合理地损害权利人的合法权益。《世界知识产权组织版权条约》(以下简称WCT)第10条规定,缔约方在不妨碍作品的正常利用、不无理地损害作者利益的特定情形下,可以对文学和艺术作品作者的权利作出限制。三个国际条约都赋予成员国或缔约方对作品权利人的权利予以限制,但同时也强调成员国或缔约方应当通过国内立法的形式对作品权利人的权利予以限制,而不得以模糊的方式对作品权利人的权利作出限制。在国际条约的要求之下,各成员国或缔约方确实遵循条约的规定。如《美国版权法》第107条规定,为了批评、评论、新闻报道、教学、学术或研究的目的而使用版权作品的,包括制作复制品、录音制品或以该条规定的其他方法使用作品,属于合理使用,不视为侵犯版权的行为。[1]再如,我国《著作权法》第24条规定了为个人学习、研究或者欣赏,使用他人已发表的作品等特定情形下使用者无须征得著作权人许可,也无须向著作权人支付报酬的合理使用。因此,成员国或缔约方针对著作权人的权利限制在其立法中作了明确规定。可以说,确定性是权利限制的标准之一,未达此标准不能称为权利限制。

其次,著作权的权利限制应当与国际条约中的"三步检验标准"相契合,而著作权默示许可不符合"三步检验标准"。《伯尔尼公约》、TRIPs协定、WCT都允许成员国或缔约方对著作权予以限制与作出例外

---

[1] 十二国著作权法[M].《十二国著作权法》翻译组,译.北京:清华大学出版社,2011:731.

规定，但三条约对该限制与例外都明确了前提条件，即限制与例外应当属于特定的情形、不得损害作品的正常使用以及不得不合理地损害著作权人的合法权益，此即"三步检验标准"。根据"三步检验标准"，限制与例外允许他人使用作品的情形首先必须限于特定的范围，且该限制与例外应当是基于公共政策的考量，如保护言论自由、促进教育事业的发展以及对信息的获取。此外，对作者重要的、能为作者带来重大经济利益的权利，应由作者行使，限制与例外允许的行为不得在经济上与作者形成竞争。

最后，限制与例外在一定程度上会给作者带来损失，但其程度必须合理，不能超出与相关公共政策相适应的范围。因此，本应受到著作权控制的行为是否无须经过著作权人许可或者不向著作权人支付报酬，其判断标准不是该行为是否被确定在成员国或缔约方立法中的"权利限制"条款中，而是该行为能否通过"三步检验标准"的检验。[①]

《信息网络传播权保护条例》第9条属于典型的著作权默示许可条款，因此可以此条款作为"三步检验标准"的检验对象。第一，该条就适用的目的、方式、空间和作品种类作了限制。其目的限制为扶助贫困，方式限制为信息网络传输方式，空间限制为农村地区，作品种类限制为与扶助贫困有关的作品和适应基本文化需求的作品。因此，该条适用目的、方法、空间和作品种类上的限制符合"三步检验标准"的"第一步"，即对著作权人权利的限制与例外必须限于特定的范围，且该限制与例外是基于公共政策的考量。第二，《信息网络传播权保护条例》第1条明确其立法宗旨是为了保护著作权人、表演者等权利人的信息网络传播权，而《信息网络传播权保护条例》第9条的适用方式亦是网络服务提供者通过信息网络向贫困地区的公众提供特定作品。因此，第9条所涉权利人的权利也属于信息网络传播权。在复制和电子技术时代，

---

① 王迁. 著作权法 [M]. 北京：中国人民大学出版社，2015:322.

著作权以复制权为核心,著作权的英文单词"copyright"直译就是"复制的权利",由此可见复制权在复制和电子技术时代的核心地位。进入数字技术时代后,由于数字传播技术的发展,复制权的核心地位受到了挑战,传播权的地位日益彰显。从"以复制权为中心"开始转变到"以传播权或发行权为中心"。[1]也正因为如此,我国立法机关顺应时代潮流和需求制定《信息网络传播权保护条例》并且确定该条例的目的和宗旨是保护著作权人、表演者等权利人的信息网络传播权。在数字技术时代,信息网络传播权已成为著作权中的核心权利之一。而"三步检验标准"之第二步是能给作者带来重大经济利益的权利应当由作者行使,限制与例外不得与之形成竞争。作为核心权利之一的信息网络传播权必然与处于核心地位的复制权一样,将会给作者带来巨大的经济利益。由于该条第2款规定网络服务提供者不得直接或者间接从中获得经济利益,因此网络服务提供者的行为在经济上并未与作者形成竞争,也未阻碍作者实现其重大经济利益。因此,该条限制与例外不符合"三步检验标准"的第二步。第三,《信息网络传播权保护条例》第9条适用的目的、空间和作品种类决定了该条限制与例外不符合"三步检验标准"之第三步。"三步检验标准"第三步规定,限制与例外在一定程度上会给作者带来损失,但该程度必须是合理的。以有关种植养殖作品为例,该类作品面向的地区主要是农村地区,受众主要是从事种植养殖业的农民、个体专业户或企业。《信息网络传播权保护条例》第9条的限制与例外之一是向农村地区提供与扶贫有关的种植养殖作品,其受众主要是在农村地区从事种植养殖业的农民或企业。因此,该条有关种植养殖作品适用的空间及作品受众范围的规定与种植养殖作品本身面向的区域空间和受众

---

[1] 吕炳斌.数字时代版权保护理念的重构:从以复制权为中心到以传播权为中心[J].北方法学,2007(6):127-131.

范围相一致。虽然网络服务提供者免费向农村地区提供该类作品，但作者仍然有权要求网络服务提供者支付相应报酬。网络服务提供者的行为并未给作者带来重大的损失。因此，作为典型的著作权默示许可范式的《信息网络传播权保护条例》第9条并不符合"三步检验标准"，著作权默示许可并不属于权利的限制与例外。

2. 对"权利限制说"和"内化权利限制说"的借鉴

"权利是为道德、法律或习俗所认定为正当的利益、主张、资格、力量或自由。"[1]该定义从利益、主张、资格等五要素入手揭示了权利的本质。无论权利是利益、主张、资格，还是力量、自由，其自身必须存在一定的边界，否则此权利人必将侵犯彼权利人的权利，而彼权利人亦将侵犯此权利人的权利。权利限制是确定权利边界的方式之一，通过限制权利人的权利以明确相关主体的权利和义务。权利的限制是指立法机关为确定权利的边界而对权利的客体、内容以及权利的行使所作的具有约束力的规定。根据权利限制与权利主体的意志关系，可将权利限制分为自愿限制与强制限制。[2]著作权默示许可的主要属性是授权许可，但同时著作权默示许可也体现了对权利的限制这一属性。而该限制是权利人对其权利的自愿限制，即权利人自愿让渡或放弃本应由自己享有的权利，转而由特定主体或社会公众享有该权利。

《著作权法》第35条第2款、第42条第2款等条款属于著作权法定许可使用制度。虽然前述条款为著作权法定许可制度的规定，但其中亦混杂了著作权默示许可的规定，而这些规定则体现了权利人对其权利的自我限制。

---

[1] 夏勇. 权利哲学的基本问题 [J]. 法学研究，2004(3):3-26.
[2] 丁文. 权利限制论之疏解 [J]. 法商研究，2007(2):138-145.

例如，《著作权法》第 35 条第 2 款规定，针对报社、期刊社已经刊登的作品，如果著作权人未声明不得转载、摘编，则其他报社、期刊社可以转载或者作为文摘、资料刊登。该条款涉及著作权人的复制权、发行权等权利，著作权人通过这些权利对复制、发行等行为予以控制，如果报社、期刊社未经著作权人许可，则不得转载、摘编著作权人已发表的作品。但著作权人将其作品发表于报刊时并未声明不得转载、摘编，则可以推定著作权人允许其他报刊社转载、摘编其作品。此推定是建立在著作权人"未声明"这一基础之上的。著作权人的"未声明"表明自己将发表于报刊的作品的复制、发行等权利让渡于其他报刊社。由于是否作出该声明完全由著作权人自行决定，因此著作权人的"未声明"这一表示行为与其效果意思完全一致，最终形成"允许其他报刊社转载、摘编其已发表的作品"这一意思表示。因此，该意思表示出自著作权人的自愿，且是著作权人对其复制权、发行权等权利的自我限制。

再如，《著作权法》第 42 条第 2 款规定，录音制作者使用他人已经合法录制为录音制品的音乐作品制作录音制品，可以不经著作权人许可，但应当按照规定支付报酬。但该条规定存在例外情形，即如果著作权人声明不许使用的，则不能使用。反而言之，如果著作权人事先未声明不许使用，则录音制作者可以使用他人已经合法录制为录音制品的音乐作品制作录音制品。《著作权法》第 42 条第 2 款赋予著作权人拒绝使用其已经合法录制为录音制品的音乐作品制作录音制品的权利。著作权人可以行使其权利，亦可让渡或放弃本应享有的权利。著作权人事先未声明不许使用，则表明著作权人将该权利让渡给了录音制作者。对于著作权人而言，此种让渡是对其权利的限制。由于此种让渡并非法定的或者说强制性的让渡，而是著作权人自己决定的让渡，因此该让渡是著作权人对其权利的自愿限制。

（二）"自愿授权—自我限制"理论的合理性与自洽性

著作权默示许可具有"自愿授权—自我限制"的属性，该属性可以从授权与自我限制两方面进行认识。无论是自愿授权属性，还是自我限制属性，都应当结合著作权默示许可的特征予以论证，证成"自愿授权—自我限制"理论的合理性与自洽性。

1. 单方法律行为属性决定著作权默示许可属于自愿授权

著作权法视域下的授权许可具有多种形式，包括自愿授权许可、法定许可、合理使用、强制许可等。自愿授权许可是指著作权人以意思自治为基础，将其著作财产权转让他人或者将其著作权中的使用权让与他人行使的法律行为。自愿授权许可必须以著作权人意思自治为前提，不得强迫著作权人转让其著作财产权或其著作权的使用权。而法定许可、合理使用、强制许可等虽然也属于授权许可，但诸许可与自愿授权许可存在本质区别。无论是法定许可，还是合理使用，抑或强制许可，都是他人根据法律规定的方式和范围使用著作权人已发表的作品的具体方式。法定许可、合理使用以及强制许可并非以著作权人的意思自治为基础，而是通过法律规范明确使用作品的方式和范围这一路径实现他人使用著作权人已发表的作品。因此，可将法定许可、合理使用及强制许可统称为非自愿授权许可。

单方法律行为属于只需一个意思表示即可成立的法律行为，而行为人所作出的意思表示也是以意思自治为基础，意思自治表明行为人出于自愿而非他人强迫或者依照法律规定作出意思表示。因此，单方法律行为充分体现了行为人的意思自由，无论是债务的免除，还是悬赏广告，抑或其他单方法律行为，本质上都是行为人的自愿授权。前文已论证著作权默示许可属于单方法律行为，著作权人以其沉默或特定行为许可他人使用其作品而作出的意思表示，无须他人作出意思表示与之形成合意。而著作权人的沉默或者特定行为都是以意思自治为基础作出，而非基于他人意志或者法律强制规定作出。因此，著作权默示许可属于自愿授权许可。

著作权授权许可如其他许可一样，应当以书面形式订立，但是著作权默示许可根据表意人的沉默或者其特定行为与相对人对表意人的沉默或者其特定行为产生合理信赖而订立。虽然著作权默示许可未以书面形式订立，但是一旦许可成立则表明著作权人同意授权相对人行使其著作财产权，被许可人在行使著作财产权时则应承担相应的义务，如支付相应费用，保证作品不被歪曲、篡改。虽然著作权默示许可的成立方式与其他自愿授权许可不一样，但是就其效力而言，与其他自愿授权许可具有一致性。

2. 侵权抗辩效力表明著作权默示许可具有自我限制属性

以权利人是否自愿为标准，可将权利限制分为强制限制与自我限制。强制限制是指根据法律的规定而不考虑权利人的意愿要求权利人承担某种负担。[①] 在著作权法中，合理使用与法定许可都属于权利的限制，且这两种制度在《著作权法》中都有明确的规定。由于立法明确规定只要符合法定许可或者合理使用的情形，他人都无须经过著作权人同意即可使用其作品。换言之，以法定许可或者合理使用模式使用著作权人的作品是立法赋予使用者的权利，著作权人不得干涉。因此，合理使用与法定许可都属于强制限制。

自我限制是指权利人单方同意或者以协议的方式承受他人在自己权

---

① 周占生.权利的限制与抗辩[M].北京：科学技术文献出版社，2015:33.

利上设置的负担。[①]权利的自我限制属于权利人行使权利的方式之一，在民法中具有普遍性。以地役权为例，地役权是指为了更加方便地利用不动产或者提高不动产的利用率，而利用他人不动产的权利。根据我国《民法典》第372条的规定，地役权的取得以合同约定的方式取得。一方当事人以合同约定的方式取得地役权，表明另一方当事人即供役地权利人自愿负担因地役权所产生的义务。

著作权默示许可属于使用作品的特殊方式，其特殊之处在于使用者通过著作权人的特定行为或沉默推定著作权人许可使用者使用其作品。这种使用方式不仅使作品得到流通和传播，实现了著作权人的经济利益，更具意义的是在此方式之下得以使作品使用者免受侵权之诉，保护了作品使用者。而保护作品使用者则体现了著作权人对其权利的自我限制。自我限制体现权利与权利的关系，体现权利的自主性，亦符合权利的本性，在限制关系的形成过程中也有充分的意思自由。[②]对权利予以限制的目的在于理顺法律关系，明确相关主体的法律利益，最终起定分止争之作用。相较于强制限制，在自我限制之下，由于权利人对其权利的限制出于自愿，因此能够更有效地避免权利人与他人之间纠纷的产生。在著作权默示许可中，作品使用者通过著作权人特定的行为或沉默推断著作权人与使用者已达成作品使用许可协议。而著作权人的特定行为或沉默体现了对其著作权的自我限制，同时也赋予作品使用者利用其作品的权利。

---

① 周占生.权利的限制与抗辩［M］.北京：科学技术文献出版社，2015:33.
② 周占生.权利的限制与抗辩［M］.北京：科学技术文献出版社，2015:35.

第四节　著作权默示许可与相关权利限制模式的比较

著作权默示许可的本质属性属于授权许可，但是著作权默示许可又具有限制属性，只是该限制属性属于著作权人对其权利的自我限制。合理使用、法定许可以及强制许可都属于著作权法上的权利限制制度，是对著作权人的专有权进行限制和约束的制度。既然著作权默示许可具有"自愿授权—自我限制"的属性，则有必要将之与合理使用、法定许可和强制许可进行比较，明晰著作权默示许可与其他著作权限制制度之间的共同点和不同之处，以达到进一步认识著作权默示许可的目的。

一、著作权默示许可与合理使用

合理使用是《著作权法》明确规定的一项权利限制制度。著作权默示许可与合理使用既存在相同之处，也存在不同之处。著作权默示许可与合理使用的相同点在于作品使用者都无须以明示的方式获得著作权人同意，二者都具有特定的适用范围，二者都体现了利益平衡原则。著作权默示许可与合理使用的不同之处在于其法律属性不同；通过二者使用著作权人作品是否需要支付报酬存在不同；合理使用以实现公共利益为目的，而著作权默示许可并非以实现公共利益为唯一目的。

（一）合理使用

建立著作权合理使用制度的目的之一是保护著作权人的利益。虽然合理使用是对著作权人专有权的限制，但是该制度也是对著作权人利益的保护。著作权属于私权，是由著作权人所控制的、具有排他性的专有权。要对著作权人的著作权进行限制，则必须对其权利提供充分的保护。原因在于确保社会公众获得作品的前提条件是存在数量巨大的为公众需要的作品，这一点则需要通过激励作者进行创作来实现，激励作者进行创作的有力措施就是为其作品提供充分的保护。[1]建立著作权合理使用制度的目的之二是实现社会公共利益。在著作权法所保障的利益结构中，虽然著作权人的利益是保护的首要目标，但是保护和实现公共利益是著作权法的最终目标。[2]著作权法保护著作权人的私人利益，激励作者进行再创作，同时促进作品的流通和传播，最终实现公共利益。如果社会公众的利益不能得到满足，则肆意侵害著作权人著作权的行为必将发生，最终作者以及其他著作权人的利益也无法实现。各国著作权法以及有关国际条约都确立了公共利益原则，我国《著作权法》也不例外。《著作权法》第4条规定，著作权人在行使其著作权时，不得违反宪法和法律，同时也不得损害公共利益。

绝大多数国家的著作权法确立了合理使用制度，根据该制度的具体内容，可将这些国家的合理使用制度分为"因素主义"模式与"规则主义"模式。"因素主义"模式是指判断某种行为是否属于合理使用应当以法律所规定的必须考虑的因素为核心，而不能以法律规定的特定情形作为前提条件。《美国版权法》第107条即典型的"因素主义"模式。该条规定，判断某种行为是否属于合理使用应当考虑以下四方面的因素：其一，使用作品的目的和性质，包括该使用行为是否具有商业性质或者是为了非营利的教育目的；其二，有版权作品的性质；其三，与整部作

---

[1] 冯晓青.著作权合理使用制度之正当性研究[J].现代法学，2009(4): 29-41.
[2] 冯晓青.知识产权法利益平衡理论[M].北京：中国政法大学出版社，2006:315.

品相比所使用的部分的数量和内容的实质性；其四，这种使用对整部作品的潜在的市场或价值产生的影响。[1]"规则主义"模式是指判断某种使用作品的行为是否属于合理使用，应当对照法律所规定的情形，如果该行为符合法律规定的情形，则属于合理使用，否则不能认定为合理使用。我国《著作权法》属于典型的"规则主义"模式。《著作权法》第24条规定了13项合理使用行为，某行为只要符合其中一项即可认定为合理使用。"因素主义"模式不拘泥于具体的情形，灵活性非常大，法官自由裁量的空间也非常大；而"规则主义"模式过于稳定，不能适应新形势新发展。基于"规则主义"模式的不足，我国《著作权法》第三次修改针对该条作了较大幅度的修订，将原条文"不得侵犯著作权人依照本法享有的其他权利"修改为"不得影响该作品的正常使用，也不得不合理地损害著作权人的合法权益"。该变化体现了"三步检验标准"中的后两步，但并未实质改变我国针对著作权权利限制的"规则主义"模式。此外，在列举了12种无须经过著作权人许可、无须付费的具体情形后，增加了"法律、行政法规规定的其他情形"，使之更具开放性和灵活性。依此修改之后，合理使用行为的判断标准将更加灵活，有利于司法机关在司法实践中审理疑难案件。

（二）著作权默示许可与合理使用的相同点

著作权默示许可与合理使用的相同点主要体现在以下三个方面：

第一，二者都无须以明示的方式征得著作权人同意。由于他人通过著作权人的沉默或者其特定的行为而推断出著作权人对他人使用其作品并不表示反对，因此作品使用者与著作权人通过默示的方式达成许可使

---

[1] 吴汉东.著作权合理使用制度研究［M］.北京：中国政法大学出版社，2005:195.

用的合意,而非以明示的方式达成许可使用的合意。无论是"因素主义"模式,还是"规则主义"模式,只要使用者使用作品的行为符合立法所考虑的因素或者立法所确定的合理使用情形,则使用者无须经过著作权人同意即可使用其作品。对于著作权人而言,合理使用是对著作权人权利进行限制的一种制度;对于使用者而言,合理使用是使用者无须经过著作权人同意而使用其作品的一种方式。

第二,著作权默示许可与合理使用都具有特定的适用范围。著作权默示许可可以解决海量作品授权问题,但是并不意味着著作权默示许可可以适用所有作品的授权。根据《著作权法》以及相关法律法规的规定,著作权默示许可能够适用于向农村地区提供与扶贫有关的和适应基本文化需求的作品、为编写出版教科书而使用他人作品等特定情形。传统的"一对一"授权模式虽然无法解决海量作品授权问题,但并非表明该模式已无存在的必要,"一对一"授权模式仍然是著作权许可使用的授权模式。虽然通过"一对一"模式获得著作权许可成本较大,但是该模式可以适用于所有的著作权许可使用。合理使用是对著作权人的著作权的限制,而该限制存在特定的界限,即其适用范围特定,否则著作权人的专有权将无法保障和实现。以《著作权法》为例,合理使用的范围仅限于该法第24条所规定的情形。

第三,著作权默示许可与合理使用都体现了利益平衡原则。著作权默示许可属于著作权人授权他人行使其著作权的模式,是著作权人处分其著作财产权的具体方式之一。著作权默示许可不仅实现了著作权人的精神利益和经济利益,同时也实现了作品传播者和使用者的利益,更重要的是,著作权默示许可促进了作品的流通和传播,保障和实现了社会公众应当享有的公共利益。合理使用亦如是,合理使用属于限制著作权人权利的制度之一,也是著作权法中保障和实现公共利益的制度之一。平衡是现代著作权法的基本精神，弘扬平衡精神是著作权法价值二元取向的内在要求。[①] 合理使用制度不仅可以平衡著作权人与传播者、使用者等私主体之间的利益，还可以平衡著作权人与社会公众之间的利益。总之，在合理使用模式下，著作权人的专有权受到了限制，也得到了保护，而不特定的社会公众、传播者等主体的利益亦得到了保障和实现。

（三）著作权默示许可与合理使用的不同点

著作权默示许可与合理使用的不同点主要体现于以下三个方面：

第一，著作权默示许可与合理使用的属性不同。根据前文论证，著作权默示许可具有"自愿授权—自我限制"的性质。虽然著作权默示许可也有限制的属性，但是该限制为自愿限制，即对著作权人专有权的限制这一事实出于著作权人自愿，而非立法的强制性要求。著作权默示许可的本质属性仍然为授权性质，著作权人以沉默或者特定的行为表示对使用者使用其作品的行为并无异议，著作权人以默示而非明示的方式授权他人使用其作品。合理使用是对著作权人专有权进行限制的一种制度，其本质属性为权利限制。只要使用者根据合理使用的标准和要求使用著作权人的作品，则无须经过著作权人同意。合理使用是立法明确规定的对著作权人权利进行限制的一种制度，是一种强制限制。由于合理使用具有强制性，因此著作权人不得作出例外声明而排除他人以合理使用的形式使用其作品。

第二，是否支付报酬存在不同。著作权人通过默示许可向他人授权许可使用，著作权人享有向使用者主张报酬的权利，而合理使用模式中使用者无须向著作权人支付报酬。虽然著作权人以沉默或者特定行为的

---

① 吴汉东.著作权合理使用制度研究[M].北京：中国政法大学出版社，2005:14-18.

方式授权他人使用其作品，但并非表明著作权人放弃了向作品使用者主张报酬的权利。根据《著作权法》及相关法律法规的规定，他人以著作权默示许可方式获得许可使用授权的，应当向著作权人支付报酬，如《著作权法》第35条第2款、第42条第2款，《信息网络传播权保护条例》第9条，都明确规定了作品使用者或传播者应当向著作权人支付相应报酬。他人使用著作权人的作品符合合理使用的标准和要求，则使用者无须经过著作权人同意，也无须向著作权人支付报酬。以合理使用的方式使用著作权人作品而无须支付报酬的根本原因在于使用者的使用行为没有对著作权人的合法利益产生不合理的影响。合理使用的目的是实现公共利益，但是在实现公共利益的同时应当确保著作权人的私人利益不受实质性影响。唯有如此，才能实现公共利益和社会福祉的增长。

第三，二者的目的并非完全一致。合理使用以实现公共利益为目的，而著作权默示许可并没有将实现公共利益作为唯一目的。著作权默示许可可以用于实现公共利益，但并不排斥将之用于实现私人利益。如前文所举作家将小说交付报纸杂志社使用事例，即著作权人通过著作权默示许可实现私人利益的典范。当然，著作权默示许可也可以用于实现公共利益，如《信息网络传播权保护条例》第9条即通过著作权默示许可实现公共利益的典范。著作权法的创设主要是基于公共利益的考虑；著作权法保护著作权人的私人利益，但是更侧重于公共利益；著作权法的主要目的也是为了公共福利而促进作品的创作、流通和传播。[1] 为实现著作权法的这一主要目的，立法机关在制定著作权法时设计了限制著作权人权利的制度，合理使用即其一。在合理使用模式下，满足了为实现公共利益而应当开展和进行的活动的需求，如课堂教学、科学研究、时事

---

[1] 冯晓青.知识产权法利益平衡理论[M].北京：中国政法大学出版社，2006:320-321.

新闻报道、国家机关执行公务活动。

二、著作权默示许可与法定许可

法定许可也是《著作权法》确立的一项权利限制制度。著作权默示许可与法定许可存在相同之处，同时也存在不同之处。二者的相同之处在于作品使用者都无须以明示的方式征得著作权人同意而使用其作品，二者都应当向著作权人支付报酬，二者都体现了利益平衡原则。二者的不同之处在于法律属性不同，二者所适用的主体范围不同，二者的产生基础不同。

（一）法定许可

法定许可是指他人根据法律所确定的范围和方式使用著作权人已经发表的作品，可以不经过著作权人许可，但应支付相应报酬，同时应当尊重著作权人著作人身权和著作财产权的制度。建立著作权法定许可制度的目的在于促进作品的流通和传播，保障和实现著作权人之外的私人主体如传播者、使用者的私人利益，进而保障和实现公共利益。法定许可的正当性依据主要为以下两点：其一，法定许可对著作权人权益的损害微小，著作权人能够从中获取报酬，因此著作权人不会反对他人以法定许可的方式使用其作品；其二，法定许可可以简化授权使用手续，从而节省人力、物力，促进作品的流通和传播，满足公众对作品的需求。[1] 著作权法定许可具有如下特征：第一，法定许可的适用主体特定，以《著作权法》为例，法定许可制度适用于报刊社、广播电台、电视台、编写出版教科书的有关机构等；第二，法定许可的适用客体必须

---

① 冯晓青.知识产权法利益平衡理论［M］.北京：中国政法大学出版社，2006:628-629.

是已经发表的作品,原因在于如果适用于尚未发表的作品将严重影响著作权人的利益;第三,作品使用者必须按照法律规定的方式对作品进行使用,必须在法律规定的范围内使用作品,同时不得侵犯著作权人的著作人身权和著作财产权;第四,虽然他人无须经过著作权人许可而使用其作品,但是应当向著作权人支付相应报酬,其原因仍然是使用作品的行为不得对著作权人的利益产生实质性影响。

无论是国际条约还是国外相关立法,都存在法定许可的规定。国际条约如《伯尔尼公约》第13条第1款规定,成员国可以就乐曲作者以及允许歌词与乐曲一起录音的歌词作者对允许录制前述乐曲以及乐曲连同歌词的专有权的保留和条件为本国作出规定,但作出规定时不得损害作者获得报酬的权利。再如,于1961年签署的《保护表演者、音像制品制作者和广播组织罗马公约》(以下简称《罗马公约》)第12条规定,为商业目的而发行的录音制品或者此类唱片的复制件直接应用于广播或者任何向公众的传播,使用者应当向表演者或者录音制品制作者支付合理的报酬。如果各方之间没有协定,则国内法应制定支付报酬的条件。又如,TRIPs协定第9条第1款以及WCT第1条第4款明确规定各成员国或缔约方应当遵守《伯尔尼公约》第1条至第21条及其附件的规定,因此TRIPs协定与WCT也认可并且要求成员国或缔约方遵守《伯尔尼公约》有关法定许可的规定。此外,《世界知识产权组织表演和录音制品条约》(以下简称WPPT)第1条第1款规定缔约方必须承担《罗马公约》所确定的义务。

很多国外立法也规定了著作权法定许可制度,例如《美国版权法》。美国是世界上第一个明文规定录音制品法定许可的国家。《美国版权法》第115条第1款第1项是有关获得法定许可条件的规定。该项规定,经过著作权人许可,如果非戏剧音乐作品的录音制品已经在合众国公开发行,他人在遵守本条规定的条件下,可以取得制作和发行作品的录音制品的法定许可。①又如,《加拿大版权法》第7条规定,作品作者去世25年之后,他人可以复制作者已经发表的作品,但复制者应当书面通知其他著作权人,并支付版税。②大陆法系国家如法国、日本等国家的著作权法也规定了法定许可制度。如《法国著作权法》第214-1条规定,针对已经因商业目的而发表的录音制品,他人可以不经表演艺术者或者录音制品制作者的同意,将该录音制品用于公共场所传播,但是应当向表演艺术者和录音制品制作者支付相应报酬。③又如《日本著作权法》第33条规定,为了实现学校教育目的,他人可以不经著作权人许可,将著作权人已经发表的作品登载于教科书上,但是应当向著作权人支付一定的补偿金。④在著作权法中规定法定许可制度已经是现代著作权法的趋势之一,这与著作权法实现和促进公共利益增长的目的相契合。

(二)著作权默示许可与法定许可的相同点

著作权默示许可与法定许可之间主要存在以下相同点:

第一,他人以著作权默示许可或者法定许可的方式使用著作权人的作品,都无须以明示的方式经过著作权人的同意。与合理使用一样,法定许可也是由法律明确规定的用以限制著作权人权利的制度,他人使用著作权人作品的行为只要符合法定许可的条件和要求,则无须经过著作权人的

---

① 十二国著作权法[M].《十二国著作权法》翻译组,译.北京:清华大学出版社,2011:760.
② 贺鸣.著作权法定许可制度研究[M].广州:世界图书出版公司,2017:54.
③ 十二国著作权法[M].《十二国著作权法》翻译组,译.北京:清华大学出版社,2011:93-94.
④ 十二国著作权法[M].《十二国著作权法》翻译组,译.北京:清华大学出版社,2011:377.

同意。著作权默示许可以沉默或者特定行为等非明示的方式确定著作权人的意思表示。因此，著作权默示许可与法定许可都是以非明示的方式获得著作权人的许可。该方式节省了作品使用者与著作权人协商谈判的成本，加速了作品的流通和传播，进一步实现了公共利益的增长。

第二，作品使用者都必须支付报酬。他人通过著作权人的沉默或者特定行为而推断出著作权人对他人使用其作品的行为无异议，作品使用者与著作权人以这种特殊的方式达成合意。虽然达成合意的方式很特殊，但是并不意味着该方式排除了著作权人获得报酬的权利。作品使用者以著作权默示许可的方式使用著作权人的作品，仍然应当向著作权人支付相应报酬。由国际条约以及国外著作权法的规定可知，作品使用者向著作权人支付报酬是法定许可的构成要件之一，《著作权法》第 35 条第 2 款、第 42 条第 2 款等条款也作了相应规定。法定许可为了实现公共利益而对著作权人的权利作出一定的限制，但是以该方式对著作权人的权利作出限制的同时，不能对其利益产生实质性的影响。这与《伯尔尼公约》、TRIPs 协定、WCT 等国际条约确定的"三步检验标准"相契合。

第三，二者都体现了利益平衡原则。著作权默示许可实现了著作权人的利益，也实现了作品传播者或使用者的利益，同时还加速了作品的流通和传播，进一步实现了公共利益的增长。著作权人、作品的传播者或使用者等私主体之间的利益在实现的同时也得到了平衡。最重要的是，由于公共利益得以增长，私人利益与不特定的社会公众应当享有的公共利益也实现了平衡。由相关国际条约、国外立法以及我国立法可知，法定许可的适用主体主要为表演者、报刊社、录音制品制作者、广播电台、电视台等传播媒介。这些传播媒介的功能之一就是将文学、科学、艺术等作品以特有的形式向社会传播，使社会公众获得这些作品。因此，传播者充当了社会公众与作品之间的桥梁，社会公众借助传播媒介得以接近和接触这些作品。立法确立著作权法定许可制度的目的就是建立社会公众接触作品的桥梁，实现作品在社会中流通和传播，最终实现社会公共利益的增长。

（三）著作权默示许可与法定许可的不同点

著作权默示许可与法定许可主要存在以下不同点：

第一，著作权默示许可与法定许可的属性不同。著作权默示许可的本质属性是授权许可，而法定许可的本质属性为权利限制，即法定许可是对著作权人所享有的专有权进行约束的一种制度。与合理使用一样，法定许可属于强制限制。合理使用能够限制著作权人的权利，促进社会公众接近著作权人的作品，增进社会福祉，但是合理使用的适用范围具有很大的局限性。为了进一步满足社会公众对作品的需求，同时保障著作权人的收益权，立法机关设计出了法定许可制度。[①] 法定许可的属性与其设立初衷相一致，即为了实现公共利益以及传播者、使用者所应当享有的利益，对著作权人的专有权作出相应的限制。值得提出的是，《著作权法》规定著作权人可以通过声明不许使用其作品从而排除法定许可的适用。纯正的法定许可不允许著作权人通过声明以排除他人使用其作品。因此，在今后的修法中应当修正有关排除声明，还法定许可真身。

第二，著作权默示许可与法定许可的适用主体范围不同。由于著作权默示许可既可以用于实现私主体的利益，也可以用于实现社会公共利益，因此著作权默示许可的适用主体包括自然人、法人及其他组织。换言之，著作权默示许可的适用主体具有不特定性。由于法定许可制度的目的具有特定性，因此适用的主体也具有特定性。无论是国际条约，还

---

① 冯晓青.知识产权法利益平衡理论［M］.北京：中国政法大学出版社，2006:628.

是国外立法，抑或是我国《著作权法》，法定许可的主体一般是表演者、报刊社、录音制品制作者、广播电台、电视台等。这些主体的主要功能为传播信息，而作品作为一种信息亦属于这些主体的传播客体。著作权人要实现其著作财产权则应当通过表演者、出版社、报刊社等媒介将其作品出版发行和流通。法定许可属于权利限制制度，其设立的初衷是为了实现公共利益。但是在实现公共利益的同时，必须保障著作权人的利益不受不合理的影响。这一要求也决定了法定许可的适用主体具有特定性，其适用范围也是有限的，而非无任何限制。

第三，著作权默示许可与法定许可产生的基础不同。[①] 著作权默示许可的产生方式特殊，他人通过著作权人的沉默或者特定行为而推断著作权人对使用者使用其作品并不表示反对，由此双方就作品的使用形成一致的意思表示。虽然著作权人以沉默或者特定行为表达其意思表示，但本质上著作权默示许可仍然属于授权许可。法定许可则与著作权默示许可不同。法定许可是对著作权人的权利进行限制的一种制度，立法对该制度的性质作了明确规定，同时也规定了法定许可的构成要件。因此，法定许可具有强制性，即由法律明确规定的一种用于限制著作权人权利的制度。法定许可不以著作权人与作品使用者之间的合意为基础，如果符合法定许可的情形，则使用者可以不经著作权人同意而使用其作品，著作权人不得作出声明排除他人使用其作品。

三、著作权默示许可与强制许可

与合理使用、法定许可一样，强制许可也属于著作权权利限制制

[①] 王国柱，李建华.著作权法定许可与默示许可的功能比较与立法选择 [J]. 法学杂志，2012(10):150-154.

度。强制许可与著作权默示许可亦存在相同与不同之处。著作权默示许可与强制许可的相同点在于二者都体现了利益平衡，都体现了对作品使用者的保护，无论以强制许可的方式使用作品，还是以著作权默示许可的方式使用作品，使用者都必须支付报酬。二者的不同点在于它们的立法目的不同，法律属性不同，以及获得许可的方式不同。

（一）强制许可

强制许可是指在法律规定的特定情形下，如果著作权人无正当理由而拒绝他人使用其作品，则具备使用条件的人可以向著作权行政管理部门提出申请，由著作权行政管理部门颁发强制许可证，从而取得作品的合法使用权。[①] 强制许可的立法目的在于通过强制许可的方式限制著作权人的著作权，促进作品的流通和传播，从而保证社会公众能够接触作品，最终实现社会公共利益。因此，对著作权人的权利进行限制是强制许可的本质属性。

强制许可在国际条约和国外立法中都有体现。国际条约方面，《伯尔尼公约》附件第2条是有关翻译权的强制许可规定，《世界版权公约》第5条是有关复制权的强制许可规定。国外立法方面，《日本著作权法》第67条规定，已经发表的作品或经过一定期间提供或提示给公众的事实明显的作品，因著作权人不明或者其他类似原因，根据有关规定作出相当的努力但仍然无法与著作权人取得联系，经过文化厅长官裁定，同时为著作权人寄存一定的补偿金，申请人可以使用著作权人的作品。[②] 此外，《日本著作权法》第68条以及第69条是关于作品的播放以及在商

---

① 丁丽瑛.知识产权法[M].厦门：厦门大学出版社，2016:114.
② 十二国著作权法[M].《十二国著作权法》翻译，译.北京：清华大学出版社，2011:393.

业录音制品上的录音的法定许可。《埃及知识产权法典》第 170 条规定，为了满足各级各类教育的需要，任何个人可以请求主管部门授予个人许可，无须经过作者许可而复制、翻译任何由本法所保护的作品，但是应当向作者或者其继承人支付合理费用。① 虽然《著作权法》没有规定强制许可制度，但是由于我国是《伯尔尼公约》和《世界版权公约》的成员国，因此，强制许可制度对我国的著作权权利限制制度也有一定的影响。

强制许可也属于权利限制制度，但是该制度与合理使用、法定许可制度仍然存在一定的差别。与合理使用相比较，获得强制许可的条件之一是请求著作权人许可但著作权人无正当理由而拒绝请求；合理使用不存在请求著作权人许可使用作品这一条件，只要符合立法规定的条件即可。符合使用条件的请求人被著作权人无正当理由拒绝后，如果请求人要获得强制许可则必须向主管部门提出申请；而合理使用只要符合有关要素或标准即可，无须向主管部门提出申请。虽然强制许可是对著作权人权利的限制，但并不意味着著作权人因此丧失了获取报酬的权利，以强制许可方式使用著作权人作品的使用者仍然要向著作权人支付相应报酬。与法定许可相比较，强制许可的侧重点是防止著作权人滥用其权利形成垄断，确保作品流通，维护和实现社会公共利益；而法定许可的侧重点是简化作品传播者和使用者传播和使用作品的程序，优化成本。② 如前文所述，适用强制许可的条件之一是他人向著作权人请求许可而被著作权人无正当理由拒绝；而法定许可只要符合立法规定即可适用，无须请求著作权人许可这一环节。被著作权人以无正当理由拒绝之后，请

---

① 十二国著作权法 [M].《十二国著作权法》翻译组,译.北京：清华大学出版社,2011:42.

② 贺鸣.著作权法定许可制度研究 [M].广州：世界图书出版公司,2017:10.

求人方可向主管部门申请强制许可，由主管部门批准申请人实施强制许可；法定许可无须经过主管部门申请，只要符合立法规定的条件，他人即可以法定许可的方式使用作品。

（二）著作权默示许可与强制许可的相同点

著作权默示许可与强制许可主要存在以下相同之处：

第一，著作权默示许可与强制许可都体现了利益平衡原则。他人通过著作权默示许可获得著作权人的许可而传播或者使用其作品，实现了传播者或使用者的利益。由于著作权默示许可属于授权许可，一般情形下，著作权人在授权他人行使其著作权时会要求被许可人支付相应的报酬。因此，传播者或使用者被授权之时，著作权人也获得了相应的报酬，实现了其经济利益。作品的传播和使用最终让社会公众受益，社会公众利益得以实现。由此可见，在著作权默示许可模式下，各方主体之间的利益得以实现并得到平衡。他人通过强制许可获得使用著作权人作品的权利，实现了使用者的利益。强制许可的构成要件之一是作品使用者必须向著作权人支付相应的报酬。因此，虽然强制许可限制了著作权人的权利，但著作权人并不因此丧失获得报酬的权利，其经济利益仍然得到了保障和实现。通过强制许可使用作品的主要目的在于促进作品流通，让社会公众更有机会接触作品，最终实现公共利益的增长。因此，在强制许可模式之下，作品的传播者、使用者、著作权人等主体的利益也得以实现并保持平衡。

第二，无论是著作权默示许可，还是强制许可，都体现了对他人使用作品的保障。使用者通过著作权人的沉默或者其特定行为而判断著作权人对使用者使用其作品的行为没有异议，使用者由此对著作权人产生了合理信赖。合理信赖利益一旦产生，则著作权人不得以使用者未经明示许可为由认定使用者的行为属于侵权行为。如果著作权人对使用者的行为表示反对，则使用者仅需停止使用行为，但无须承担任何侵权责任。强制许可是对著作权人的权利予以限制的一种制度。著作权属于著作权人的私权，他人未经著作权人允许不得擅自行使其权利。但是，立法也作了例外规定，强制许可即属于例外情形之一。如果他人使用作品的行为符合强制许可的条件，则其行为不应认定为侵犯了著作权人的著作权。因此，强制许可对著作权人的著作权作了一定的限制，同时也体现了对作品使用者的保护。

第三，无论是以著作权默示许可使用作品，还是通过强制许可使用作品，使用者都必须支付报酬。他人通过著作权人的沉默或者特定行为而推断著作权人允许使用其作品，作为使用作品的对价，使用者应当向著作权人支付相应报酬。著作权默示许可的本质属性为授权许可，一般情形下，著作权人不会放弃向作品使用者主张报酬的权利。虽然强制许可的立法目的与合理使用、法定许可一样，都是为了实现公共利益，但是其侧重点是防止著作权人滥用权利形成垄断，损害其他相关主体的利益。在防止著作权人滥用权利形成垄断的同时，不能对其合法权益产生实质性影响。否则，强制许可不仅不能防止著作权人滥用权利，而且将对作者的创作热情产生负面影响，作品的总量和质量在一定程度上将会减少和下降，最终影响公共利益和社会福祉的增长。

（三）著作权默示许可与强制许可的不同点

著作权默示许可与强制许可主要存在以下不同点：

第一，二者的立法目的不同。如前文所述，著作权默示许可既可以以实现私人利益为目的，也可以以实现公共利益为目的。著作权默示许可的功能之一是解决海量作品授权问题。而海量作品中有的作品主要以实现私人利益为目的，有的作品主要以实现公共利益为目的。著作权默示许可弥补了传统的"一对一"授权模式的不足，可以从人力、物力等方面节约授权成本，进一步促进作品的流通和利用。在著作权默示许可模式下，无论是私主体，还是社会公众，其利益都能够实现。强制许可的属性决定了该制度必须以实现公共利益为目的。强制许可的本质属性为权利限制制度，即对著作权人的专有权进行限制。通过强制许可对著作权人的权利进行限制的目的是防止著作权人滥用其权利进而形成垄断，避免社会公共利益受到侵害。

第二，二者的属性不同。著作权默示许可具有限制权利的属性，但是该限制属于著作权人对其权利的自愿限制，因此著作权默示许可的本质属性仍然属于授权许可。传播者或使用者通过著作权人的沉默或者特定行为推断出著作权人对使用其作品的行为并无异议，著作权人以此特殊方式授权传播者或使用者传播或使用其作品。强制许可的本质属性为权利限制，无论是国际条约还是国外立法对该制度的属性都作有明确规定。立法确立了强制许可的构成要件，一旦符合这些要件，他人则可以通过强制许可的方式使用著作权人的作品。强制许可一方面保障了著作权人的合法权益免受实质损害，另一方面与法定许可、合理使用等构成了实现社会公共利益的制度。

第三，二者获得许可的方式不同。传统的"一对一"授权许可中的著作权人与作品使用者以明示的方式达成合意，最终著作权人许可他人使用其作品。而在著作权默示许可中，他人通过著作权人的沉默或者其特定行为推断著作权人对使用其作品的行为并不表示反对，他人对著作权人产生了合理信赖。虽然著作权默示许可的形成具有特殊性，但归根结底该许可仍然是由著作权人与被许可人以意思自治的形式产生。强制许可则不然。由于强制许可的构成要件之一是他人向著作权人请求使用其作品但著作权人无正当理由拒绝，可以认为强制许可是对请求人权利的救济。如果著作权人无正当理由拒绝，请求人可向主管部门申请强制许可，主管部门可依法向申请人颁发强制许可，申请人依据强制许可证行使著作权人的著作权。

第二章 著作权默示许可的正当性分析

"正当性论证对各种制度的自我辩护或互相借鉴,发挥着越来越重要的作用。"[1]相较于一般的民事许可而言,著作权默示许可具有特殊性。此外,虽然从我国相关立法中可发现著作权默示许可的踪迹,但是立法并未对该制度作出明确规定。因此,有必要对该制度的正当性予以论证。本章试图从著作权法激励创作和保障接近作品的功能、著作权默示许可的宪法精神、著作权默示许可适用的现实需求角度出发,以证成著作权默示许可的正当性,为该制度的立法安排提供理论支撑。

第一节　默示许可与著作权法利益平衡功能

激励创作与保障接近作品是著作权法的两大功能。作者的精神权利及其财产权利在著作权法的保障之下得以实现。作者在精神层面得到满足,同时通过创作能够改善其物质生活,由此激励作者进行再创作,产生更多、更优质的作品。著作权法在保障作者权利的同时,必须保障社会公众能够接触到作品,保障公众从中获益,最终实现公共利益和社会福祉的增长。这又体现了著作权法保障接近作品的功能。著作权默示许可也具备激励作者创作和保障接近作品的功能。著作权默示许可一方面保障作者权利的实现,另一方面保障作品使用者、传播者等主体使用、传播作品权利的实现,平衡作者与使用者、传播者、公共社会之间的利益。笔者试图从作者与传播者、作者与使用者以及作者自身三个角度论证著作权默示许可中的激励创作与保障接近作品的平衡原理。

---

[1] 刘杨.正当性与合法性概念辨析[J].法制与社会发展,2008(3):12-21.

一、著作权法之激励创作与保障接近作品平衡原理

著作权法的制定保障了著作权人的合法权益，对作者的创作发挥了激励作用。在保护著作权人权利的同时，著作权法也通过一系列制度的设计和安排，实现他人接近作品的可能。因此，著作权法既有激励创作的功能，同时也具有保障接近作品的功能，并且激励创作与保障接近作品的功能处于平衡状态。

（一）著作权法激励创作之功能

有论者认为："知识产权制度增加了创造力，只能说明这是一种制度影响，还不足以说明鼓励创造是知识产权制度的主要功能。知识产权制度的主要功能是确认、分配知识的市场化所产生的利益。"[1] 此处应当区分法律的作用与法律的功能。法律的作用可分为规范作用与社会作用。法律的规范作用包括指引、评价、预测、强制和教育五大作用。法律的社会作用包含分配社会利益、解决社会纠纷和实施社会管理。社会利益具有稀缺性，法律必须对社会利益进行分配以确定利益主体。法律对利益的分配主要通过明确权利义务进而确认利益主体、利益内容、利益数量和范围等，以具体的法律规范对社会利益进行分配。[2] 分配社会利益是任何法律规范都必须具备的作用，知识产权法律规范亦应具备该作用。否则知识产权法律规范将徒有虚名，既不能发挥其规范作用，也不能起社会作用。此类法律规范仅具有象征意义，而无具体作用。

---

[1] 李琛．著作权基本理论批判［M］．北京：知识产权出版社，2013:25.
[2] 付子堂．法理学初阶［M］．北京：法律出版社，2005:118.

功能，有事功、能力、功效、作用之意。[①] 法律功能，是指"法律作为体系或部分，在一定的立法目的的指引下，基于其内在结构属性而与社会单位所发生的，能够通过自己的活动（运行）造成一定客观后果，并有利于实现法律价值，从而体现自身在社会中的实际特殊地位的关系"[②]。法律功能指向法律价值，也就是说法律价值的实现与否是法律功能发挥与否的判断标准。具体而言，法律价值的实现其实就是法律规范的具体落实。法律作用与法律功能存在不同，法律作用仅仅是法律功能的一种表现，二者之间存在外延大小之区分。[③] 著作权法的功能在于通过发挥著作权法的规范作用和社会作用，明确权利义务，进而对利益进行分配，对纠纷予以定夺，最终实现其所蕴含的价值。著作权法的功能之一在于通过保护创作者的合法利益，激励创作者进一步创作，同时也激励潜在的创作者积极投身创作事业。

激励理论（Incentive Theory）认为，著作权法是通过权利配置以激励信息产生和传播的工具。[④] 只有对作品提供足够好的保护，作品创作者才能创作出更多、更好的作品。在1709年的《安娜女王法》的序言中就体现了激励创作的思想。《安娜女王法》序言中提到，制定该法的目的就是遏制时下横行的盗版之风，盗版行为致使作者或者作品的所有者产生损害，给作者或其所有者带来不利后果。为了防止这种行为的再次发生，同时鼓励创作人创作出更多的有益作品，制定了本法。虽然《安娜女王法》最初由伦敦的书商提议制定，其目的在于重新控制和垄断图

---

① 辞海编辑委员会.辞海：上［M］.上海：上海辞书出版社，1979:1163.
② 付子堂.法律功能论［M］.北京：中国政法大学出版社，1998:35.
③ 付子堂.社会学视野中的法律功能问题［J］.郑州大学学报（哲学社会科学版），1999(5):18-24.
④ PATTERSON L R, LINDBERG S. The Nature of Copyright: A Law of Users' Right［M］. Athens: University of Georgia Press, 1991:13.

书的出版，但《安娜女王法》最终确立了作者的地位，将作者的利益置于第一位，同时鼓励作者进行创作并且对其作品予以保护。此后，无论是英美法系国家的著作权法或相关报告，还是大陆法系国家的著作权法或相关报告，都体现了激励创作这一理念。如 1995 年美国发布的《知识产权与国家信息基础设施白皮书》指出，当我们再一次面对数字技术的发展和进步时，立法者要维持在著作权法案之下的对作者的创作激励与保障接近作品之间的平衡这一目的。① 随着技术的发展，著作权的内涵越来越丰富，其外延也不断向外扩张。继模拟技术之后，数字技术使作品作者的权利又一次从数量上实现了跨越。在激励作者进行创作而赋予作者更多权利的同时，有必要对其权利作出限制，从而保证公众能够接触到作品，进而实现公共利益的增长。因此，1995 年美国《知识产权与国家信息基础设施白皮书》强调激励创作与保障接近作品之间的平衡。

《著作权法》相关规定也体现了激励理论的思想。《著作权法》第 1 条的内容表明制定著作权法的宗旨之一是激励作者创作作品。为了实现该宗旨，《著作权法》赋予作者专有权，包括署名权、发表权等在内的著作人身权与复制权、发行权、公开传播权等在内的著作财产权。除非法律另有规定，否则未经著作权人许可，他人不得使用其作品。作者需要投入时间、金钱、辛勤劳动才能创作出作品，如何平衡作者的投入是立法必须考虑的问题。立法赋予作者专有权的目的在于保证作者通过行使专有权以填补甚至超越作者为创作所作出的努力。鼓励作者创作和传播作品这一经济激励制度是著作权法建立的基础。② 在模拟技术时代，

---

① Intellectual Property and the National Information Infrastructure. The Report of the Working Group on Intellectual Property Rights [R]. Washington, D. C.: Information Infrastructure Task Force. 1995:14.

② 冯晓青.著作权法之激励理论研究：以经济学、社会福利理论与后现代主义为视角 [J].法律科学，2006(6):41-49.

著作权以复制权为中心，但随着技术的发展尤其是网络的出现使以复制权为中心的著作权法受到了挑战。在数字技术时代，传播权变得尤为重要，传播权的控制与否关系到著作权人一系列权利的实现。无论是以复制权为中心的模拟技术时代，还是以传播权为中心的数字时代，这些权利设定的目的在于保障作品作者通过行使这些权利实现其经济利益，作者不仅希望读者认可其作品，从精神层面获得称赞，也希望在经济层面得到满足，通过其作品实现经济利益的增长，换取更加优质、体面的物质生活。从《著作权法》到《信息网络传播权保护条例》，这些法律规范的制定顺应时代潮流和技术发展，扩展了作者权利的外延，赋予作者更多的专有权，从不同层面和空间保护作者创作的作品，实现作品经济利益的转化，激励作者创作出更多、更优质的作品，促进作品的流通。

（二）著作权法保障接近作品之功能

著作权法具有保障接近作品的功能。"接近是指公众对著作权中的思想和表达的获得、使用。"[1] 著作权法的宗旨之一是促进文学、艺术和科学作品的传播和流通，很多国家和地区的相关规定也明确了这一宗旨。如《日本著作权法》第1条规定，本法制定的目的除了保护作者权利和邻接权之外，促进文化的发展也是制定本法的目的之一。[2] 又如，我国《著作权法》第1条规定，本法制定的宗旨之一是鼓励作品的创作和传播，促进文化的发展和繁荣。再如，我国台湾地区的"著作权法"第1条也明确规定促进文化的发展是制定本法的宗旨之一。因此，著作权法的立法目的和宗旨不仅在于保护著作权人的权利，激励作者进一步

---

[1] 冯晓青.著作权合理使用制度之正当性研究[J].现代法学，2009(4):29-41.
[2] 十二国著作权法[M].《十二国著作权法》翻译组，译.北京：清华大学出版社，2011:361.

创作，还在于促进该国家或地区文化的发展和繁荣。要实现这一宗旨则必须保障社会公众能够接近已经创作出来且已公开发行的作品。文化的发展和繁荣不能依赖于有限的创作者来推动，更不能仅仅依赖于个别创作者来推动。文化的发展和繁荣必须依赖于一代又一代的创作者来推动。不可否认，创作者可以不依赖前人作品而创作出新的作品甚至优质的作品，但绝大多数情形下，创作者在前人作品的基础上可以创作出更多、更优质的作品，推动文化事业不断向前发展。以前人作品为基础进行创作正体现了著作权法保障接近作品的功能。

保障接近作品包括接近作品思想和接近作品表达。在接近作品中，创作者所接近的对象之一是思想。"思路、观念、理论、构思、创意、概念"等属于日常用语中的"思想"范畴，而"操作方法和技术方案"则是广义的"思想"范畴。与"表达"相对应的"思想"一般是指广义的思想。[①] 无论是国际条约，还是内国立法，二者对思想是否提供保护的态度非常一致。如 TRIPs 协定第 9 条第 2 款规定，著作权保护应延及表达，但不能延伸至思想、工艺、操作方法或数学概念之类。WCT 第 2 条针对著作权保护的范围与 TRIPs 协定相一致，其保护范围延及表达，而不涉及思想、工艺、操作方法或数学概念之类。内国法对此问题的态度亦复如是。如《美国版权法》第 102 条第 2 款规定，在任何情况下，对作者独创性作品的版权保护，不得延及思想、程序、方法、系统、运算方式、概念、原理或发现，无论作品通过何种方式对之加以描述、解释、说明或者体现。[②]《意大利著作权法》第 1 条没有明确表明思想不受著作权法的保护，但该条规定具有独创性的文学、音乐、平面艺术、建

---

① 王迁.著作权法[M].北京：中国人民大学出版社，2015:40.
② 十二国著作权法[M].《十二国著作权法》翻译组，译.北京：清华大学出版社，2011:723.

筑、戏剧和电影领域内的作品的表达方法或形式受到本法的保护。[①] 因此,《意大利著作权法》所保护的是各类作品的表达方法或形式,而非作品所体现的思想。虽然我国《著作权法》没有明确规定不保护作品的思想,但是在司法实践中已得到普遍认同。此外,《计算机软件保护条例》第6条规定,软件著作权的保护不得延及开发软件所运用的思想、处理过程、操作方法或者数学概念等。因此,国际条约与内国立法都赋予创作者接近作品思想这一权利。创作者在接近和了解前人作品思想的基础上将会创作出更多、更优秀的作品;否则,创作者的创作犹如无源之水,迟早枯竭。

除了思想属于创作者接近的对象之外,作品的表达也属于创作者接近的对象。无论是思路、观念、理论,还是构思、创意、概念,这些思想都属于信息,这些信息要呈现于公众面前,必须通过一定的媒介,表达则是呈现这些思想的媒介。作品的思想通过表达呈现于公众面前。著作权法要求作品必须具有独创性,而独创性的对象即表达。著作权法意义上独创性中的"独"是指劳动成果源于劳动者本人,而非抄袭的结果。劳动成果在两种情况下具备"独"的要求,其一为劳动成果是劳动者从无到有地创造出来,其二为劳动成果是劳动者在他人作品的基础上创作出来的新作品。独创性中的"创"是指源于本人的表达是智力创作成果,同时具有一定的智力创造性。独创性的"独"是著作权法对作者是否独立完成的评判标准,而"创"是对作者所创造出来的劳动成果是否具有一定智力创造性,体现其个性的要求。[②] 因此,"创"对作品的表达提出了更高的要求。"独"与"创"于作品而言缺一不可,否则劳动者所创作出来的智力成果不能被称为作品。著作权法保护作品的表达,

---

[①] 十二国著作权法 [M].《十二国著作权法》翻译组,译.北京:清华大学出版社,2011:279.

[②] 王迁.著作权法 [M].北京:中国人民大学出版社,2015:20-27.

但并不意味着公众不能接近作品的表达。公众接近作品应当满足两个条件，其一为公众能够理解且获得作品中的思想与表达，其二为作品的有形复制件能够为公众合法获取。[①] 条件一的满足与否在于公众对作品的阅读和理解能力，公众的阅读和理解能力越强，则越容易获得作品的思想和表达。因此，条件一的满足与否取决于公众自身。条件二的满足与否取决于立法对作者相关权利的安排。著作权法赋予作者复制权、发行权等财产性权利。发行权是一项非常重要的著作财产权，如果作者仅有复制权而无发行权，则将严重影响其经济利益，复制权、展览权等权利将不具有立法意义。发行权中有一项非常重要的原则，即"发行权一次用尽原则"，或称为"首次销售原则"（the first sale doctrine）。"发行权一次用尽原则"是对发行权的限制。该原则是指著作权人享有以出售或者赠予的方式向公众提供作品的原件或复制件，一旦该作品原件或复制件的所有权通过合法途径转移至他人，则著作权人不再具有控制被流转的作品原件或者复制件的权利。"发行权一次用尽原则"限制了著作权人的权利，加速了作品原件或复制件的流通和传播，该原则也为公众接近作品提供了立法保障。

（三）激励创作与保障接近作品的平衡

著作权法既具有激励创作的功能，又具有保障接近作品的功能，同时两种功能在著作权法之下处于平衡的状态。利益平衡原则不是著作权法独有的原则，但是该原则是著作权法重要的立法原则。利益平衡原则在著作权法中的重要地位在有关国际条约中也有体现。如 WCT 序言中强调，条约达成的目的之一在于保持作者权利与社会公众利益尤其是教

[①] 冯晓青.著作权合理使用制度之正当性研究［J］.现代法学，2009(4):29-41.

育、研究和获得信息的利益之间的平衡。又如，WPPT序言中强调本条约的制定目的之一是保持表演者和录音制品制作者的权利与社会公众利益尤其是教育、研究和获得信息的利益之间的平衡。再如，《视听表演北京条约》的序言中亦有类似规定。内国立法虽然没有明确表明利益平衡是著作权法的重要原则，但是利益平衡原则已在相关立法的具体制度中尽显无余。著作权法激励创作与保障接近作品的功能则是利益平衡原则的具体表现。

著作权不仅仅是一种专有权或垄断权，其目的还在于获得交换，促进创作者创作和作品的流通以实现公共利益。因此，著作权具有契约性质，是著作权人与社会公众之间的一种契约销售关系。[1] 无论是激励创作，还是保障接近作品，要发挥著作权法的这两种功能始终离不开相关法律主体。因此，激励创作与保障接近作品功能之间的利益平衡亦可从相关主体的角度进行分析和认识。

首先，激励创作与保障接近作品之间的利益平衡体现于作者与传播者之间。作者是作品的创作主体。一般情形下，作者是在前人作品的基础上进行创作，作者接触前人已经创作出来的作品，学习其中思想、表达等。"接近著作权作品是公众从作品中获得知识和信息、增进知识和学问的保障。"[2] 著作权法通过赋予作者著作人身权和著作财产权，以激励作者投入时间、金钱、精力进行创作。但是，著作权法在赋予作者相应权利的同时，又对其权利作了相应限制。如著作权法赋予作者发行权，但是著作权法将该权利定性为著作财产权而非著作人身权。如果将发行权定性为著作人身权，则意味着该权利只能由作者行使，其他主体

---

[1] MOORE H C. Atari v. Nintendo: Super Mario Uses Expressive Security Feature to Lock out the Competition[J]. Rutgers Computer & Tech. LJ, 1992, 18 (2): 919-940.

[2] 冯晓青.著作权法的利益平衡理论研究[J].湖南大学学报（社会科学版），2008(11):113-121.

无权行使该权利。结果将严重削弱作者以外的主体接近该作品的能力。著作权法将发行权定性为著作财产权，表明作者可以自己行使该项权利，也可授权他人行使该项权利。著作权法意义上的发行行为包括作者出售或者赠予其作品原件，也包括作者授权出版社出版作品复制件。于作者而言，发行权的意义在于作者能够通过该项权利实现经济利益；于出版社而言，出版社有可能获得作者授权出版发行作品。因此，发行权等权利虽然属于作者的专有权，但是这些权利在作者与出版社等传播者之间形成了一种利益平衡机制。

其次，激励创作与保障接近作品之间的利益平衡体现于作者与使用者之间。著作权法赋予作者诸多权利，通过这些权利以实现其人身利益和财产利益。立法保障实现这些利益成为创作者从事创作活动的动力之一。但是，作者在享有相应权利的同时，其权利也受到了相应限制。著作权法并未赋予作者控制其作品思想的权利，作品一旦发行，则意味着作品的思想能够为公众所接近和利用，且公众无须因此而承担侵权责任。思想是创作的火花，也是作品的精髓。立法不保护思想，允许作者之外的主体无偿使用作品思想的目的在于促进更多、更优质作品的产生。著作权法激励创作者通过创作产生更多的新思想，同时著作权法为了实现思想的传播而允许他人接近和利用作品思想，作者与使用者之间就思想的创作和利用形成了利益平衡机制。此外，在立法的干预之下，作者与使用者就作品的创作和使用也形成了平衡机制。著作权法赋予作者发行权，但是发行权必须遵循"发行权一次用尽原则"。在该原则之下，作者不再对通过合法途径流转的作品原件或复制件享有所有权。发行权保障作者通过该权利实现其经济利益，激励作者再创作。而"发行权一次用尽原则"区分了著作权与作品载体所有权的归属，保证了作者之外的其他主体能够接近作品，在作者与使用者之间形成了利益平衡机制。

最后，激励创作与保障接近作品之间的利益平衡体现于作者自身。各国著作权法赋予作者著作人身权和著作财产权的原因在于，作者通过著书立说不仅可以换取物质财富，也可以获得精神上的财富和寄托。作者一旦授权出版社、期刊社等传播者出版发行其作品，则传播者应向作者支付相应报酬。作者由此获得了物质上的财富，可进一步改善其生活和创作环境。与此同时，作品获得受众的认可，也是受众对作者的认可，作者从精神层面获得了受众的肯定。受众的认可是激励作者进行再创作的又一动力。精神与物质财富的获得都是作者不断进行创作的动力，激励作者创作出更多、更优质的作品。只有独创性的外在表达才能成为著作权法意义上的作品。无论是从无到有的创作，还是在他人作品基础上的创作，作者在创作过程中必将接触到已存在于他人作品中的思想与表达。二者的不同之处在于作者所接触的思想与表达存在于不同的作品之中。在从无到有的创作过程中，作者所接触的思想与表达存在于其他作品之中；而在他人作品基础上进行的创作中，作者所接触的思想与表达存在于被演绎的作品之中。两种创作方式都体现了作者的"独"，但作者都是在他人作品基础之上进行创作，只是其基础不一样而已。因此，激励创作与保障接近作品始终伴随作者的创作过程，并且二者处于平衡状态。

二、激励创作与保障接近作品平衡原理在著作权默示许可中的体现

著作权默示许可属于著作权法中的一项重要制度，该制度体现了激励创作与保障接近作品平衡原理。著作权默示许可主要涉及作者、传播者以及使用者三个主体，作者与传播者之间、作者与使用者之间、作者本身都体现了激励创作与保障接近作品平衡原理。

（一）作者与传播者之间的利益平衡

作者是作品的创作者，而作品的流通主要依赖于出版社、期刊社、网络媒体等传播者。一旦作者授权出版社、期刊社、网络媒体等传播者出版发行其作品，则二者之间必然产生相应的法律关系。虽然著作权默示许可是一种特殊的授权许可，但是在该许可之下仍然形成了相应的平衡。

以《信息网络传播权保护条例》第9条为例，于作者而言，虽然网络服务提供者免费向农村地区的公众提供作者作品，但仍然可激发作者创作的欲望。原因有二：一方面，作者创作出的作品被推广和运用，表明其作品被认可，因此极可能激发作者进一步创作的欲望。由于作者的作品属于种植养殖、防病治病、防灾减灾等与扶助贫困有关的作品，而该类作品的适用地区主要为农村地区。网络服务提供者将该类作品向农村地区的公众提供表明对其作品的认可，从而激发了作者再创作的欲望。另一方面，虽然网络服务提供者免费向农村地区的公众提供该类作品，但并不意味着著作权人不能获得报酬。按照该条规定，网络服务提供者仍然应向著作权人支付相应报酬。虽然该条涉及公共利益，著作权人从中所获收益或许不如著作权人通过正常途径出版发行所获收益，但在一定程度上仍可激发作者进一步创作的欲望。

于网络服务提供者而言，《信息网络传播权保护条例》第9条使之得以接近相关作品。该条的立法目的是向农村地区提供与扶助贫困有关的作品，而提供作品的方式则是通过信息网络。该条进而明确了通过信息网络向农村地区提供与扶助贫困有关的作品的主体是信息网络服务提供者，而非其他主体。因此，该条赋予信息网络服务提供者接近作者作品的权利。与此同时，该条也明确了网络服务提供者接近作品的条件。首先，网络服务提供者在向农村地区提供有关作品之前应当公告拟提供的作品、作者信息以及支付报酬的标准。其次，公告之日起满 30 日，如果作者不同意，则网络服务提供者不能向农村地区提供其作品；如果作者无异议，则网络服务提供者可以向农村地区提供其作品，并且支付相应报酬。

（二）作者与使用者之间的利益平衡

《信息网络传播权保护条例》第 9 条限制向农村地区提供的作品的类型，即提供的作品必须与种植养殖、防病治病、防灾减灾、适应基本文化需求有关。而此类作品的阅读群体主要集中在农村地区。如前文所述，作者创作的这类作品由网络服务提供者通过网络向农村地区提供，本身是对作品的认可。由于作品的适用空间特定、阅读群体特定，将该类作品输入农村地区，主要受众必然是农民、个体户、乡镇企业主等，作品作者也希望有此效果。因此，农村地区的农民、个体户、乡镇企业主等成为作品的主要受众是对作者进行再创作此类作品的激励。

于作品的使用者即农民、个体户、乡镇企业主等群体而言，《信息网络传播权保护条例》第 9 条使之得以合法接触到种植养殖、防病治病、防灾减灾以及为适应基本文化需求的作品。虽然该条规定由网络服务提供者通过网络向农村地区提供与扶助贫困有关的作品，且提供的并非作品原件或者复制件，但是并不妨碍农村地区的公众接触这类作品的可能性。农民、个体户、乡镇企业主可以通过电脑、数字阅读器等阅读由网络服务提供者提供的数字化作品，也可以对该类数字化作品下载并且打印，进而接触此类作品，以此提高种植养殖、防病治病、防灾减灾等技术能力，因此，该规定保障了农村地区的公众接触和了解与种植养殖、防病治病、防灾减灾以及为适应基本文化需求的作品的机会。该规定协调了激励作者进行创作与使用者接近作品之间的关系，平衡了二者之间的利益。

（三）激励创作与保障接近作品对作者的自我平衡

在著作权默示许可下，激励创作与保障接近作品利益平衡还体现于作者自身。根据《信息网络传播权保护条例》第2条的规定，权利人享有的信息网络传播权受《著作权法》和本条例保护，除非有法律、行政法规另外规定，任何社会组织或个人通过信息网络向公众提供他人作品，必须经过权利人许可，并支付报酬。在信息网络技术之下，作品的流通和传播由传统的纸质形式向数字形式发展。针对这种发展趋势，我国立法机关作了积极回应，顺应时代发展制定了《信息网络传播权保护条例》。该条例赋予作品权利人信息网络传播权，切实维护了作品权利人的利益。

《信息网络传播权保护条例》第9条规定，在特定条件下网络服务提供者可以向农村地区的公众提供有关扶助贫困的以及适应基本文化需求的作品。该条规定是对作者权利的自我限制，同时也激励了作者进行再创作。由于农村地区以农业生产为主，同时农村地区的公众基本文化需求很强，因此《信息网络传播权保护条例》第9条规定，网络服务提供者向农村地区提供的作品必须与种植养殖、防病治病、防灾减灾以及为适应基本文化需求有关，通过向农村地区提供该类作品以服务于农业生产和农民生活。此类作品的受众主要处于农村地区，作品被网络服务提供者选择并向农村地区提供是对作者创作的肯定和认可，有利于作者后续创作。虽然网络服务提供者以该方式向农村地区提供该类作品不能直接或间接获得经济利益，但是作者仍有权利要求获得一定报酬。在此方式之下将作品向农村地区的公众提供，作者所获经济收益或许有所减少，但仍然对作者形成了激励机制。因此，无论是从精神层面，还是从物质层面，该条都激励着作者进行再创作，创作出更多、更优质的作品。

如前文所述，无论作者是从无到有进行创作，还是作者在他人作品基础上进行创作，作者在创作过程中必然会接触到已存在于先前作品中的思想和表达。于作者创作与种植养殖、防病治病、防灾减灾以及为适应基本文化需求有关的作品而言，作者在创作之前或者在创作过程中也将接触到与其创作主题相关的作品。针对思想，著作权法并未赋予作者控制作品思想的权利，因此在后作者可以自由使用作品思想。针对作品的表达，虽然著作权法予以保护，但并不意味着作者对作品表达享有绝对的专有权。在后作者在合理使用等制度之下可以不经在先作品作者同意而使用部分表达。此外，当思想与表达混同时，在后作者亦可不经在先作品作者的同意而使用有关表达。接近作品是社会公众获得知识的保障，同时也是作者创作出更多、更优质作品的基础。只有在接近作品的基础上，作者才能创作出自己的新作品，创作出更优质的作品。因此，从作者的角度来看，激励创作与保障接近作品利益平衡亦体现于其中。

第二节 著作权默示许可的宪法价值

从宪法角度来看，宪法赋予作者著作权，其目的不仅在于让作者获得物质回报，最终目的在于保障每一位公众的人格尊严、学习自由和表达自由。宪法赋予作者的著作权是表达自由权、经济自由和财产自由的"对价"。[①] 为了实现宪法所赋予公众的表达自由权、经济自由等权利，立法机关在制定著作权法时也作了相应安排。如在著作权法中确立思想与表达二分法原则，从而使作品思想能够被公众免费使用和传播，在思

---

① 徐暄. 从宪政的视角看知识产权［J］. 电子知识产权，2005(7):18-20.

想与表达混同情形下，其他创作者也无须经过作者同意而使用该表达。又如，著作权法中规定了合理使用和法定许可等制度。合理使用、法定许可等制度是对作者著作权进行限制的制度，在法定许可制度之下，公众使用作品时仅需支付相应报酬而无须经过作者同意；而在合理使用制度下，公众既无须向作者支付报酬，也无须经过作者同意而使用其作品。合理使用、法定许可等制度保障了公众接触和学习作品的机会。再如，著作权法对著作财产权的保护具有期限性，一旦保护期限届满，该作品将流入公共领域。流入公共领域，意味着公众使用该作品不再需要经过著作权人的许可。著作权默示许可作为一种特殊的许可制度，同样具有保障公众表达自由、学习自由等权利的功能。

一、著作权的宪法基础

著作权是立法赋予作者的专有权，是作者创出作品之后才享有的权利。"著作权不是每一个公民都实际享有的权利，只有那些进行了创作，并创作出作品的人才享有著作权。"[1] 虽然如此，却不能阻断著作权与政治权利之间的联系。例如，创作这个过程本身就是公民表达自由的一种具体表现。再如，作者将创作好的作品通过出版社、期刊社、报社、电视广播、信息网络等媒介发表传播，也是公民言论自由的具体表现。因此，著作权虽然是一项私权，但是著作权的政治权利属性丝毫没有被其私权属性掩盖。值得提出的是，著作权的这种政治权利属性实现了人类作品的传播和流通，人类的思想和文化得以传承和创新，其政治权利属性也是促使人类科学、文化和艺术不断向前发展的有力保障。

---

[1] 王光. 言论出版自由权与著作权 [J]. 当代法学，1992(2):26-30.

（一）著作权的宪法缘起

1. 1709年《安娜女王法》渗透出的自由价值

1641年，英国星座法院被废除，《星座法院法令》也随之失效；与此同时，英国书商公会的垄断地位失去了强有力的后盾。此后，英国图书行业进入混乱时期。直至1662年，在多方博弈之下最终促成了《许可法》的出台，《许可法》的通过使书商的垄断地位重新得到公权力的支持。但是该法在骑士议会解散之后也随之失效。书商们为了重新获得垄断权，不断向议会请愿。在书商们的努力下，议会于1709年通过了《安娜女王法令》。[①]《安娜女王法令》由书商们提议制定，其目的是重新获得出版行业的垄断权，而议会的目的则是遏制书商的垄断地位，保护作者权益，鼓励作者进行创作，促进知识的增长和传播。该法令确立了作者的独立地位。正如有学者所说，1709年《安娜女王法令》的核心内容是一种文化上的交换。为了鼓励有学问的人创作优秀的作品，国家向创作者保证为这些人提供在有限的期间内受法律保护的印刷和重印作品的权利。立法者关注的不是对现有权利的承认，也没有对书商市场的监管产生兴趣，立法者关注的是作者、书商和读者缔结重要的社会契约以保证能够持续地产生作品。[②]虽然《安娜女王法令》不是宪法文本，但是该法令彰显了宪法中的自由精神，这种精神最直观地体现于作者与社会公众之间就学习自由、表达自由、财产自由、信息自由所作的交换。这种交换于宪法层面而言，是作者与社会公众之间以自由为标的而签订的

[①] 易建雄.技术发展与版权扩张[M].北京：法律出版社，2009:18-26.
[②] DEAZLEY R. The Myth of Copyright at Common Law[J]. The Cambridge Law Journal, 2003, 62 (1):106-133.

一项契约。① 契约的缔结表明书商的垄断地位不复从前，而作者和社会公众开始进入立法者的视野，如何保障作者和社会公众的合法权益成为立法者要考虑的问题。《安娜女王法令》的出台，表面上是对书商、作者等主体财产利益的重新分配，实际上是对各方主体权利的确认，尤其是对作者权利的确立和保护。虽然作者在当时并未成为独立的力量，也无法参与立法，但是作为一个独立的主体已经受到了关注，在《安娜女王法令》中扮演着一个对各方来讲都很重要的角色。② 《安娜女王法令》这一契约所体现出来的利益交换与平衡体现了自由的精神，具体而言，这种自由是精神上的自由、言论上的自由和财产上的自由。这种自由与宪法上的自由相契合，属于宪法上的自由的具体表现形式。

2. 知识产权在1787年《美国宪法》中的独有规定

美国综合国力强大，当今世界首屈一指，其重要的原因之一在于美国非常注重对知识产权的保护。无论立法、司法方面，还是执法方面，美国在保护知识产权方面都有独到之处。就立法而言，美国就知识产权保护的规定可以追溯至1787年《美国宪法》。《美国宪法》及其修正案针对知识产权保护都作有明确规定，为美国的知识产权立法保护作出表率。就笔者目前掌握的资料而言，《美国宪法》是世界上唯一一部就知识产权保护明确作出规定的宪法。《美国宪法》第1条第8款第8项规定，国会有权保障作者和发明家对其著作和发明在规定的期限内的专有权，从而促进科学和工艺的进步。③ 美国国会行使立法权，《美国宪法》赋予国会制定著作权法、专利法等以保护作者、发明家的合法权益。《美国宪法》在赋予作者、发明家相应权利的同时，也规定了作者、发明家所

---

① 李雨峰.论著作权的宪法基础［J］.法商研究，2006(4):110-118.
② 易建雄.技术发展与版权扩张［M］.北京：法律出版社，2009:43.
③ See United Stated Constitution, Article Ⅰ, Section 8, Clause 8.

享权利的期限。著作权、专利权等知识产权一旦超过法律所赋予的保护期限，这些知识产权将流入公共领域，而权利人不再对之享有专有权。社会公众对流入公共领域的作品、发明等可以不再经过权利人的许可而使用。因此，该条被美国知识产权专家称为知识产权制度中的"3P"政策，即保护作者的政策（protection of author）、促进知识传播的政策（promotion of learning）以及公共领域保留的政策（preservation of public domain）。[1]《美国宪法》第1条第8款第8项不仅实现了对著作权人、专利权人等合法权益的保护，也保证了社会公众免费接触作品、发明等智力成果的可能性，为实现公共利益的增长提供了立法保障，实现了权利人私人利益与社会公共利益之间的平衡。

《美国宪法修正案》中亦存在与著作权相关的规定。《美国宪法修正案》第1修正案规定，国会不得制定关于剥夺言论自由或出版自由的法律。[2] 言论自由是指公民以语言形式宣传自己的思想和观点的自由。出版自由则是指公民以文字表达的形式宣传自己的思想和观点的自由。从广义上讲，新闻、出版、著作等属于言论自由的范畴，从而形成综合性的权利体系。从狭义上讲，出版自由并不属于言论自由的范畴。[3] 无论是广义上的言论自由，还是狭义上的出版自由，二者都涉及著作权。由于广义上的言论自由包括新闻、出版、著作等，而这些都与作品相关。新闻是言论自由的具体表现之一，而新闻报道中有新闻作品，新闻作品的保护属于著作权法的内容。言论自由中的出版与作品密切相关，出版的对象是作品。出版涉及出版商和作者的权利，同时也涉及作品受众的

---

[1] PATTERSON L. R, LINDBERG S. The Nature of Copyright: A Law of Users' Right[M]. Athens: University of Georgia Press, 1991:49-55.

[2] See Amendments of the Constitution, Amendment Ⅰ.

[3] 韩大元，王建学.基本权利与宪法判例[M].北京：中国人民大学出版社，2013:165.

权利。作品的作者、传播者、使用者的权利义务如何确定和分配，理应由著作权法等相关法律予以规定。虽然第 1 修正案非常简略，但是该修正案所规定的言论、出版等自由是美国宪法所确立的自由的核心。当然，这些自由是受到限制的。自由是相对的，而不是绝对的。在 1919 年的申克诉合众国案中，美国最高法院大法官霍姆斯在判决书中指出，言论自由不会保护任何一个无中生有地"在剧院里妄称失火而招致恐慌"的人。①

3. 著作权在我国现行《宪法》及其他宪法性文件中的体现

我国最早规定出版自由的宪法性文件是 1908 年的《钦定宪法大纲》，该文件在臣民权利义务中规定："臣民于法律范围内，所有言论、著作、出版及集会、结社等事，均准其自由。"②《钦定宪法大纲》的最终目的在于维护君上大权和封建帝制，不具有现实意义。虽然《钦定宪法大纲》的核心目的在于维护君上大权，赋予臣民的权利非常有限，但是就形式而言，该宪法性文件与传统中国法律有所不同。虽然宪法性文件所赋予臣民的权利最终并未兑现，但是这些权利在一定程度上具有宣示意义，表明当时中国民众权利意识的觉醒。

1911 年，辛亥革命爆发，中国的最后一个封建王朝被推翻。随后南京临时政府成立，为了保护辛亥革命的胜利成果，革命派颁布了《中华民国临时约法》。针对出版、著作等权利，该法亦作有规定。其中第 6 条第 4 项规定："人民有言论、著作、刊行及集会结社之自由。"③《中华民国临时约法》是中国资产阶级革命的产物，也是我国历史上唯一一部具有资产阶级性质的宪法性文件。该法赋予人民较为广泛的权利，标志着

---

① 理查德·毕曼. 美国宪法导读[M]. 刘雁，译. 北京：商务印书馆，2016:76.
② 许崇德. 宪法[M]. 北京：中国人民大学出版社，2014:68-69.
③ 许崇德. 宪法[M]. 北京：中国人民大学出版社，2014:68-69.

中国历史进入了一个新的历史阶段。

无论是1914年的《中华民国约法》，还是1923年的《中华民国宪法》，抑或1925年的《中华民国宪法草案》，这些宪法性文件都赋予民众言论、著作、出版等自由。由于有的宪法性文件对民众自由的实现规定了苛刻的条件，有的本质上是确认军阀专制和独裁统治的宪法，最终这些宪法性文件赋予民众的权利和自由都没有兑现。1931年的《中华民国训政时期约法》和1946年的《中华民国宪法》是国民党政府时期颁布的宪法。《中华民国临时约法》第15条和1946年《中华民国宪法》第11条都赋予民众言论、讲学、创作和出版的自由，但是由于国民党政府的专制统治，人民所享有的这些权利和自由受到了很大的限制。

1931年，中华苏维埃共和国成立。苏维埃政府颁布了《中华苏维埃共和国宪法大纲》，大纲赋予人民言论、集会、结社、出版等自由。1941年，陕甘宁边区政府制定了《陕甘宁边区施政纲领》，该施政纲领一共21条，其中亦包括保障抗日人民言论、集会、结社、出版等自由。1946年，陕甘宁边区政府又制定了《陕甘宁边区宪法原则》，该宪法性文件的主要内容包括政权组织、人民权利、司法、经济和文化。虽然在人民权利部分没有明确规定言论、集会、出版等自由，但规定了人民若行使政治上的各种自由和权利，政府应当给予物质帮助。因此，该宪法性文件仍然赋予人民言论、集会、出版等自由。

1949年《中国人民政治协商会议共同纲领》通过，该共同纲领第5条赋予我国人民享有思想、言论、出版、集会等自由。1954年我国第一部具有社会主义性质的宪法诞生。该《宪法》第87条规定，我国公民享有言论、集会、出版等自由，国家必须提供物质上的帮助以保障公民享有这些自由。1954年《宪法》无论是从内容上还是从形式上，相较于旧中国的宪法或宪法性文件，都具有质的进步。但是由于极"左"路线，导致该《宪法》遭到了很大的破坏，没有发挥应有的作用。1975年全国人大对1954年《宪法》作了修改，虽然通过后的《宪法》也赋予我国公民言论、出版、集会等自由和权利，但是经过修改之后，1975年《宪法》仅剩30条，公民所享有的自由和权利受到了极大的压缩，并且这些自由和权利只是空洞的口号并没有兑现。1978年全国人大对1975年《宪法》进行修改并通过。1978年《宪法》同样赋予我国公民言论、通信、出版、集会等自由。但由于1978年《宪法》仍然未摆脱极"左"思想的影响，该《宪法》存在很多不足。1982年，五届全国人大五次会议对1978年《宪法》进行修改并通过。1982年《宪法》赋予我国公民言论、出版、集会等自由和权利。1982年《宪法》继承和发展了1954年《宪法》，是新时期我国社会主义建设事业发展的根本指南和保障。改革开放至今已有四十余年，在这四十余年的时间里，我国政治、经济、文化等领域发生了深刻变化。为了顺应时代的发展，深入改革开放，全国人大于1988年、1993年、1999年、2004年、2018年先后对1982年《宪法》进行了5次修改，使之适应新形势新变化。

虽然我国现行《宪法》并未像美国宪法一样明确赋予作者享有著作权，但是现行《宪法》第35条赋予我国公民出版自由，出版自由是作者享有著作权的宪法基础所在。出版自由涵盖两个方面：一方面是著作的自由，即每一位公民有权自由地在出版物上发表作品；另一方面是出版单位如出版社、期刊社、报社出版书籍、报纸、期刊等出版物的自由。我国现行《宪法》赋予公民言论自由，而出版自由则是实现言论自由的必然要求，其目的在于保护公民文字上的表达自由与思想交流。[①] 出版自由侧重于其政治权利属性，其主要功能在于衡量一个国家的政治是否

[①] 韩大元，王建学. 基本权利与宪法判例 [M]. 北京：中国人民大学出版社，2013:171.

民主，对一个国家的政治进行监督；与此同时，出版自由还发挥着传播信息的功能。传播信息不仅包括传播政治信息，还包括传播科学、文化、艺术等信息。科学、文化、艺术等作品的出版则是这类信息传播的具体表现形式。因此，公民享有的言论自由和出版自由是作者对其作品享有著作权的宪法基础之一。

我国现行《宪法》第 47 条规定，我国公民有进行科学研究、文学艺术创作和其他文化活动的自由。国家对于从事教育、科学、技术、文学、艺术和其他文化事业的公民的有益于人民的创造性工作，给以鼓励和帮助。该条规定赋予公民"文化活动的自由"。这一自由不仅包括我国公民学习科学技术、欣赏文艺作品以及从事文化娱乐活动的自由，还应当包括进行科学研究或者发表文艺创作成果的自由，而后者应当属于言论和出版的自由。[①] 根据该条规定，"文化活动的自由"应当包含两个方面：其一，任何国家机关、公职人员不得干涉公民进行科学研究、文学艺术创作或者其他文化活动，否则"文化活动的自由"将有名无实；其二，对于从事教育、科学、技术、文学、艺术和其他文化事业的公民，国家应当提供必要的设施设备和其他物质帮助，并且应当鼓励从事文化事业的公民。国家应当对公民创造出来的智力成果予以保护，并且提供相应的政策保障和激励公民将其智力成果予以转化，从而实现其经济利益。

（二）我国现行《宪法》表述从"所有权"到"财产权"的转变

1982 年《宪法》对私有经济进行了解禁，确认了私有经济的合法地位，同时也明确了私有财产的合法地位。1982 年《宪法》第 13 条规定，国家对公民合法的收入、储蓄等合法财产所有权提供保护。所有权，是

[①] 许崇德. 宪法 [M]. 北京：中国人民大学出版社，2014:161.

指所有人依法对其财产所享有的占有、使用、收益和处分的权利。由于所有人能依法对其财产自由地支配而不受他人干涉，因此所有权又称为自物权。根据我国《物权法》的规定，可将所有权的主体分为国家、集体、私人等主体。国家作为所有权的主体，与之相对应的所有权客体包括矿藏、水流、海域、城市土地等。集体作为所有权的主体，与之相对应的所有权客体包括部分土地、森林、山岭、草原、荒地、荒滩、林场、牧场等。私人的所有权客体则更为广泛，不仅包括各种生活资料，也包括各种生产资料；不仅包括有形财产，也包括各种投资及其收益。根据物能否移动，可将物区分为动产与不动产。从国家、集体、私人三类所有权主体所对应的客体来看，其所有权客体不是动产，就是不动产。无论是动产，还是不动产，都是有形财产。因此，1982年《宪法》第13条规定仅仅明确了对有形财产提供保护，并未提及著作、专利、商标等无形财产。民事法律关系包括物、行为、人身利益、知识产权、权利等。物属于物权法律关系中的客体。而行为则属于债权法律关系的客体。人身利益则属于人身法律关系的客体。著作、专利、商业标志等则属于知识产权的客体。[①]因此，民事法律关系的客体非常广泛。物权法律关系属于民事法律关系的一种，而所有权法律关系又是物权法律关系的一种。从法律关系层面看，1982年《宪法》第13条并未将知识产权法律关系纳入其保护范围。

  知识产权具有期限性、地域性的特征。此外，由于知识产权属于私权，知识产权还具有专有性。专有性又被称为排他性，是指没有经过知识产权人的同意或者法律特别规定，其他主体不得实施受知识产权专有权控制的行为。[②]所有权也具有专有性特征，但是知识产权的专有性与

---

① 王利明.民法[M].北京：中国人民大学出版社，2008:48.
② 王迁.知识产权法教程[M].北京：中国人民大学出版社，2016:6.

所有权的专有性并不相同。首先,所有权的专有性表现为所有人排斥他人对其所有物的非法侵占、妨害或者损害等行为。而知识产权的专有性是指知识产权人排斥他人对其产品进行非法仿制、假冒、剽窃。其次,所有权的专有性具有绝对性,所有权人对其所有物行使占有、使用、收益和处分的权利时不受他人干涉,也无须他人协助,所有人的所有权不具有期限性和地域性。而知识产权的专有性具有相对性,在法律有特别规定的情形下,其专有性将受到相应的限制,如他人在合理使用制度下无须经过著作权人许可,也无须向著作权人支付报酬而使用其作品。又如,商标权中的在先使用、专利权中的临时过境。知识产权只有在一定的有限期限和特定的地域内才发生效力,这是知识产权的专有性具有相对性的另一体现。①

虽然知识产权的专有性具有相对性,但是知识产权仍然属于私权。私权是知识产权的本质属性。TRIPs 协定序言中明确要求各成员国应当认识到知识产权属于私权这一问题。TRIPs 协定表达知识产权是私权这一主张的目的是强调在知识产权问题上,国家与国家之间是平等的,外国人与内国人是平等的,自然人与法人也是平等的。私权,即私的权利,该权利与公共利益相对应。私权主要体现在以下三个方面。其一,私权属于私人的权利。此处的私人是指民事法律关系的主体,因此这些主体处于平等的地位。其二,私权是私有的权利。私有意味着这项权利为特定的民事主体享有,而非一切主体所享有的公共权利。其三,私权属于一种私益,私益就是私人利益,其与公共利益相对应。② 知识产权属于私权,于知识产权权利人而言,这种私权能够实现其财产利益的增长,因此,知识产权具有财产性。"财产利益"是所有财产权的共同指

---

① 吴汉东. 知识产权法 [M]. 北京:法律出版社,2014:13.
② 吴汉东. 知识产权法 [M]. 北京:法律出版社,2014:7.

向，它涵盖了不同的财产形态，也正因为这个原因才产生了不同的财产类型。[1] 财产权是民事权利体系中最基本的类型，它是以财产作为标的，以经济利益为内容的一种权利。[2] 传统上，财产权包括了物权和债权，但随着科学技术的发展和社会的进步，出现了新型的财产权类型，知识产权即属于新型财产权。知识产权最初属于特定阶层的权利，是一项特权，技术的发展和人们权利意识的觉醒最终使知识产权落脚为私权。作者对其作品享有著作权，而非书商、出版社；发明人对发明享有专利权，而非其他主体；设计人对其设计的商标享有商标权，而非其他人享有该权利。知识产权属于私权，体现了私人主体的财产利益，而所有权显然无法涵盖知识产权这一权利类型。为了因应时代变化和现实需求，2004年十届全国人大二次会议通过了14条宪法修正案，其中之一就是对1982年《宪法》第13条作了修改，修改之后的《宪法》第13条第1款和第2款分别为"公民的合法的私有财产不受侵犯""国家依照法律规定保护公民的私有财产权和继承权"。宪法是国家的根本大法，是公民基本权利的宣言书。合法财产维系公民的生存，是公民从事社会活动和社会交往的前提条件之一。财产权是国家公民的基本权利之一。2004年《宪法》对公民的私有财产权提供保护这一表述更具科学性与合理性。财产权的内涵更加丰富，其外延也更加宽广。由于财产权以经济利益为内容，因此财产权可以涵盖所有以经济利益为内容的财产标的。知识产权属于私权，立法确立这一权利的目的之一就是确保权利人经济利益的增长，促使权利人产生更多、更优秀的作品、专利等智力成果。

---

[1] 吴汉东.论财产权体系：兼论民法典中的"财产权总则"[J].中国法学，2005(2):73-83.

[2] 江平.民法学[M].北京：中国政法大学出版社，1999:82.

二、著作权默示许可实现平等权与言论和出版自由的意义

基本权利是指公民等社会主体根据法律规定所享有的所有权利中最基本最重要的权利。[①] 基本权利包括平等权和自由权。基本权利一般由宪法予以确认，也可以由其他法律、司法解释或者判例予以确认。宪法作为根本大法，在一个国家的整个法律体系中具有最高效力，同时也是"一张写满人民权利的纸"，规定了一个国家公民所享有的基本权利。宪法对这些基本权利予以确认。现行《宪法》赋予我国公民众多的基本权利，如生命权、健康权、受教育权、言论自由、出版自由、宗教信仰自由、人身自由。我国其他法律、行政法规等通过具体的规定对这些基本权利提供保护，为权利人提供救济途径。著作权默示许可属于著作权法中的一项具体制度，该制度在实现著作权人、传播者、使用者合法利益以及公共利益的同时，也发挥了保障和实现公民基本权利的作用。

（一）著作权默示许可体现平等权

人在人种、出生、性别、天资等方面存在先天的差异，而要消灭这种差异实现绝对平等是不可能的。虽然如此，每一个人都有人格尊严，在自由人格的形成这一方面，每个人必须享有平等的权利，这就是"法律上的平等"。[②] 我国现行《宪法》第 33 条第 2 款规定，我国公民在法律面前一律平等，该规定是对平等权的总括性规定。为了实现法律面前一律平等，我国宪法也作了具体的规定。如第 33 条第 4 款规定，我国公民享有宪法和法律所赋予的权利，但是同时必须履行宪法和法律所确定的义务。此外，为了实现平等，现行《宪法》第 34 条、第 36 条、第 48 等

---

① 关今华. 基本人权保护与法律实践 [M]. 厦门：厦门大学出版社，2003:45.
② 许崇德. 宪法 [M]. 北京：中国人民大学出版社，2012:176.

条款都作了具体的规定。

　　印刷术发明之前，作品的复制只能通过手抄实现。在手抄时代，并不存在现代意义上的版权，现代版权是随着印刷术的发明而产生的。虽然活字印刷术产生于我国，但其运用盛行于欧洲。1469年，来自斯拜耳的约翰将印刷术引入威尼斯，威尼斯授予约翰为期5年的印刷特权。这是西方统治政权授予的第一个印刷特权。其后，欧洲很多国家效仿威尼斯的做法，将印刷特权授予印刷者。从1485年英国国王亨利七世任命彼得·阿克达斯为皇家印刷商开始，至1709年《安娜女王法令》的颁布，在这两百多年的时间里，英国王室一直将印刷书籍的权利授予印刷商或者书商。[①] 印刷书籍的权利成为印刷商或书商垄断性的权利。一旦书商获得作者作品原稿的所有权，就意味着书商获得了对书稿印刷的垄断权，而作者对其书稿不再拥有任何权利。作者作为作品的创作者应当享受应有的待遇，不论其种族、性别、年龄、职业等方面是否存在差异，只要是作者独创，其作品都应当受到平等的保护。虽然《安娜女王法令》是由书商为维持他们在印刷行业的垄断地位这一目的而推动的，但最终该法令确立了作者的地位，作者的权利意识进一步觉醒。

　　现代著作权法明确了著作权是一项私权，国际条约以及内国著作权法将著作权赋予作者，作者对之具有专有性，他人未经作者许可或者法律特别规定不得擅自利用作者的作品。著作权默示许可是现代著作权法中的一项制度，该制度亦体现了平等的理念。著作权默示许可本质上属于"自愿授权—自我限制"。单方法律行为属性决定了著作权默示许可属于授权许可，但是它属于一种特殊的授权许可。在授权许可的基础上，著作权人对其权利自愿作出约束，从而实现他人利益或公共利益的增长。虽然著作权人在著作权默示许可之下其权利受到了约束，但这是

---

① 易建雄.技术发展与版权扩张[M].北京：法律出版社，2009:6-36.

一种自愿约束，而非强制约束。因此，传播者能否通过著作权默示许可传播著作权人的作品或者使用者能否通过该制度利用著作权人的作品，仍然取决于著作权人。于传播者和使用者而言，著作权默示许可是一种传播和利用作品的方式；于著作权人而言，著作权默示许可是许可他人传播或利用作品的方式。是否许可他人传播或利用作品，最终由著作权人作出决定。因此，著作权默示许可与合理使用、法定许可等权利限制制度本质上并不相同，而与一般的著作权许可使用的法律属性并无二致。作为作品的权利人，著作权人仍然有权决定是否通过著作权默示许可方式许可他人传播或利用其作品。著作权默示许可的存在并没有否定立法对作品的保护，无论该作品由谁创作，都将受到保护。著作权默示许可只是传播和利用作品的方式，在该方式之下，作者或者著作权人的权利受到平等的保护。著作权默示许可传播和利用作品的方式特殊，但是平等的理念和精神贯穿于其中。

（二）著作权默示许可是保障言论和出版自由的路径之一

1. 保障作者和传播者的出版自由

出版自由是指公民通过文字形式宣传自己的思想和观点的自由。公民以文字形式宣传其思想和观点的方式多样，如通过图书、报纸、期刊等传统媒介，电子作品、音像制品等数字媒介。出版自由包括两个方面，其一为公民有权利自由地在出版物上发表其作品，其二为出版单位如出版社、期刊社、报社、电子出版社、音像出版社在遵循国家宪法和法律规范的基础上自由地出版发行作品。[①] 出版自由保障作者能够通过

---

① 韩大元，王建学.基本权利与宪法判例［M］.北京：中国人民大学出版社，2013:170-171.

文字表达其观点和思想。由于文字表达是言论自由的具体表现形式，因此，出版自由是实现言论自由的必然要求。此外，出版自由保障了出版单位通过出版和发行作品以实现作品思想的传播，促进政治、经济、文化、科技等领域的发展和进步。

著作权人通过著作权默示许可的方式许可他人使用其作品，在这一过程中著作权人的意思表示通过两种方式予以传递。一种为著作权人以沉默的方式表达其意思表示，如《著作权法》第42条第2款规定，如果著作权人没有作出不得使用的声明，则录音制作者无须经过著作权人同意而使用他人已经合法录制为录音制品的音乐作品制作录音制品。著作权人没有作出不得使用的声明表明著作权人已经通过默示的方式许可录音制作者使用其作品。另一种为通过著作权人特定的行为而推断其意思表示。如某作者向某月刊寄送其小说作品的一部分以期刊登，月刊主编审阅后非常满意，优先刊登该小说并向某作者支付报酬。某作者虽然未明确表示某月刊可以刊登整部作品，但是通过某作者向某月刊寄送部分作品的行为可以推断某月刊已经获得刊登该小说作品后续部分的权利。于作者而言，著作权默示许可只是许可他人出版其作品的具体方式之一。作者可以以默示许可的方式许可他人出版其作品，也可以以明示许可的方式许可他人出版其作品。无论作者通过何种方式授权，都彰显了作者享有出版作品的权利。于出版者而言，无论通过沉默还是通过特定行为获得作者的许可，都表明作者已经授权出版者出版其作品。出版者在遵循宪法和法律规范的条件下出版作品，同样彰显了出版者的出版自由。

2. 保障使用者的言论自由

言论自由的范围和表现形式非常广泛，公民有权利通过言论的方式表达思想和见解，无论是以口头形式，还是以书面形式。进而言之，公民不仅可以就客观事物表达自己的思想和见解，也可以就他人提出的思想和见解作出评判。立法机关通过立法明确著作权是一项私权，同时赋予权利人复制权、发行权、广播权等诸多专有权。除非有法律特别规定，他人未经权利人许可不得擅自实施由这些权利所控制的行为。此外，著作权法还确立了思想与表达二分法原则。书籍、CD光盘等有形物质是作品的载体，而作品是作者思想和观点的载体，作者的思想和观点通过作品的方式呈现并且传播。无论是从无到有，还是在他人作品基础上进行创作，作者的独创性创作都不可避免地涉及先前作品，所涉及的并非先前作品的表达，而是先前作品的思想和观点。立法对作品的思想和观点不予保护，从著作权法的角度来看，其立法目的在于促进作品思想和观点的传播，作者在此基础上能够创作出更多、更优秀的作品。从宪法的角度来看，著作权法不保护思想的根本原因在于民主社会与自由存在密切联系。民主指的是一种社会管理体制，在这个体制之下社会成员总体上能够直接或间接地参与或者可以参与影响全体成员的决策。[①]为了保证社会成员能够直接或间接地参与或影响决策，则必须具备相应的法治条件，而民主的法治条件又包括政治自由和言论自由。因此，民主离不开自由，自由也离不开民主。民主是手段，而自由却是最终目的。[②] 如果对作品的思想和观点予以保护而不允许他人利用和传播，则与民主社会自由之精神不符。

著作权法律关系所涉主体众多，涉及著作权人、传播者、使用者等主体。于作者而言，作者在创作过程中享有言论自由；于作品的使用者

[①] 科恩.论民主[M].聂崇信，朱秀贤，译.北京：商务印书馆，1983:10.
[②] 马岭.民主与自由关系的思考[J].上海政法学院学报（法治论丛），2016(5):1-9.

而言，使用者在使用作品的过程中同样享有言论自由。通过著作权默示许可的方式使用作品，不仅有助于使用者经济利益的实现，也有助于其言论自由的实现。著作权默示许可是著作权人许可他人使用作品的特殊方式。通过著作权默示许可，作品得以流通，作品的受众得以扩大。作品的流通带来的是作者思想和观点的传播。在后创作者在创作过程中可以不经在先作者的许可而引用或评价其思想和观点。同时，在不歪曲作者思想和观点的前提下，在后创作者或者其他使用者可以针对作者的思想和观点作出评价。无论是在后创作者的引用或评价，还是其他使用者对在先作者思想和观点的评价，都属于在后创作者或其他使用者言论自由的具体表现。

（三）著作权默示许可与民法上的人格权密切相连

民法上的人格权是指民事主体依法固有为了维护自身独立人格所必须具备的、以人格利益为客体的权利。[①] 民法上的人格权可以分为特别人格权和一般人格权。特别人格权是指民事主体根据法律规定对特定的人格利益所享有的权利，如生命权、名誉权、姓名权等权利。一般人格权是指关于人的存在价值和尊严的权利。[②] 一般人格权可以包括各种人格利益，但是已被法律确定为特别人格权的人格利益不再由一般人格权涵盖。一般人格权以人的自由发展的基本价值理念为依据，进而形成以人格平等、人格尊严、人格自由为内容的权利。[③] 从权利产生的条件、权利的内容、权利的保护期限等方面相比较，虽然著作人身权与民法上的人格权存在不同，但是二者之间仍然存在联系。著作人身权与民法上

[①] 王利明.人格权新论[M].长春：吉林人民出版社，1994:10.
[②] 王泽鉴.民法总则[M].北京：北京大学出版社，2009:107.
[③] 王利明.人格权法研究[M].北京：中国人民大学出版社，2012:148-150.

的人格权的相同之处主要有以下三个方面。

其一，二者都具有非财产性。著作人身权以人身利益为内容，并不存在直接体现财产内容的权利，而人格权亦复如是。需要强调的是，二者虽然不以财产权利为内容，但并不意味着二者与财产性权利完全隔绝。著作人身权中的一些权利与著作财产权密切关联。以发表权为例，发表权是指作者是否决定将其作品公之于众的权利。著作财产权中的发行权、展览权、表演权、放映权、信息网络传播权等权利的行使以发表权的行使为前提。《著作权法》赋予作者诸多的财产性权利中尚未出现与发表权无关的权利。而民法上的部分人格权可以转化为财产权。以姓名权为例，当某个自然人以其姓名申请注册商标，并且商业运作非常成功，获得了良好的商誉。此时该自然人的姓名已经具有一定的商业价值，他人未经许可不得用于商业运作。

其二，二者都不能转让、不可放弃。大陆法系国家将作品视为作者人格和精神的延伸，而著作人身权是大陆法系国家著作权法保护的首要权利。该项权利不可转让，也不可放弃。相较于大陆法系国家而言，英美法系国家起初并不重视著作人身权的保护，但之后受大陆法系国家立法的影响，英美法系国家逐渐重视对著作人身权的保护。在英美法系国家，著作人身权虽然可以放弃，但是也不能转让。现代意义民法上的人格权以人格利益为客体，人格权与其主体自然人不可分离。人格权始于自然人出生，终于死亡。在特定情形下，某些人格权在其主体消亡之后仍然存在，如自然人的名誉权。因此，民法上的人格权亦不具有可转让性，也不可放弃。

其三，二者都具有绝对性和支配性。无论是著作人身权，还是民法上的人格权，二者都属于私权，私权具有绝对性和支配性。著作权人可以向任何人主张其著作人身权，也可以在无须他人为特定行为的情形下支配其人身利益，民法上的人格权亦复如是。

作者以著作权默示许可方式许可他人使用其作品，被许可人通过该方式获得实施由作者享有的专有权所控制的行为，如复制、发行、汇编作品。虽然被许可人已经获得作者的许可，但是被许可人在实施许可时仍应尊重作者的著作人身权以及避免该权利被侵害。作者对作品享有署名权，作者有权利在作品上署上其真名、笔名、假名，甚至是不署名的佚名。被许可人在使用作品过程中应尊重作者的署名，而不应当实施删除作者的署名、在作品上署上自己的名字或他人名字、改变署名顺序等行为。著作权法赋予作者署名权，其目的在于区分不同的作品来自不同的作者，从而维护文学、艺术和科学作品的创作、交流和传播的正常秩序。① 由于作品反映了作者的思想、立场和观点，受众在知晓作者的思想、立场和观点的基础上对作者作出评价，这种评价又与作者的名誉相关联，因此受众对作品的评价以作品的署名为导向最终指向了作者的人格。

作品创作出来后，作者有权决定是否公之于众，作者也有权决定何时、何地以及以何种方式公之于众。著作权默示许可也属于作者将其作品公之于众的方式。作者创作出作品之后，以沉默或者特定的方式许可他人复制、发行其作品，与此同时作者行使了发表权。作品是作者思想、理念、立场、观点和价值观的直接反映。作品一旦公之于众，作者的思想、理念、立场和价值观将被受众知晓和熟悉，进而对之进行评价，最终对作者的声誉产生影响。

至于修改权和保护作品完整权，也与作者名誉密切相关。修改权是指作者修改作品或者授权他人修改其作品的权利，保护作品完整权是指作者保护作品不受歪曲、篡改的权利。歪曲是指故意制造与作品主题思

---

① 丁丽瑛.知识产权法[M].厦门：厦门大学出版社，2016:85.

想不一致的信息，导致受众对作品的主题思想产生错误的认识，从而损害作品的声誉；篡改是指未经作者许可改变作品的表达形式、作品的内容或者作品的构成要素，导致受众对作品的主题思想产生错误认识，从而损害作品的声誉。[①] 无论是擅自修改作品，还是歪曲、篡改他人作品，都将导致作品的声誉受到损害，作品声誉的损害最终会影响作者的名誉。作者以著作权默示许可的方式许可他人使用其作品，虽然该授权方式很特殊，但是被许可人所承担的义务并不特殊。与一般许可一样，被许可人在使用作品时，应按照事先约定的使用方式、范围和期限进行使用，同时不得侵害作者的著作人身权，也应避免他人侵害作者的著作人身权。

三、著作权默示许可维护公共利益的意义

公共利益是一个特定社会群体存在和发展所必需的、该社会群体中任何个体都能够享受到的利益。[②] 由公共利益的内涵可知，公共利益并非少数社会成员或者极个别社会成员所享有，公共利益的享有者是不特定的社会主体，它是任何一个社会成员都能享受的利益。虽然著作权属于私权，但是立法在确认著作权属于私权和保护著作权人合法利益的同时，也非常注重公共利益的实现。这与著作权法的立法目的相一致．著作权法一方面要保护著作权人的权利，激励作者创作；另一方面要促进作品的流通和传播，促进科学、文化和艺术的发展和繁荣。为了促进公共利益的实现，立法机关在著作权法中也作了相应安排，如通过合理使

---

① 丁丽瑛. 知识产权法 [M]. 厦门：厦门大学出版社，2016:86.
② 冯晓青. 知识产权法利益平衡理论 [M]. 北京：中国政法大学出版社，2006:311.

用、法定许可等权利限制制度对著作权人的权利作出一定的限制,进而实现公共利益和社会福祉的增长。著作权默示许可可以实现著作权法的双重目的,即一方面实现著作权人的私人利益,另一方面实现公共利益。

(一)著作权公共利益在国外宪法中的体现

就著作权公共利益而言,部分国外宪法作有明确规定,部分没有直接规定,但相关条文中亦可被认定为著作权公共利益的宪法基础。本部分选取两大法系中具有典范意义的《美国宪法》和《德意志联邦共和国基本法》,对著作权公共利益在国外宪法中的体现予以说明和分析。

1.《美国宪法》

《美国宪法》第 8 条第 8 款第 8 项对知识产权的保护作出具体规定,该项明确了对作家和发明家的著作和发明提供保护。但同时,该项强调对著作和发明所提供的保护具有一定的期限。期限届满,则宪法对期限已满的著作和发明不再提供保护,这些著作和发明将进入公共领域,任何一个社会成员可以不经作品的作者或发明的专利权人许可而使用该作品或者发明。美国国会在制定《美国版权法》时遵循《美国宪法》的规定,针对著作权人的专有权作了一系列的限制性规定。《美国版权法》对著作权人专有权的限制主要体现在三个方面。其一,该法第 301 条至第 305 条对著作权的期限作了详细的规定。其二,《美国版权法》第 107 条规定了合理使用制度。该条以"因素主义"为导向确立了合理使用制度,对合理使用行为的确定不以法律既定的情形为前提,而是通过法律确定应当考虑的因素来判断是否适用合理使用。使用部分作品是否构成合理使用,《美国版权法》确定了四方面的因素:第一,使用作品的目的和特性,包括使用是否包含商业性质,或者是否为了营利的教学目的;第二,享有著作权的作品的性质;第三,所使用的部分的质和量与整部作品之间的关系;第四,使用行为对享有著作权的作品的潜在市场或价值的影响。[①] 其三,《美国版权法》对著作权人的部分专有权作了限制。例如,该法第108条对著作权人复制权的限制,第110条对著作权人表演权和展览权的限制,第112条对著作权人转播权的限制。无论是确定期限,还是规定合理使用,抑或是对著作权人的部分专有权作出限制,《美国版权法》秉承了《美国宪法》对知识产权提供有限保护的精神,二者的共同目的在于实现公共利益的增长。

2.《德意志联邦共和国基本法》

1919年《德国魏玛宪法》第153条对公共利益的实现作了明确规定。该条第3款规定,财产权伴随着义务,其行使必须同时有益于公共福利。进入20世纪之后,很多传统的资本主义国家先后或者或多或少的社会改良主义,强调公共福利,试图在维持资本主义私有制的前提下,对私人财产权、营业自由等经济活动的自由予以限制,从而实现对经济权利的重新定义和结构调整。[②] 基于此,《德国魏玛宪法》赋予德国公民享有财产权这一基本权利,但同时明确公民在享有财产权的同时必须承担相应义务,义务之一即财产权的行使必须有利于公共福利。《德国魏玛宪法》保障公共福利的目的是实现公民的社会权利。社会权利是指通过国家对整个经济社会的积极介入以保障所有社会成员的社会或者经济生活的权利,现代资本主义宪法中的社会权利主要指生存权、受教育权、劳动权、劳动者的结社自由以及劳动者的团体交涉和争议权等权

[①] 吴汉东.著作权合理使用制度研究[M].北京:中国政法大学出版社,2005:195.

[②] 林来梵.从宪法规范到规范宪法[M].北京:商务印书馆,2017:189-198.

利。①1949 年，联邦德国通过《德意志联邦共和国基本法》，该法第 14 条第 2 款继承了《德国魏玛宪法》第 153 条第 3 款的规定，强调公民在行使财产权时应当有利于公共福利。②1990 年，联邦德国与民主德国统一，由于包括民主德国在内的绝大多数德国人民非常认同和尊重《德意志联邦共和国基本法》，因此该法成为整个德国的宪法。社会权利是每一位公民所享有的权利，从利益的角度来看，社会权利是以公共利益为基础通过立法所确立的权利。大陆法系国家认为作品是作者人格和精神的延伸，因此著作财产权不是一般意义上的财产权，作为大陆法系国家的德国也非常重视对著作权的保护，《德国著作权法》规定著作财产权只能许可他人行使，不得转让。虽然如此，这些权利仍然属于财产权，是作者的私权。作者或者其他有权人在行使著作财产权时应遵循《德意志联邦共和国基本法》的规定，即必须顾及每一位社会成员所应享有的社会权利，实现宪法所规定的公共福利。

（二）著作权公共利益在我国现行《宪法》中的体现

我国现行《宪法》虽然没有明确规定对知识产权提供保护，但由前文的分析和论证可知，无论是著作权，还是专利权，抑或是其他知识产权，它们都存在宪法基础。宪法对作为私权的知识产权予以保护，但是同时为了实现公共利益和增进社会福祉，宪法对知识产权作出相应的限制。此种限制，有的国家的宪法如《美国宪法》作了明确规定，但有的国家的宪法并未明确规定。我国现行《宪法》虽然没有对知识产权作出明确的限制，但是由相关规定可知，知识产权的外延仍然存在界限。此界限的存在目的如下：一是防止权利人滥用其权利进而损害他人合法利

---

① 许崇德. 宪法 [M]. 北京：中国人民大学出版社，2014:165.
② 外国宪法选译 [M]. 肖君拥，等译校. 北京：法律出版社，2015:38.

益和社会公共利益；二是实现公共利益和社会福祉的增长，促进文学、科学和文艺事业的发展和繁荣。

首先，我国现行《宪法》第20条规定，国家发展自然科学和社会科学事业，普及科学和技术知识，奖励科学研究成果和技术发明创造。其内容涵盖三层意义：其一，国家明确了要发展科学事业，无论是自然科学还是社会科学，二者同等重要；其二，国家明确了要普及科学和技术知识；其三，对科学研究成果和技术发明予以奖励。第三层意义是对知识产权私人利益的确认和保护，作为智力成果的创造者付出了时间、精力和物质成本，宪法和其他法律理应对其智力成果进行私权上的确认，让创造者对其智力成果享有专有权，为创造者实现其财产利益和精神利益提供法律依据。同时，立法还应当对智力成果创造者予以奖励，鼓励创造者进行再创造，创造出更多、更优质的作品、发明或者其他智力成果。第一层和第二层含义则是宪法对知识产权公共利益的确认和保护。国家发展科学事业与普及科学和技术知识的目的在于促进公共利益的增长。自然科学以自然作为研究对象，促使人类不断地认识客观世界，同时自然科学的发展推动技术的进步，人类生产力水平不断提高，进而推动物质文明的发展。社会科学则以社会作为研究对象，试图寻找和认识各种社会现象之间的联系。社会科学的发展促进政治文明、精神文明和生态文明的发展。人是构成社会的要素之一，因此人也是社会科学研究的对象之一。由于人属于自然的一部分，因此自然科学的研究对象包括人，自然科学要研究人的自然属性、生理现象、心理现象等。[①] 人文科学与自然科学将人作为共同的研究对象，其目的在于实现公共利益和社会福祉的增长，最终实现人全面自由的发展。

---

① 李醒民.知识的三大部类：自然科学、社会科学和人文科学[J].学术界，2012(8):5-33.

其次，我国现行《宪法》第 22 条第 1 款规定："国家发展为人民服务、为社会主义服务的文学艺术事业、新闻广播电视事业、出版发行事业、图书馆博物馆文化馆事业，开展群众性的文化活动。"文化事业发展自身存在价值目标，该价值目标可以分为基本价值目标和最高价值目标。基本价值目标又可以分为三个部分：其一，通过发展文化事业促进文化的繁荣。传统经济时代主要依赖自然资源、廉价劳动力以发展经济。进入知识经济时代后，一方面，经济的发展对知识产权的依赖性越来越强；另一方面，社会公众对精神生活的品质要求在经济的持续发展之下不断提高。因此，无论是经济的发展，还是社会公众精神生活的需求，文化产品的重要性越发明显。其二，通过发展文化事业促进经济和谐发展。一个国家的经济发达与否，不仅要看该国的制造业、建筑业、金融业等行业，也要看其文化产业是否发达。国家通过宪法和法律规定保障文化事业的发展，可以确保文化事业与其他行业的发展齐头并进，实现经济的和谐发展。其三，通过发展文化事业促进政治文明进步。政治文明的兴衰是文化事业兴衰的前兆。政治文明越发达，越容易形成公民独立思考、思想多元化的格局，从而推动文化事业的发展；文化事业的发展不断提高社会成员的思想道德素质，促进社会成员主流价值观的形成，进而推动政治文明不断向前发展。文化事业发展的最高价值目标是促进每一个社会成员自由全面地发展。政治、经济等因素影响着每一位社会成员的自由发展，而文化事业这一因素同样是社会成员自由全面发展的重要因素。文化事业的发展意味着社会成员能够享有更多的机会和权利，进而促进社会成员自由全面发展。[①] 从利益的角度来讲，无论是文化事业发展的基本价值目标，还是最高价值目标，二者所追求的都是丰富人民群众的文化生活，满足人民群众的精神追求。文学艺术、新

---

① 罗争玉. 文化事业的改革与发展 [M]. 北京：人民出版社，2006:56-61.

闻广播、出版发行以及图书馆、博物馆事业的发展都离不开作品，而作品又来源于创作者的创作。作品是作者独创而产生的，作者在创作过程中付出了时间、精力和物质成本。著作权法赋予作者对其作品享有专有权，具有正当性与合法性。同时，著作权法对作者的专有权作出相应限制，其目的在于促进作品的流通和传播，最终实现公共利益的增长。

最后，我国现行《宪法》第51条规定，我国公民在行使自由和权利的时候，不得损害国家的、社会的、集体的利益和其他公民的合法的自由和权利。由该条规定可知，现行《宪法》赋予我国公民诸多基本权利，但同时也明确这些基本权利存在明确的界限。公民的基本权利具有普遍性，但同时又具有有限性。一方面，"权利永远不能超出社会的经济结构以及由经济结构所制约的社会的文化发展"[①]。另一方面，对公民基本权利限制的缘由是为了实现国家、社会和集体等具有公共属性的主体的利益。如果一味满足公民的个人利益，一来容易导致公民滥用其权利，二来国家、社会和集体等主体的公共利益空间将被压缩，最终会影响公民个人权利的实现。基于此，有必要对公民的基本权利予以限制。公民基本权利的界限主要通过内在制约和外在制约两种方式实现。内在制约是指根据基本权利的自身性质而理应伴随的、存在于基本权利自身之中的界限，如公民在行使言论自由的权利时，不得侵害他人的隐私权、人格尊严等权利，这就是言论自由对自身所应有的制约；外在制约是指从外部对公民基本权利施加的制约，如公民对其合法财产享有财产权，但是国家可以基于公共福利对公民的财产权作出适当限制。[②] 如果说内在制约是为了明确公民个体权利之间的界限，以免公民在行使其权

[①] 马克思, 恩格斯. 马克思恩格斯选集：第19卷[M]. 中共中央马克思恩格斯列宁斯大林著作编译局, 编译. 北京：人民出版社, 1995:22.
[②] 许崇德. 宪法[M]. 北京：中国人民大学出版社, 2014:146-147.

利时侵害其他公民的权利,那么外在制约则是为了实现国家、社会和集体等主体的利益而对公民个人权利作出相应限制,其最终目的在于实现公共利益的增长。由于公共利益是不特定社会主体所享有的利益,公共利益的增长意味着公民权利外延得到了扩张。因此,实现公共利益和社会福祉的增长,最终的受益者仍然是公民个体。

(三)通过著作权默示许可实现公共利益

著作权包括著作人身权和著作财产权两部分,由于著作人身权与作者人格密切相关,因此该权利只能由作者行使。著作财产权属于经济型权利,作者可以自己行使,也可以授权他人行使。此外,作者还可以向他人转让其著作财产权。因此,著作财产权作为作者的一项私权和专有权,作者行使该权利的方式具有多样性。著作权法赋予作者该项权利,也明确作者行使该项权利的具体方式,以保障作者通过行使其权利获得人身和经济利益。与此同时,著作权法一方面保障实现作者的私人利益,另一方面通过相应的规定保障实现公共利益。以《著作权法》为例,该法主要从以下三个方面落实公共利益的实现:其一,对著作财产权的保护期限作出限制。当保护期限届满,作品流入公共领域,他人使用该作品不再需要经过作者同意,也无须支付报酬。其二,通过确定合理使用、法定许可制度对作者的专有权作出一定的限制。在特定情形下,他人不需要经过作者许可,而仅需向作者支付相应报酬甚至无须支付报酬即可使用作者的作品。立法通过合理使用、法定许可制度以兑现社会公众所应享有的公共利益。其三,确立"思想与表达二分法原则"、"混同原则"以及"场景原则"。立法确立"思想与表达二分法原则"以明确作品的思想不受法律保护,公众可以自由使用。当出现某种思想只有一种或者极其有限的表达方式的情形时,该表达方式被视为思想,立法对该表达方式不予保护,此即"混同原则"。而"场景原则"是指在文学作品中,根据历史事实或者公众的经验和期待,文学作品在表达某一主题时,必须描述某些场景或者使用某些场景的安排和设计,则该场景或场景的安排和设计即使已经出现于在先作品之中,在后作品以自己的表达描述该场景或场景的安排和设计也不构成侵权。[①]立法通过确立前述三原则限制作者的著作权,进一步实现公共利益的释放。

著作权默示许可属于作者许可他人使用其作品的具体方式之一,著作权默示许可具有授权属性,是作者行使专有权以实现其私人利益的方式之一。著作权默示许可是一种特殊的授权许可方式,其特殊之处在于作者并未明确同意他人使用其作品,但是通过作者的沉默或者特定行为可以推断作者对他人使用其作品并不反对。因此,虽然著作权默示许可的根本属性属于授权许可,但是著作权默示许可也是对作者权利的一种限制,只是该限制是作者出于自愿,而非强制。根据《著作权法》和相关法律法规、条例的规定,著作权默示许可的适用情形具有特定性。将具有"自愿授权—自我限制"属性的著作权默示许可适用于特定的作品许可,其目的之一在于加快作品的流通和传播,促进文化、科学和艺术等事业的发展和繁荣,实现公共利益和社会福祉的增长。笔者将对我国立法中的著作权默示许可的规定进行介绍和分析,以论证著作权默示许可能够实现公共利益。

第一,《著作权法》第35条第2款是有关报刊转载的规定。该款所指的转载是指原封不动或者稍有改变之后刊登已经被其他报刊发表的作品,摘编是指对已经发表的作品主要内容进行摘录、缩写。[②]《著作权法》赋予报社、期刊社转载或者摘编已经发表于其他报社、期刊社的作品的

---

① 王迁.著作权法[M].北京:中国人民大学出版社,2015:51.
② 胡康生.中华人民共和国著作权法释义[M].北京:法律出版社,2002:142.

权利，公共利益的实现是其主要考量。相对于出版社出版的书籍，发表于报社、期刊社的作品篇幅较短，一般情形下，此类作品主要是针对时下政治、经济、文化、艺术等领域中的焦点问题展开探讨，作品具有较强的时效性，作品影响力的周期较短。立法允许报社、期刊社转载、摘编已经发表于其他报社、期刊中的作品，一方面有利于提升作者的知名度和影响力；另一方面有利于作品的流通和传播，扩大作品的受众范围，满足社会公众的文化需求，实现公共利益的增长。

第二，《著作权法》第42条第2款规定，如果录音制作者使用他人已经合法录制为录音制品的音乐作品制作录音制品，著作权人未声明不许使用其作品，则录音制作者无须经过著作权人的同意。该条款如此规定也是为了进一步实现公共利益。立法作此规定主要是考虑到录音制品存在的特殊性，即有些录音制品所录制的音乐作品的著作权人不同。无论是传统的音乐卡带，还是数字CD光碟，都存在这种录制形式，如将某一时期非常受大众推崇的不同作者的音乐作品录制于一张卡带或者CD唱片上。而录音制作者将这些作品录制为录音制品必须经过著作权人的同意。如果对这些已经合法录制为录音制品的音乐作品再一次制作录音制品仍然需要经过著作权人的同意，由于著作权人众多，将会导致录音制作者花费大量的时间和精力以获得著作权人许可，不利于作品的流通和传播，有碍作品的推广。为了让社会公众在更短周期内接触到这些作品，以满足其精神文化需求，丰富其精神文化生活，《著作权法》第40条第3款针对使用已经合法录制为录音制品音乐作品作了特殊规定。

第三，《信息网络传播权保护条例》第9条是最典型的著作权默示许可条款。《著作权法》第35条第2款、第42条第2款是著作权法定许可与著作权默示许可的混合，相较于这些条款，《信息网络传播权保护条例》第9条应属最纯正的著作权默示许可条款。该条的立法目的是借助信息网络向农村地区提供与扶贫和适应基本文化需求相关的作品。我国农村地区广阔，农村人口数量众多，第六次全国人口普查数据显示，我国农村人口占据总人口数的50.32%。① 改革开放40多年来，我国的政治、经济、文化等各领域得到了飞速发展，人民的物质文化生活水平得到了极大的提高。但是仍然有部分人口没有摆脱贫困，其中绝大部分居住于农村地区。贫困不仅仅表现在物质上的匮乏，同时也体现于文化上的贫瘠。正如有论者所言，物质与精神的双重贫困将导致物质贫困—精神贫困—物质贫困的恶性循环，精神上的贫困是人们贫困的主要原因，是贫困中的贫困。② 因此，要摆脱物质上的贫困，首先要摆脱精神上的贫困，对贫困地区尤其是农村地区进行文化输入，提高农村人口的文化素质，使之掌握相应的技术和知识，如种养殖技术、手工艺技术、防病治病知识、防灾减灾知识，通过科学生产、科学养殖等途径增加财富，彻底摆脱贫困。我国文化扶贫领域先后开展过万村书库工程、手拉手工程、电视扶贫工程、为农村儿童送戏工程、报刊下乡工程等。③ 这些文化扶贫工程对农村人口文化素质的提高具有显著效果，为农村人口彻底脱贫打下了坚实基础。但是，新时期的扶贫工作仍然很艰巨，文化扶贫仍然要继续。在互联网技术时代，扶贫工作应当与时俱进，将互联网技术用于扶贫工作。扶贫对象分散导致文化产品供给与个性化需求之间产生矛盾是文化扶贫的难点之一，而利用互联网技术可以解决这个难题。④《信息网络传播权保护条例》第9条因应时代发展和扶贫工作需求，为网络服

---

① 2010年第六次全国人口普查主要数据公报［EB/OL］.（2012-04-20）［2021-04-02］. http://www.gov.cn/test/2012-04/20/content_2118413.htm.

② 贾俊民.贫困文化：贫困的贫困［J］.社会科学论坛，1999(5-6):68-70.

③ 丁士军，王妙.新时期文化扶贫的有效路径探析［J］.学习与实践，2017(10):122-126.

④ 丁士军，王妙.新时期文化扶贫的有效路径探析［J］.学习与实践，2017(10):122-126.

务提供者通过信息网络向农村地区输送与扶贫和适应基本文化需求相关的作品提供法律支撑。

第三节 著作权默示许可使用的现实需求

知识产权法定主义，是指知识产权的种类、获得权利的条件以及知识产权的保护期限等必须由法律作出统一规定，除立法机关特别授权之外，任何主体不得在法律之外创设知识产权。[①] 知识产权法定不仅指知识产权的主体、客体、内容及保护期限法定，还指知识产权的利用、限制及转让等都应当是法定的，除立法机关外其他任何主体都不得对此进行创设。在知识产权法定主义之下，立法对知识产权利用方式的规定非常明确，对这些利用方式加以概括不外乎两种，其一为知识产权权利人自行行使其权利，其二为知识产权权利人授权他人行使其权利。一般情形下，权利人以明示的方式授权他人行使其权利。以《著作权法》为例，根据该法的相关规定，若他人意图使用他人作品，则他人应当与著作权人订立许可使用合同，此即著作权人以明示的方式许可他人使用其作品。传统的著作权授权方式存在一定优势，如方便双方就权利义务当面进行沟通、能够明确无误地确定双方的权利义务。但是，如今作品数量呈爆炸式增长，如果著作权人仍然仅以传统的方式授权他人行使其权利，则会带来诸多不便，不能提高作品的利用率，同时导致作品流通、传播不畅，影响作者的经济利益及知名度。著作权默示许可因应时代发展，恰好弥补了传统著作权授权方式的不足，能够进一步促进作品的流通和传播，实现著作权人、传播者、使用者等诸多主体的利益，同时兼

---

① 郑胜利.知识产权法定主义[N].中国知识产权报，2004-03-09.

顾公共利益，实现社会福祉的增长。

一、传统著作权授权方式的局限

（一）不利于作品的流通和充分利用

根据《著作权法》第 26 条第 1 款的规定，除非本法规定可以不经著作权人许可，使用者应当与著作权人签订著作权许可使用合同，否则不能使用著作权人的作品。就作品许可使用问题，该条作了例外规定，该例外是指《著作权法》中的合理使用和法定许可情形，在这两种情形下使用者无须经过著作权人许可。同时，由该条规定可知，许可使用合同既可以由双方以书面形式签订，也可以通过口头形式签订。何种情形应当签订书面许可使用合同，何种情形可以口头形式签订许可使用合同，应当根据作品的使用方式、所涉地域范围、使用期限、被许可使用权利的种类和性质、报酬数额以及双方之间的信任程度等因素作出决定。[①]无论是书面形式，还是口头形式，都是明示的方式。

著作权人以明示的方式授权他人行使其著作权具有优势，但是也存在不足。根据《著作权法》第 26 条第 2 款的规定，无论是以书面形式还是以口头形式签订许可使用合同，双方都必须就该款规定的内容进行沟通和协商。在模拟技术时代，由于受限于当时的科学技术，作品总量总体上远不如数字技术时代。因此，通过明示的"一对一"授权模式能够满足使用者使用他人作品的需求。进入数字技术时代之后，作品总量和使用量远超模拟技术时代。作品总量增长的原因在于，科学技术的发展促成了人人都是创作者这一格局，人们利用计算机创作作品，而后通过微信、博客、

[①] 胡康生.中华人民共和国著作权法释义[M].北京：法律出版社，2002:117.

BBC论坛等数字平台将其作品发表。模拟技术时代,作品的创作者更加专业化和职业化,从事作品创作的主体数量较小;进入数字技术时代后,每一个人都有可能成为创作者。虽然部分创作者并非专门从事创作,但总体上创作作品的群体得到扩大,与之相应的是作品总量得到增加。

在数字技术时代,"一对一"的著作权授权方式仍然是授权方式之一。以书籍作品为例,于出版社而言,如果出版社意欲出版作者的作品,则要投入相应成本;于作者而言,因创作已投入较大成本,所以双方就著作权许可使用应当以书面形式确定。但是偏执地坚持任何种类或者以任何载体形式出现的作品都应当以该方式完成授权,对任何一方主体都无益处。如前文所述,出版社出版书籍,应当与著作权人签订书面合同。但是,针对音乐作品或者期刊社文章的再次利用,如果仍然以"一对一"的方式授权,则将有碍于该类作品在市场上产生较大的影响力,进而影响相关主体的经济利益。原因在于该类作品绝大部分具有快速更替性,该类作品将被更为时尚和更具创造力的作品替代,从而覆盖其影响力。也正因如此,《著作权法》在法定许可中夹杂着著作权默示许可的规定,通过该方式加快已经合法录制为录音制品的音乐作品以及已经刊登于期刊、报纸的文章的流通和传播速度。

(二)不利于各方利益的充分实现

立法机关通过制定著作权法以确定作者、传播者等主体的权利,实质上是对利益的分配。法律对社会的控制依赖于对利益的调整和分配,而法律对利益的调整和分配主要通过将利益转化成权利这一机制。[1] 所有的利益并非都是权利,但是为法律承认和保障的利益一定是以权利的

---

[1] 付子堂. 法理学初阶 [M]. 北京:法律出版社,2005:106.

形式出现。① 著作权法赋予作者专有权，为作者实现其精神利益和经济利益提供立法保障；著作权法允许作者转让其著作财产权或者授权他人行使其著作财产权，从而确保使用者等主体利益的实现；此外，著作权法还规定了合理使用、法定许可等权利限制制度，通过这些制度实现公共利益。"一对一"的授权方式固然可以实现诸多相关主体的利益，但是随着海量作品的出现，如果仍然坚持所有类型的作品都以"一对一"的模式授权，则会阻碍各方利益的充分实现。

一方面，坚持任何类型的作品都以"一对一"的模式授权，不利于作者和使用者利益的充分实现。如果一味坚持以"一对一"的模式授权，则意味着作者就任何一部作品都应当通过该方式进行授权，而使用者在使用作品之前也必须以此方式获得作者授权，否则难免有侵权之嫌疑。如前文所述，是否有必要以"一对一"的方式进行授权，主要取决于使用者使用作品的方式、使用作品的空间范围、使用期限、被许可使用的权利种类和性质、报酬数额以及双方之间的信任程度等因素。如果作者与使用者彼此非常信任，使用者在使用作品过程中信守约定，则不应强求使用者使用任何一部作品都应当以"一对一"的方式获得授权。"一对一"的方式固然能够明确双方权利义务以及违约责任等事项，但是在双方彼此非常信任、作品使用周期短等特定情形下，仍然坚持该授权模式将不利于作品快速投入市场，进而影响作者的经济利益，也不利于其知名度的提升，同时有碍于使用者利益的实现。

另一方面，坚持任何类型的作品都以"一对一"的模式授权，不利于公共利益的实现。著作权属于私权，著作权人转让著作财产权或者授权他人行使该权利体现了著作权的私权属性，同时也是著作权人获取经

---

① 罗斯科·庞德.通过法律的社会控制［M］.沈宗灵，译.北京：商务印书馆，2010:42.

济利益的具体方式。虽然授权他人行使著作财产权直接关系着著作权人和使用者的利益,但是对公共利益也将产生间接的影响。社会的进步改善了创作条件,越来越多的社会主体愿意从事作品创作,形成了人人都是作者的格局。与此同时,科学技术的进步丰富了人们获取信息的手段和路径,人们获取信息的方式和路径越来越多,越来越便捷,所获取的信息量也呈爆炸式增长,因此创作者创作的主题越来越丰富。基于此,作品数量也呈爆炸式增长。虽然著作权法通过规定作品的保护期限、合理使用、法定许可等制度以实现公共利益,但是一味坚持"一对一"的授权模式,将对公共利益的实现产生消极影响。在海量作品出现的情形下,如果坚持以"一对一"的模式将著作权人的任何一部作品的著作财产权授权他人行使,则会延缓作品的流通和传播速度,导致作品进入市场的时间较长,受众的范围因此变小。受众范围变小表明作品未充分实现流通和传播,人们获取的信息量相应减少,人们所获信息量减少则意味着公共利益的减少。此外,信息量的减少将会影响创作者的创作热情,有碍于作品在数量上的增加,进而影响公共利益的增加。

二、著作权默示许可授权方式的优势

相较于明示许可,在著作权默示许可之下,著作权人无须通过"一对一"的模式向使用者授权许可,使用者通过著作权人的沉默或者其特定行为即可判断著作权人对使用者使用其作品并不表示反对。著作权人以默示许可授权他人行使其著作财产权,可以加速作品的流通和利用,进一步实现著作权人、传播者和使用者的利益,促进公共利益的增加。

（一）加速作品的流通和利用

鼓励合法作品传播是《著作权法》的立法宗旨之一。为了鼓励作者传播其作品，立法赋予作者一系列的权利，如署名权、发表权等著作人身权，复制权、发行权等著作财产权。作者通过这些权利，一方面实现其精神利益和财产利益，另一方面保障了作品的传播和流通。"一对一"的授权方式能够确立著作权人与使用者的权利义务以及违约责任，保障各方权利的实现。虽然著作权默示许可未以明确的方式确定著作权人与使用者的权利义务以及违约责任，但并不意味着在该方式之下著作权人与使用者双方的权利得不到保障，也不意味着双方不需要履行相关义务。以著作权默示许可方式所形成的著作权许可使用仍然明确了双方的权利义务以及违约责任。

著作权默示许可能够加速作品流通和传播的最大原因在于该授权模式的特殊性，其特殊性在于他人通过著作权人的沉默或者特定行为而推定著作权人对使用者使用其作品并不表示反对。当然，使用者在使用作品过程中，如果著作权人表示异议，则使用者应当停止使用。无论是通过沉默还是通过著作权人的特定行为，都无须像"一对一"的授权模式那样，双方就某部作品的使用方式、空间范围、期限等事项进行"一对一"的协商和确定。著作权人以默示许可的方式许可使用者使用其作品，降低了双方的协商成本，如谈判时间、物力等成本都得以降低。双方的协商成本降低并不影响著作权人许可使用者使用其作品这一意思表示。各方所享有的权利仍将得到保障，各方所应承担的义务仍应履行。当出现违约或侵权时，违约方或侵权方仍应承担违约责任或侵权责任。与此同时，协商成本的降低促进了作品的流通和传播，进而扩大了作品的受众范围，提高了作品的利用率。

(二)进一步实现和优化各方利益

著作权法的制定,一方面,在于确认和保障作者对其作品享有专有权,作者通过控制专有权以实现其精神利益和经济利益,与此同时实现作品的传播者和使用者的利益;另一方面,著作权法在保障个体私人利益的同时,也确立了相关制度以保障公共利益的实现。无论是传统的"一对一"的著作权授权许可,还是特殊的著作权默示许可,都能够实现诸多主体的利益,也能够确保公共利益的实现。著作权默示许可的特殊性也决定了适用空间的特定性,弥补了传统的著作权授权许可的不足。因此,在传统的著作权授权许可的基础上,著作权默示许可进一步实现和优化了诸多主体的利益,公共利益进一步得到释放。

第一,著作权默示许可进一步实现了著作权人的利益。著作权默示许可虽然与一般授权许可不同,但归根结底仍然属于著作权授权许可,授权许可是著作权默示许可的本质属性。海量作品的出现,传统的"一对一"授权模式已经不能完全应对这种情形,如果仍然坚持通过"一对一"的方式进行授权,则会提高著作权人的授权成本,同时也将提高使用者获得授权的成本。著作权默示许可弥补了"一对一"授权模式的不足,著作权人通过该方式快速、便捷地向使用者授权,作品的流通和传播更加顺畅,著作权人的利益进一步得到实现。

第二,于作品传播者或使用者而言,通过著作权默示许可获得授权,同样可降低获得授权的成本,进而增加所获利益。作品的传播者或使用者通过著作权人的沉默或者其特定的行为以推断著作权人对传播者传播作品或使用者使用其作品并不表示反对,此方式不仅降低了传播者或使用者与著作权人协商授权的成本,也让传播者或使用者免于侵权之诉。其原因在于著作权默示许可允许著作权人退出该授权机制。一旦著作权人对传播者的传播行为或使用者的使用行为存有异议，著作权人可推出授权许可，传播者或使用者停止传播或使用行为即可。传播者或使用者只需支付相应报酬，而免于承担侵权责任。因此，该方式降低了传播者或使用者的侵权风险。

第三，著作权默示许可进一步实现了公共利益的增长。传统的"一对一"授权模式已经无法应对海量作品的出现，而著作权默示许可恰好弥补了"一对一"授权许可的不足。著作权默示许可这一授权模式效率更高、更便捷，通过著作权默示许可可以进一步加快作品的传播和利用，提高作品的利用率，避免因传播者或使用者未能及时获得授权导致作品不能顺利流通。通过著作权默示许可可促进作品的迅速传播和利用，进一步实现公共利益和社会福祉的增长。

三、数字时代作品许可使用的必要保障

（一）数字时代下的作品创作和传播

数字技术出现之前，从事作品创作的创作者一般为职业创作者或者科研工作者，且该群体数量较少。原因主要有以下三点：其一，无论是书籍类的外在表达，还是期刊社、报社刊登的外在表达，抑或其他外在表达，这些外在表达具备独创性是成为作品的条件之一。作品的独创性决定了作品创作是一项对人类高要求的脑力活动。其二，由于作品创作周期较长，创作者通过其作品获取经济利益也需要较长时间。尤其是书籍类作品，创作者须投入大量时间和精力，从创作开始至作品投入市场所需时间相较于期刊社、报社刊登的文章更长。再如美术作品，美术作

品的市场价值往往由作者的知名度决定，作者的知名度通常也是通过长期的努力和积淀而获得的。因此，美术作品作者要获得可观的经济利益也要经过较长的周期。其三，数字技术出现之前，创作者的创作环境和设施相对简陋。以文字作品为例，创作者通常通过手写进行创作，简陋的创作环境和设施降低了创作效率。以上三个主要原因导致从事作品创作的创作者较少，从事创作的创作者较少在一定程度上影响了作品总量。

数字技术的出现和发展，不仅改变了作品创作者的创作方式，也改变了作品创作群体的结构组成。数字技术极大地改善了创作条件，以文字作品为例，创作者不再局限于通过手写进行创作，其可以借助计算机、平板电脑等设备进行创作。由于互联网的出现，各种信息传播的速度越来越快，信息传递的范围越来越广，人们可以借助互联网收集到各种信息。信息的增多和不断积累为创作者提供了更多的素材，作品的创造性具有更大的空间，愿意从事作品创作的主体越来越多。因此，数字技术的产生改变了作品创作群体的格局，创作群体得以扩大，从事创作的主体呈现多元化发展的趋势。创作主体不再局限于专门从事创作的作家和科研工作者，形成了人人都可能成为创作者的格局。创作题材的多元化以及创作群体的扩大，意味着作品创新的可能性进一步提高，作品数量也将进一步增长。

数字技术时代对著作权法最大的冲击是该技术彻底改变了作品复制和传播的方式。[①] 在数字技术之前，复制的方式一般包括复印、印刷、拓印、录音、录像、翻拍、翻录等。著作权人自己或者授权他人以这些方式对作品进行再现。在数字技术出现之前，作品的传播方式也非常有

---

① 王迁. 网络环境中的著作权保护研究[M]. 北京：法律出版社，2011:1.

限，具体包括表演、放映、广播、展览等行为。数字技术出现之后，作品的复制和传播发生了巨大的改变。创作者不再局限于通过传统的复制方式再现其作品，其可以借助计算机、平板电脑等设备再现其作品。同时，进入数字技术时代后，创作者传播其作品的速度更加迅速，覆盖的范围更加广阔。其原因在于创作者以微信、博客、BBC 论坛等作为平台，借助互联网技术传播其作品。互联网的无疆域性决定了作品传播的无疆域性，作品可以在短时间内传播至世界的每一个角落。传统的著作权法以复制权为核心，而在信息网络时代，著作权法应当以传播权为核心，传播比复制更具重要性，著作权人控制传播权比控制复制权更具意义。① 数字技术的发展促使立法机关制定或修改相关法律以赋予著作权人信息网络传播权，从而控制通过有线或者无线方式向他人提供数字作品。著作权人通过控制作品的传播从而获取经济利益是著作权的本质之一，新的传播技术将会产生新的传播方式，进而促使新的著作权权项的产生。② 在数字技术时代，作品通过信息网络传播相较于传统的传播方式如出版社出版书籍、期刊社出版期刊更加迅速、便捷，其传播范围遍及全球。因此，著作权人的作品是否通过信息网络传播对其利益影响深远，赋予著作权人信息网络传播权至关重要。

（二）著作权默示许可因应互联网环境下使用作品的需求

在数字技术时代，人人都有可能进行创作、人人都有可能成为作者的格局已经形成。这一格局建立在信息网络的基础之上，创作者往往通

---

① 吕炳斌.数字时代版权保护理念的重构：从以复制权为中心到以传播权为中心［J］.北方法学，2007(6):127-131.
② 薛红.网络改写《著作权法》［J］.IT 经理世界，2001(17):104-106.

过电脑等设备进行创作,而后利用网络平台发表其作品。大量作品的出现,如果仅以传统的"一对一"模式进行授权并不现实。在"一对一"授权模式下,著作权人与作品使用者必须就著作权使用许可合同反复沟通和协商,最终确定双方的权利义务以及违约责任等。坚持所有作品都以"一对一"模式确定著作权许可使用合同无疑增加了双方的成本,同时也延缓了作品流通和传播的时间,无法让社会公众接触作品。其原因主要为互联网作品的著作权人可能来源于全球各地,著作权人不易确定和不易联系等问题导致以"一对一"的方式进行授权变得非常困难。[①]因此,坚持所有的作品都以该方式进行授权,对著作权人、使用者或者其他相关主体的私人利益并无益处,同时社会公众所应享有的公共利益并无增加。

既然传统的"一对一"授权模式已经无法满足日益增长的作品许可使用和传播需求,则应另辟蹊径建立新的授权机制,解决海量作品授权问题。在此背景下,著作权默示许可孕育而生。著作权默示许可的特性之一是他人通过著作权人的沉默或者其特定的行为推断出著作权人对他人传播或者使用其作品的行为并不表示反对。传播者或者使用者无须仅以"一对一"的授权模式获得著作权人的授权,他们可以通过著作权人的沉默或者其特定行为推断著作权人是否同意使用其作品。通常情形下,沉默、纯粹的不作为等,是不能实现行为人为了使法律后果发生效力的意思的,但是在有些情形中,沉默可以"说话":谁在这种情形中沉默,也就是消极地不作为,就是表明他意图使某种法律后果发生效

[①] 冯晓青,邓永泽.数字网络环境下著作权默示许可制度研究[J].南都学坛(人文社会科学学报),2014(5):64-69.

力。①同样，表意人在为意思表示时，虽然不通过言语表达其意思表示，但是通过其特定的行为可以推断出其特定行为与之通过言语所表达的意思表示具有相同的法律效果。②无论是沉默，还是特定行为，都是著作权人表达其意思表示的具体方式。这些特殊的表达方式恰好解决了海量作品授权的问题，传播者或者使用者可以通过这些方式获得著作权人的授权许可。

著作权默示许可区别于传统的著作权授权许可的另一显著特征在于著作权默示许可蕴含"选择—退出"机制。由于著作权默示许可是他人通过对著作权人的沉默或者其特定行为而推断出著作权人对使用其作品并不表示反对，导致著作权人与传播者或使用者之间就作品的传播或使用缺乏传统的"一对一"沟通路径，双方就著作权许可使用合同的具体权利义务以及责任等事项未作深入细致的探讨。基于著作权默示许可促成双方合意的特殊性，著作权默示许可设立了"选择—退出"机制。于著作权人而言，该机制实质上也是著作权人处分其权利的具体表现形式。只是该处分发生于著作权人授权之后，并非指著作权人许可他人行使其著作财产权这一处分。如果著作权人对他人传播或者使用其作品表示反对，传播者或使用者应当终止其传播或使用行为，著作权人的权利将恢复至原来的状态。于已获授权的传播者或使用者而言，"选择—退出"机制使之免于承担侵权责任。虽然著作权人与传播者或使用者就著作权授权并未进行"一对一"的谈判和协商，但是著作权人的沉默或特定行为表明著作权人已同意他人传播或使用其作

---

① 卡尔·拉伦茨.德国民法通论：下册[M].王晓晔，邵建东，等译.北京：法律出版社，2013:485.

② 迪特尔·梅迪库斯.德国民法总论[M].邵建东，译.北京：法律出版社，2013:252-253.

品。如果著作权人不再同意他人传播或使用其作品，著作权人选择退出授权即可，而传播者或使用者只需向著作权人支付相应报酬。因此，著作权默示许可也是一种利益平衡机制，其目的在于平衡著作权人、传播者以及使用者之间的利益。[①]通过著作权默示许可实现了海量作品的流通和使用，弥补传统的"一对一"授权模式的不足，实现著作权人、传播者、使用者等诸多主体的利益，同时也平衡诸多主体的利益。

---

① 冯晓青,邓永泽.数字网络环境下著作权默示许可制度研究[J].南都学坛（人文社会科学学报）,2014(5):64-69.

第三章

著作权默示许可的典型适用

虽然著作权随着技术的发展，其内涵逐渐丰富，外延不断延伸，著作权默示许可的适用空间也得到了一定的扩张，但是由于著作权默示许可授权模式非常特殊，其特殊性决定了该模式具有独特的适用空间。本章试图从著作权默示许可对孤儿作品的适用、著作权默示许可在著作权延伸性集体管理中的适用以及著作权默示许可在网络环境下的适用三个领域详细论述。尤其是在网络环境下，著作权默示许可解决了"一对一"授权模式面临的困境，促进了作品流通和传播，实现了著作权人、传播者、使用者等诸多主体的利益。虽然本章仅论述著作权默示许可在前述领域的适用，但并非意味着著作权默示许可仅限于这些领域的适用。科学技术的发展必将促进著作权理论、制度适用于新领域，著作权默示许可从传统领域到网络领域的适用便是力证。

第一节　著作权默示许可对孤儿作品的适用

《著作权法》第三次修改过程中，曾试图将孤儿作品使用机制引入其中。虽然因争议较大，最后未在《著作权法》中确立该机制，但仍具探讨意义。《中华人民共和国著作权法（修订草案送审稿）》（以下简称《送审稿》）第 51 条规定，针对仍然处于著作权保护期的已发表作品，使用者尽力查找其权利人，但是著作权人身份仍然不明或者著作权人身份确定但无法联系，可以在向国务院著作权行政管理部门指定的机构申请并提存使用费后以数字化形式使用。[1]该条规定的使用对象即各国法律或法律草案中所谓的"孤儿作品"。美国国会图书馆最早对"孤儿作品"进行了定义，该图书馆在其发布的《关于孤儿作品问题的报告》中指出：

---

[1]《中华人民共和国著作权法（修订草案送审稿）》[EB/OL].（2014-06-10）[2021-05-16].https://www.gov.cn/xinwen/2014-06/10/content_2697701.htm.

"孤儿作品这一术语是用来描述使用者希望通过许可的方式获准使用仍然受保护的权利人的作品，但是无法确定也无法联系上作品权利人这一情形。"①《欧盟议会和理事会关于孤儿作品特定许可使用的欧盟孤儿作品指令》（以下简称《欧盟孤儿作品指令》）认为"如果某部作品或者唱片无法确定权利人，或者虽然可以确定权利人，但是经过勤勉的寻找无法联系上权利人，此时某部作品或者唱片应当认定为孤儿作品"。②虽然《关于孤儿作品问题的报告》与《欧盟孤儿作品指令》对孤儿作品的定义有所不同，但是并无实质差别，两者均强调此类作品的权利人无法确定或联系。

《送审稿》指出："为适应数字网络环境下海量使用作品的需要，为解决特定情况下，著作权人查找无果但仍需使用作品的实际，增加相关规定，允许使用者在向有关机构申请并提存使用费后以数字化形式使用作品。"③该机制能够用来解决使用者希望使用孤儿作品但是苦于无法确定著作权人或可以确定却无法联系著作权人这一困境，实现作品本身所具有的价值，促进作品的流通和传播，增加公共利益福祉。

孤儿作品使用机制具有一定的价值，但是该机制的具体架构能否实现其价值则另当别论。因此，此次《送审稿》中的孤儿作品使用机制引发了广泛争议。《送审稿》设计的机制可以概括为"使用者尽力查找+主管机关批准+付费"模式。有学者认为，根据我国的国情，如果要充分利用孤儿作品，则应当以《加拿大版权法》为参照。加拿大的模式类

---

① U.S. Copyright Office. Report on Orphan Works [EB/OL]. (2008-03-01) [2021-05-16]. https://www.copyright.gov/orphan/orphan-report-full.pdf.

② See Directive 2012/28 EU Article 2.1 [EB/OL]. (2012-10-27) [2021-05-19]. http://www.wipo.int/wipolex/en/text.jsp?file_id=289354.

③ 关于《中华人民共和国著作权法（修订草案送审稿）》的说明 [EB/OL]. (2018-03-16) [2021-05-19]. http://fdjpkc.fudan.edu.cn/201709/2018/03 16/c6059a35220/page.psp.

似于我国《专利法》中的"强制许可",因此,可称之为"准强制许可+提存"模式。① 另有学者认为,孤儿作品的使用"可以借鉴美国有关孤儿作品建议法案的做法,采取"勤勉寻找+登记+自由使用"的模式。② 无论何种模式,都应适应我国的现实国情,能够迎合现实需求,最终解决孤儿作品的使用问题。因此,笔者提出通过著作权默示许可制度解决孤儿作品的使用问题,并试图论证该模式的可行性。

一、孤儿作品使用机制的典型模式

域外立法针对孤儿作品的使用已经设计出相应的使用模式,如前文所述的加拿大"准强制许可+提存"模式、美国"勤勉寻找+登记+自由使用"模式。每一种模式的确立都经过了立法者的缜密思考,因此必有可取之处。孟德斯鸠曾言:"不应将法律与其制定时的情况分开。"③ 域外立法者必然结合所处法域的政治、经济、文化情况等进行立法,不宜全部照搬,我国在制定相关法律规范、设计有关制度时应当扬长避短,以期法律规范的作用和功能最大化。

(一)"准强制许可+提存"模式

在孤儿作品的使用方式上,以加拿大为代表的国家采用"准强制许可+提存"模式。《加拿大版权法》第77条第1款规定,意图使用作品之人已尽勤勉义务仍然不能确定著作权人,可向专门机关申请使用该

---

① 王迁."孤儿作品"制度设计简论[J].中国版权,2013(1):30-33.
② 周艳敏,宋慧献.关于孤儿作品著作权问题的立法设想[J].电子知识产权,2011(3):72-75.
③ 孟德斯鸠.论法的精神[M].许明龙,译.北京:商务印书馆,2012:692.

作品，申请获得批准后向专门机关提存使用费用，专门机关颁发使用许可。①由该条款可知，申请人要使用孤儿作品必须尽勤勉查找义务且经过专门机关许可方能使用。其不足之处在于立法并未明确尽勤勉查找义务之标准何在，即对申请人努力确定著作权人至何种程度才符合"尽勤勉查找之义务"标准未作具体规定。虽然该法第77条第4款规定专门机关可以制定规则以约束第1款所颁发的使用许可，②但专门机关所制定之规则的约束对象是使用许可行为，而非确定"尽勤勉查找之义务"标准。

加拿大的模式存在不足之处，但亦有可取之处。《加拿大版权法》第77条第2款规定，按照第1款颁发的许可证并非独占性使用许可，并且受专门机关所确定条件的约束。③在"准强制许可+提存"模式之下最终决定申请人能否使用孤儿作品的是管理作品的专门机关，而非著作权人，即允许申请人使用该类作品并非著作权人的意思表示。因此，专门机关不宜许可申请人以独占许可的方式使用孤儿作品。此外，该模式的可取之处还体现在第77条第3款之中。该款规定，著作权人在根据第1款所颁布的许可证到期后的5年内有权收取许可使用费，如果使用者拒不支付，权利人可向有管辖权的法院提起诉讼。④该款保障了著作权人获得使用费这一权利的实现。同时立法对权利的行使作了时间上的限制，以促使著作权人尽早行使其权利。

---

① Article 77(1) of Canada Copyright Law[EB/OL].(2012-05-29)[2021-05-16]. http://www.doc88.com/p-083650578230.html.

② Article 77(4) of Canada Copyright Law[EB/OL].(2012-05-29)[2021-05-16]. http://www.doc88.com/p-083650578230.html.

③ Article 77(2) of Canada Copyright Law[EB/OL].(2012-05-29)[2021-05-16]. http://www.doc88.com/p-083650578230.html.

④ Article 77(3) of Canada Copyright Law[EB/OL].(2012-05-29)[2021-05-16]. http://www.doc88.com/p-083650578230.html.

（二）"勤勉寻找 + 登记 + 自由使用"模式

"勤勉寻找 + 登记 + 自由使用"模式源自美国。根据该模式，使用者在使用作品前应当尽力查找著作权人，以确定其信息，如地址、电话号码。如果使用者尽勤勉查找之义务仍然无法确定著作权人的信息，则使用者可以自由使用该作品，但被使用作品的形式以及使用者使用该作品的方式应当经过版权登记机关登记。① 该模式的缺点与"准强制许可 + 提存"模式一样，对"勤勉寻找"的标准并未作出明确规定。该模式不具备法律规范所应有的指引功能，不能为使用者提供一个既定的模式，引导使用者从事相应行为。法律应当具有确定性，应当为人们的行为提供一定的标准或模式，如此才能保证法律的可操作性和可预测性。此外，该模式可能导致使用者利用该标准的模糊性以实现滥用作品之目的。该模式的优点在于其程序相对简单，不须经过有关机关准许而直接使用孤儿作品，节省了使用者和主管机关的成本，提高了作品的利用率，促进了作品的传播和流通。同时，该模式还规定，当著作权人出现时，使用者应当与之进行协商以确定使用作品的补偿金；双方达成协议后，使用者应尽快向著作权人支付补偿金，如果使用者拒不支付，著作权人可向法院申请强制救济令。② "勤勉寻找 + 登记 + 自由使用"模式下的孤儿作品使用是针对不能确定著作权人这一情形所设计的特殊使用模式。为体现意思自治原则，充分尊重著作权人的意愿，当著作权人出现时，使用者理应与著作权人友好协商以确定补偿金额等事项。同时，

---

① Shawn Bentley Orphan Works Act of 2008, S. 2913 [EB/OL]. (2008-09-27) [2021-06-21]. https://www.congress.gov/.

② Shawn Bentley Orphan Works Act of 2008, S. 2913 [EB/OL]. (2008-09-27) [2021-06-21]. https://www.congress.gov/.

2008年《孤儿作品法案》还规定,如果作品的使用主体是教育机构、图书馆、博物馆、档案馆、公共广播公司等非营利性机构,则这类主体不需支付合理补偿金。[①]法案作此规定的目的在于鼓励非营利性机构使用孤儿作品,促进公共利益的增长,体现了知识产权利益平衡原则。"知识产权法是以利益平衡为基础的法,利益平衡构成知识产权法的基石。"[②]著作权法的目的之一是保护著作人的合法权益,通过立法的方式实现其人身利益与经济利益。在实现著作权人利益的同时,应当保障传播者、使用者等主体利益的实现,最终实现诸多主体之间利益的平衡。

(三)"最低标准之勤勉查找+限定适用范围"模式

《欧盟孤儿作品指令》就孤儿作品的使用作了具体规定。根据《欧盟孤儿作品指令》的规定,笔者将该模式总结为"最低标准之勤勉查找+限定适用范围"模式。与加拿大、美国模式一样,该模式也要求使用者须尽勤勉查找义务。《欧盟孤儿作品指令》第3条第1款规定,为了确定某部作品是否属于孤儿作品,本欧盟孤儿作品指令第1条第1款所指机构对每一部作品的来源进行查阅,以尽勤勉查找之义务。使用者必须在使用作品之前实施勤勉查找义务。[③]但欧盟模式与加拿大、美国模式的不同之处在于,该模式就勤勉查找义务标准作了最低限制。《欧盟孤儿作品指令》第3条第2款规定,成员国可以与权利人、使用者协商以确定尽勤勉查找义务之标准,但必须包括本欧盟孤儿作品指令附件所涵盖

---

① Shawn Bentley Orphan Works Act of 2008, S. 2913 [EB/OL].(2008-09-27)[2021-06-21]. https://www.congress.gov/.

② 冯晓青.知识产权法利益平衡理论[M].北京:中国政法大学出版社,2006.23.

③ See Directive 2012/28 EU Article 3.1 [EB/OL].(2012-10-27)[2021-05-19]. http://www.wipo.int/wipolex/en/text.jsp?file_id=289354.

的内容。① 由于欧盟模式中的勤勉义务具有最低标准，因此该模式具有更强的可操作性和可实施性。使用者只要达到了该标准即可认定为已尽勤勉查找之义务。此外，《欧盟孤儿作品指令》第 4 条规定，根据本欧盟孤儿作品指令第 2 条，在某个成员国被认定为孤儿作品的作品或者录音制品，将在所有成员国被认定为孤儿作品。② 该规定要求成员国对孤儿作品进行相互承认，以避免重复查找，使用者可以方便、快捷地使用作品，提高了孤儿作品的使用率。

　　欧盟模式的缺点在于其适用的范围过于狭窄，《欧盟孤儿作品指令》没有将孤儿作品纳入数字化运用范围之内。《欧盟孤儿作品指令》第 1 条第 1 款规定，本欧盟孤儿作品指令是有关孤儿作品由成员国的图书馆、教育机构、博物馆、档案馆、影视机构以及公共广播组织利用以实现公共利益之欧盟孤儿作品指令。③《欧盟孤儿作品指令》规定使用孤儿作品的宗旨是实现公共利益。"版权制度是科学技术的产物，并随着科学技术的不断发展而发展。"④ 要在使用孤儿作品方面最大限度地实现公共利益的增长，有必要将孤儿作品纳入数字化运用。此外，将孤儿作品纳入数字化运用也是立法对该类作品的保护，"如果法律保持不变而复制技术在发展，版权保护就会被削弱"。⑤ 数字技术的发展导致以复制权为核心的传统版权向以传播权为核心的现代版权发展。孤儿作品的使用不应且不可能回避该问

---

① Directive 2012/28 EU Article 3.2 [EB/OL].(2012-10-27) [2021-05-19].http://www.wipo.int/wipolex/en/text.jsp?file_id=289354.
② Directive 2012/28 EU Article 4 [EB/OL].(2012-10-27) [2021-05-19].http://www.wipo.int/wipolex/en/text.jsp?file_id=289354.
③ Directive 2012/28 EU Article 1.1 [EB/OL].(2012-10-27) [2021-05-19].http://www.wipo.int/wipolex/en/text.jsp?file_id=289354.
④ 李明德，许超.著作权法 [M].北京：法律出版社，2003:179.
⑤ 劳伦斯·莱斯格.代码2.0:网络空间中的法律 [M].李旭，沈伟伟，译.北京：清华大学出版社，2009:188.

题。使用孤儿作品意味着要将该类作品进行复制和传播，因此该类作品不仅要在复制阶段予以保护，同时也要在传播阶段予以保护。以图书馆为例，在网络技术的推动之下，图书馆的馆藏载体发生了实质性的变化，由纸质馆藏资源逐渐转向电子资源，并且可以预见纸质馆藏资源所占比例将不断减小，而电子资源所占比例将逐渐增大。网络技术的出现加快和拓宽了作品的传播速度和广度，将孤儿作品纳入数字化运用不仅有利于公共利益的实现，也是对处于网络环境下的孤儿作品强有力的保护。

二、《送审稿》对孤儿作品规定的不足

《送审稿》确立孤儿作品使用制度，孤儿作品的尴尬地位有望得到解决，我国现存于图书馆等非营利性机构的孤儿作品有望得以流通和传播。法律制度的建立标志立法的走向和趋势，但更重要的是法律制度的功能是否与立法者的主观意志相契合。如果相契合，则立法目的将得到实现，否则新建的制度将形同虚设，甚至起到反作用。《送审稿》第51条照搬域外立法而未考虑我国现实情况和实际需求，其显性功能难以兑现，很难实现图书馆等非营利性机构所存孤儿作品的充分使用，导致使用者不能合理、合法使用孤儿作品，甚至出现使用者通过该制度滥用孤儿作品等不利于孤儿作品使用的情形。

（一）"尽力查找"标准未能确定

加拿大模式和美国模式都规定了勤勉查找义务，但就该义务的认定并未作出详细规定。与前两者不同的是，欧盟模式明确了该义务的最低标准，并且针对图书、报纸、期刊等作品来源作了不同的规定。以图书为例，《欧盟孤儿作品指令》在其附件中指出，对于已出版图书，其

来源包括：（a）送存样本、图书馆目录、图书馆和其他公共机构的规范档案；（b）各成员国的出版商和作者协会；（c）现存数据库和登记表、WATCH、ISBN 以及数据库所列在版书目；（d）著作权中介机构的数据，特别是复制权组织；（e）多样化的数据和登记系统来源，包括 VIAF、ARROW 来源。[①] 因此，如果使用者意欲使用的作品是图书，则依该规定提供的数据来源进行查找，查找无果则证明使用者已尽勤勉查找义务。

《送审稿》第 51 条将"勤勉查找义务"照搬过来，但没有像欧盟模式一样确定"尽力查找"的最低标准，使用者的查找行为达到何种程度才能被定性为"尽力查找"并未明确。这意味着使用者不能根据既有的规定提供相应的证据以证明其查找行为满足了"尽力查找"这一要求。如果立法不能为使用者提供具体可行的行为模式，一方面，使用者无法根据法律规范对自己的行为后果作出判断；另一方面，有关机关也不能根据法律规范对有关事实进行认定，而事实的认定本来就具有不确定性。所以在不确定或者模糊的法律规范的基础上对不确定的事实进行认定，加剧了结论的不确定性。因此，要引进"勤勉查找义务"，立法机关应当进一步明确"尽力查找"的最低标准。使用者可依该标准尽勤勉查找义务，主管机关则依该标准对使用者的行为进行判断，确认其行为是否符合已尽勤勉查找之义务。

（二）使用费提存机制存在缺陷

《送审稿》规定，使用者尽力查找著作权人无果之后，可以向主管机关申请使用该作品并提存使用费用。作者为创作作品付出了创造性劳动，因此使用者使用作品必须支付相应的对价。此外，"使著作权人能够在他人以特定方式利用作品时获得合理的报酬，才能鼓励和刺激更多的人积极

---

① Directive 2012/28 EU ANNEX [EB/OL].（2012-10-27）[2021-05-19].http://www.wipo.int/wipolex/en/text.jsp?file_id=289354.

投身于创作活动之中"。[①] 第51条规定的提存制度意在解决著作权人出现并主张作品使用费用这一问题。提存制度虽然能够快速、便捷地向权利人支付费用，但是该机制存在不足之处。按照第51条的规定，孤儿作品是指无法确定著作权人身份或者虽然可以确定著作权人身份但无法联系的作品。使用费提存制度的设立克服了著作权人缺位而导致使用者无法就作品使用费与之协商这一困境，但是该机制无论对使用者或著作权人都存在不利的局面。于使用者而言，如果使用者使用作品所获得的经济收益高于其提存费用，则使用者通过该模式使用作品获得了积极效益，这是使用者喜闻乐见之事；但是于著作权人而言，该情形下使用者使用作品所获收益高于其提存费用甚至二者之间差距巨大，通常来讲，著作权人并不希望此结果的发生。反之，如果使用者使用作品所获经济收益低于其提存费用，则对使用者不公，但是对著作权人并无损失。所以费用提存模式对任何一方而言都存在风险，而这种模式并非经过双方的协商而达成的真实意思表示，任何一方可以此为由拒绝承担不利后果。

（三）使用主体过于宽泛

《送审稿》第51条对使用者的范围未作明确规定。根据该条款的规定可以将"使用者"解释为任何一个主体，即任何自然人、法人或者其他主体，这些主体只要满足相应条件就可使用孤儿作品。虽然促进公共利益增长是著作权法的宗旨之一，但是不可忽略著作权人的利益。合法利益的实现是作者创作作品的动力之一，因此必须保障其利益的实现。第51条没有对使用者的范围进行界定，导致使用孤儿作品的主体过于宽泛，影响著作权人合法利益的实现。虽然"创造需要用财产利益进行刺

[①] 王迁.著作权法[M].北京：中国人民大学出版社，2015:162.

激的理论并不十分可靠",①但是创造不仅可以为著作权人带来财产利益，也能为之带来人身利益，使之精神愉悦。因此不宜将使用孤儿作品的主体泛化，以免著作权人的财产利益遭受不当损失，人身利益被贬损。这一方面应当借鉴欧盟模式的规定，《欧盟孤儿作品指令》规定孤儿作品的使用主体限于成员国的图书馆、教育机构、博物馆、档案馆等非营利性机构。我国立法也应当如是规定。

孤儿作品主要保存于图书馆、博物馆、档案馆等非营利性机构。以民国时期的作品为例，民国文献经过几十年的聚散沉淀，除了有一部分文献流入民间之外，绝大部分文献都被各大文献机构所收藏。国家图书馆、南京图书馆、重庆图书馆、上海图书馆都是民国文献的收藏重镇。②因此，应当优先考虑这些机构对处于保护期的孤儿作品的使用。一方面，图书馆、博物馆、档案馆等机构可借助自身得天独厚的优势充分地利用孤儿作品。另一方面，这些机构为实现公共利益而建立，以服务大众为宗旨，让公众能够接触到更多的作品。1982年颁布的《省（自治区、市）图书馆工作条例》规定，图书馆是向社会公众提供图书阅读和知识咨询服务的学术机构，应当最大限度地满足读者对书刊资料的合理需要。因此，通过立法赋予此类机构使用孤儿作品的权利与其宗旨和任务相契合。

三、以著作权默示许可制度实现孤儿作品的使用

孤儿作品的域外使用模式存在可取之处，但是也有不足。《送审稿》借鉴域外立法模式以实现对孤儿作品的使用，其探索的精神值得赞

---

① 李琛.著作权基本理论批判[M].北京：知识产权出版社，2013:14.
② 李华伟.民国文献数字化利用及其著作权问题：以国家图书馆馆藏为例[J].图书馆建设，2010(10):16-19.

许。法律移植成功与否与一国的经济、社会、文化、政治等因素存在密切联系。在以往的案例中有成功也有失败,成功者如日本,失败者如英国。[1]如果能够从我国现有的法律制度当中选择已有的规则规范孤儿作品的使用,不仅能够节约立法成本,也可避免法律移植的风险。而著作权默示许可无疑是最好的选择。该制度虽然未能像合理使用、法定许可等制度一样成熟,但是在我国立法和司法中亦可见其身影。无论是在英美法系,还是在大陆法系,都有著作权默示许可的规定,只是表现形态各异。著作权默示许可不仅适用于传统著作权领域,也适用于数字著作权领域。无论孤儿作品以有形物质载体出现,还是以数字形式出现,通过著作权默示许可制度使用孤儿作品都存在可探讨的空间。

(一)孤儿作品与著作权默示许可制度之间的恰切性分析

著作权默示许可制度能够"解冻"孤儿作品而使之流通和传播,保障著作权人、使用者、公共社会等诸多主体利益的实现。使用者有使用孤儿作品的意愿,但使用者未能获取著作权人许可而导致这些作品处于"冰冻"状态。通过著作权默示许可,在缺乏著作权人明示许可的情形下,通过其行为或沉默以推定著作权人默示同意他人使用其作品。通过该制度孤儿作品得以"解冻",继而实现诸多主体的利益。首先,无论是著作权人本人行使还是授权他人行使其著作权,必然会给著作权人带来经济利益。通过著作权默示许可制度使用孤儿作品,使用者虽然不能确定或联系著作权人,但是该制度仍然可以保证著作权人从中获得作品许可使用费,保障其财产利益。其次,于使用者而言,虽然不能确定孤儿作品的著作权人身份或者可以确定其身份却无法联系,但是在著作权

---

[1] K.茨威格特, H.克茨.比较法总论[M].潘汉典,米健,高鸿钧,等译.北京:法律出版社,2003:290-291.

默示许可制度之下可以视为著作权人默示同意使用其作品，而不致当著作权人出现时，使用者遭受侵权控告之虞。最后，使用者使用孤儿作品意味着该类作品实现了流通和传播，公众能够接触到该类作品。无论公众借助该类作品进行创作还是用于个人学习、评论等，都意味着公共利益和社会福祉得到了增长，实现了私人利益与公共利益的平衡，与知识产权利益平衡原则相契合。

孤儿作品对著作权默示许可制度具有现实需求性。域外立法通过设立"准强制许可+提存""勤勉寻找+登记+自由使用""最低标准之勤勉查找+限定适用范围"等模式以解决孤儿作品使用问题。但是这些模式都存在不足，难以妥善解决该类作品的使用问题。如前两者未就规定的"勤勉寻找"义务作出具体规定，导致行为人无法判断是否已尽该义务。预测是法律规范的功能之一，"人们根据法律规定，可以预先知道法律对自己已经作出和即将作出的行为的态度以及所必然导致的法律后果，由此可以自觉、自主地调整自己的行为，使之更加符合法律的规定，从而获得自己满意的法律后果"。[①]而后者缩小了孤儿作品的使用范围，有碍于公共利益的实现以及对孤儿作品的保护。著作权默示许可制度以其独特的制度架构迎合了孤儿作品的需求，同时也克服了前述使用模式的不足。在著作权默示许可制度之下，孤儿作品将得到最大限度的使用，实现诸多主体的利益追求；与此同时，通过著作权默示许可制度使用孤儿作品，进一步彰显了该制度的功能和价值。

（二）制度的具体构建

我国立法虽然没有系统地规定著作权默示许可制度，但是在一些具体的条文中可见其踪迹。如有论者认为《信息网络传播权保护条例》第

[①] 卓泽渊.法理学［M］.北京：法律出版社，2009:39.

9条"率先于立法层面确立了默示许可利用作品的情形"是典型的著作权默示许可制度。[①] 此外，在司法实践中也可见该制度的具体运用，最典型的如"方正诉宝洁案"。该案一审法院认为字库中的单字不能作为美术作品而予以保护，最后判决原告败诉；而二审法院认为被上诉人的行为应视为上诉人的默示许可，因此不构成侵权。参照《信息网络传播权保护条例》第9条的规定，在遵循著作权默示许可制度的本质功能和价值的基础上，应当从以下三个方面作具体的制度构建以适应孤儿作品的使用。

1. 特定使用主体且以实现公共利益为宗旨

孤儿作品的使用主体必须特定化。一方面，我国的图书馆、博物馆、档案馆等非营利性机构保存着大量仍处于保护期的孤儿作品，因此理应由这些保存孤儿作品的机构优先使用。另一方面，著作财产权转让或者许可使用应遵循双方合意。前述任何一种使用孤儿作品的模式都缺乏著作权人的意思表示。因此，通过这些使用机制所达成的合意仅仅是一种拟制的合意。拟制是私法中的常见现象，是建构法律帝国必不可少的一项法律技术，其实质是将原本不符合某种规定的行为也按照该规定处理。立法通过拟制解决了很多问题，如身份之拟制、人格之拟制、合意之拟制。以我国《民法典》第171条第2款为例，该款规定"被代理人未作表示的，视为拒绝追认"，此规定即合意之拟制。但相对于双方真正的合意而言，合意之拟制具有一定的脆弱性。因此，在合意之拟制的基础上，不宜将孤儿作品的使用主体泛化，否则越显合意之拟制的脆弱。

---

① 梅术文.信息网络传播权默示许可制度的不足与完善[J].法学，2009(6):50-58.

孤儿作品的使用必须以公共利益为宗旨。首先，孤儿作品使用主体的特定化决定了使用孤儿作品是为了实现公共利益。图书馆、博物馆、档案馆等非营利性机构设立的目的和宗旨就是服务于公众，满足社会公众的需求。因此，使用孤儿作品的宗旨应当与这些机构的设立宗旨相契合。其次，将孤儿作品用于实现公共利益可以最大限度地体现著作权人的意志。如前所述，孤儿作品著作权人的缺位导致双方合意并未真正体现。如果将孤儿作品用于商业目的，使用者将力图实现利益最大化。在著作权人缺位的情形下，使用者利益最大化意味着著作权人利益最小化，这与自然人作为理性经济人的本质属性相背离。如果将孤儿作品用于实现公共利益，则著作权人将会作不同的考量。将孤儿作品用于实现公共利益时，从中获益的是不特定公众，因此淡化了受益主体与著作权人之间的矛盾。此外，将孤儿作品用于实现公共利益，表明了使用者对孤儿作品的认可，对著作权人的肯定，所以著作权人更易接受该使用方式。

2. 通过公告方式取得许可使用权

如果将使用孤儿作品的主体限定为图书馆、博物馆、档案馆等非营利性机构，则勤勉查找义务以及最低标准皆无必要，完全可以采用公告的方式取得许可。其原因在于保存作品的图书馆、博物馆、档案馆等机构将图书、期刊等作品入库时必将作品的作者、出版时间、出版社等信息录入信息库。一般情形下，图书馆、博物馆、档案馆等机构通过这些信息就可以对某作品是否属于孤儿作品作出基本判断。

图书馆、博物馆、档案馆等非营利性机构在使用孤儿作品前应当通过网络、报纸、期刊等媒介进行公告。公告应当载明如下信息：第一，被使用作品的名称，如无作品名称则应概括作品的主要内容和主题思想。第二，出版时间，如出版时间不详则应根据作品内容推算作品出版的大致时间。第三，出版社以及其他有利于著作权人确认对该作品享有权利的一切信息。第四，报酬支付标准，当著作权人出现并主张使用费时，使用者根据公告的支付标准计算使用费用并向著作权人支付。第五，公告期限，公告当中应当明确公告期限。公告期限的作用如下：一为督促著作权人及时行使权利；二为明确使用者使用孤儿作品的期限，避免使用者遭受被控侵权的风险，同时保护孤儿作品著作权。

3. 设定"选择—退出"机制

"选择—退出"机制建立于 Field v. Google Inc. 案。该案揭示了"选择—退出"机制的构成要素：（1）权利人可以阻止他人对作品的使用；（2）权利人没有采取阻止他人使用作品的行为；（3）默示许可因为具备了（1）和（2）两个构成要素而成立"。[①]"选择—退出"机制既是对著作权人权利的限制，也是对其权利的保护。以《信息网络传播权保护条例》第 9 条为例，该条规定，自公告之日起 30 日内，著作权人不同意提供的，网络服务提供者不得提供其作品；自公告之日起满 30 日，著作权人没有异议的，网络服务提供者可以提供其作品，并按照公告的标准向著作权人支付报酬。在默示许可机制下，公告期满，著作权人无异议，则网络服务提供者可以提供其作品，这是对著作权人权利的限制。反之，公告期内著作权人有异议，则网络服务提供者不得提供其作品，这是对著作权人权利的保护。

著作权默示许可制度下的孤儿作品使用同样应设定"选择—退出"机制。一方面，该机制赋予使用者使用作品的正当性。著作权人在公告

---

① 王国柱.著作权"选择退出"默示许可的制度解析与立法构造[J].当代法学，2015(3):106-112.

期内未提出异议，则视为著作权人同意使用者使用其作品，免除了使用者遭受被控侵权的风险。另一方面，该机制弥补了著作权人未与使用者谈判协商作品许可使用这一缺憾，保障了著作权人的权利。当著作权人在公告期内出现且对使用者使用作品表示异议，则使用者不能使用作品。从静态上看，"选择—退出"机制是免除使用者遭受被控侵权和保障著作权人权利的机制。从动态上看，该机制是双方的互动机制。无论著作权人缺位抑或最终出现，著作权人与使用者通过该机制表达双方意思，最终形成许可或者禁止使用作品的意思表示。

著作权默示许可制度能够平衡著作权人、使用者、社会公众等诸多主体之间的利益。孤儿作品的使用应当以实现公共利益为宗旨，著作权默示许可制度的价值取向和具体构建与孤儿作品的使用宗旨相契合。目前，孤儿作品主要储存于图书馆、博物馆等非营利性机构，所以有必要由这些机构先试先行，通过著作权默示许可使用孤儿作品，待条件和时机成熟后推而广之。在著作权默示许可制度下使用孤儿作品，不仅能够保障各方的合法权益，也能实现公共利益和社会福祉的增长。当然，在具体的制度架构方面仍然需要进一步细化，借鉴相关制度的优势以弥补自身之不足。

第二节　著作权默示许可与著作权延伸性集体管理机制的结合

2011年，我国启动第三次修改《著作权法》，整个修法过程中先后公布的修改草案和送审稿引入了源于北欧国家的著作权延伸性集体管理制度。该制度的引入，引起了国内各界的关注，反响很大，争议很多。尤其是产业界的著作权人，认为该制度有违私法自治原则，极可能损害其合法权益。2020年11月11日，全国人大常委会通过了第三次修改的《著作权法》，修改后的《著作权法》最终没有保留草案中的著作权延伸性集体管理制度。虽然此次修法未将著作权延伸性集体管理引入其中，但并不意味着该制度在我国无立锥之地。著作权集体管理组织不仅具有法经济学上的功能，还具有维护作者利益、平衡权利人与使用者之间的利益且促进作品的传播和保存文化多样性等多种功能。

著作权延伸性集体管理是一项特殊的著作权集体许可制度，该制度起源于瑞典、丹麦等北欧五国。北欧五国建立著作权延伸性集体管理制度的初衷是为了解决外国人作品、孤儿作品、非会员作品等特殊作品的使用问题。著作权延伸性集体管理表面上与"三步检验标准"相符，但由于该制度赋予非会员著作权人作出例外声明以排除该制度的适用这一权利，因此，著作权延伸性集体管理本质上仍然应为著作权授权许可。

著作权延伸性集体管理的理论学说主要有经济效率说和集体协商传统说，两种学说都能证成著作权延伸性集体管理存在的正当性和必要性，但是两种学说也存在一定的不足。由于著作权延伸性集体管理也是通过推定的方式推断非会员著作权人同意他人使用其作品，同时该制度也存在"选择—退出"机制，因此，著作权默示许可的理论学说也可以作为著作权延伸性集体管理制度的理论学说之一。特定作品的利用问题可以通过著作权延伸性集体管理予以解决，实现使用者、非会员著作权人等主体的利益。由于该制度的特殊性，为了保障非会员著作权人的权益，应当对该制度的适用范围作出严格限制。与此同时，为了能够让非会员著作权人更加充分地处分其权利，应当设立"选择—退出"机制，真正实现非会员著作权人的意思自治。建立纠纷解决机制，有效解决著作权延伸性集体管理过程中出现的纠纷。

一、著作权延伸性集体管理的起源及法律属性

（一）著作权延伸性集体管理的起源

著作权延伸性集体管理是一种在法定条件下将特定集体管理组织的作品许可规则扩大适用于非会员权利人，从而扩大使用者获取作品的范围和降低分散许可交易成本的制度。[1] 催生著作权延伸性集体管理产生的原因主要有以下三个方面：其一，传统的著作权集体管理是指著作权集体管理组织经会员著作权人授权，以自己的名义对所约定的会员著作权人的部分著作权进行管理的一种活动。是否加入特定的著作权集体管理组织是著作权人的自由，因此特定的著作权集体管理组织会员并非涵盖所有的著作权人。其结果是一旦他人欲意使用未加入特定著作权集体管理组织的著作权人的作品，则必须与之协商并获得许可。其二，传统的著作权集体管理组织的地域性导致外国人无法加入特定的著作权集体管理组织，导致他人无法通过著作权集体管理组织授权使用其作品。其三，某些作品的著作权人身份不明或者著作权人身份明确但无法联系导致他人无法使用这类作品。

为解决这些问题，瑞典法学教授斯万特·贝里斯特伦提出，将著作权集体管理组织与其会员著作权人签订的著作权管理协议适用于未加入著作权集体管理组织的著作权人，他人根据会员著作权人与著作权集体管理组织签订的协议使用非会员著作权人的作品，使用者通过该组织向非会员著作权人支付报酬。[2] 20 世纪 60 年代，瑞典、挪威、丹麦、冰

---

[1] 熊琦. 著作权延伸性集体管理制度何为 [J]. 知识产权, 2015(6):18-30.
[2] 胡开忠. 构建我国著作权延伸性集体管理制度的思考 [J]. 法商研究, 2013 (6):18-25.

岛等北欧国家在其法律中确立延伸性集体管理制度以解决前述问题。在延伸性集体管理制度下，如果他人意欲使用非会员著作权人作品、外国人作品或者孤儿作品，他人可直接与著作权集体管理组织协商确立使用方式、使用范围等事宜，无须直接请求著作权人，使用作品的报酬通过著作权集体管理组织向著作权人支付即可。著作权延伸性集体管理解决了特殊作品的使用问题，无论是对于使用者，还是对于作品著作权人，其利益都得以实现。与此同时，该制度促进了特殊作品的流通，社会公共利益在无形之中得以增长。时至今日，在瑞典、挪威等北欧国家，著作权延伸性集体管理已经被广泛地适用于教育和商业目的的复制、有线电视信号转播、以转播形式或者通过网络传播形式存在于电视广播节目、图书馆对馆藏资料的数字化适用等领域。①

著作权延伸性集体管理属于著作权集体管理组织的一种管理方式，但是该方式具有独有的特征。首先，著作权集体管理组织与著作权人之间的协议是著作权集体管理组织对会员著作权人的著作权进行管理的前提，而著作权延伸性集体管理模式中并不存在著作权集体管理组织与著作权人所签订的协议，其前提是著作权集体管理组织能够代表足够多的著作权人的利益。唯有如此，著作权集体管理组织才能对非会员著作权人实施延伸性集体管理。其次，我国《著作权集体管理条例》第4条规定，著作权法规定的表演权、放映权、广播权、出租权、信息网络传播权、复制权等权利人自己难以有效行使的权利，可以由著作权集体管理组织进行集体管理。由该条规定可知，著作权集体管理组织能够接受著作权人委托管理的著作权的权项范围有限。由于延伸性集体管理的适用对象是非会员著作权人，因此其适用的著作权权利范围非常狭窄，北欧国家仅限于复制权、广

---

① 孙新强，姜荣.著作权延伸性集体管理制度的中国化构建：以比较法为视角[J].法学杂志，2018(2):33-42.

播权等少数权利。最后,著作权集体管理是以协议的方式获得授权对著作权人的特定权项进行管理。如果著作权人不再希望著作权集体管理组织管理其著作权,则须解除双方之间的协议。由于著作权延伸性集体管理模式下并不存在非会员著作权人与著作权集体管理组织签订的协议,如果非会员著作权人不再希望著作权集体管理组织管理其著作权,则非会员著作权人作出声明即可,无须履行解除协议之类的程序。

(二)著作权延伸性集体管理的法律属性

针对著作权延伸性集体管理的法律属性,有论者认为该制度是对著作权人权利的限制,即其性质如合理使用、法定许可等制度一样。有论者则认为著作权延伸性集体管理形式上看似对著作权人权利的限制,但实质上该制度仍然属于著作权人授权许可的一种方式。著作权延伸性集体管理的法律属性决定立法对该制度的具体安排,涉及著作权人、使用者等主体的利益,因此有必要明确该制度的法律属性。

1.著作权延伸性集体管理与"三步检验标准"

有论者认为,既然著作权延伸性集体管理的管理对象是非会员著作权人,则表明著作权集体管理组织的管理权限并非来自非会员著作权人,而是来自法律的直接规定。与此同时,在瑞典、挪威等部分北欧国家的立法中,该制度也被视为一种权利限制制度,只不过限制的力度相对于其他权利限制制度的力度要小一些。[1] 著作权延伸性集体管理确实如合理使用、法定许可等权利限制制度一样,由法律明确规定,但并不能由此而认定该制度属于权利限制制度。确认某种制度属于何种法律属

---

[1] 梁志文.著作权延伸性集体许可制度的移植与创制[J].法学,2012(8):122-131.

性不仅要考虑该制度的适用是由法律直接规定或由相关主体协商达成，同时还必须对该制度的具体设计加以考量。唯有如此，得出的结论才能更加符合法律逻辑。

著作权权利限制制度必须符合"三步检验标准"。《伯尔尼公约》TRIPs协定以及WCT都允许成员国通过立法对著作权作出限制，但是该限制必须以三个条件为前提。其一为这种限制只能在特定情形下作出，其二为这种限制不得与作品的正常利用相冲突，其三为这种限制不能不合理地损害著作权人的合法权益。北欧五国著作权法有关著作权延伸性集体管理的规定都与"三步检验标准"相契合。以《丹麦著作权法》第50条第1款规定为例，该款规定，延伸性集体许可只能适用于特定的情形，即教育机构的复制、商业企业内部信息交流的复制、图书馆数字化复制、为视觉障碍者对广播作品的录制、已公开的艺术作品的复制、某些丹麦国有电视公司的广播、某些国营电视公司对广播的存档、超过两个的有线转播。[①] 由该款规定可知，延伸性集体许可的适用只能涉及著作权人的复制权和广播权，其他权利的行使不能通过延伸性集体许可行使。该法第50条第1款的规定符合"三步检验标准"中的第一步标准，即对著作权的限制只能限于特定情形。由于该款还限制了使用者只能以复制和广播的方式使用非会员作品，使用者的使用方式也未影响著作权人的正常利用。因此，该款规定也符合"三步检验标准"中的第二步标准，即对著作权的限制并未影响著作权人对作品的正常使用。该法第51条规定，根据延伸性集体管理而使用作品，著作权集体管理组织制定的、有关其成员之间报酬分配的规则同样适用于非会员著作权人。同时，非会员著作权人也可以单独向使用者请求支付报酬。所以该款规

---

① 梁志文.著作权延伸性集体许可制度的移植与创制[J].法学, 2012(8):122-131.

定表明延伸性集体管理并没有不合理地损害著作权人的合法权益，符合"三步检验标准"中的第三步标准。

2. 延伸性著作权管理具有授权性质

由前述分析可知，《丹麦著作权法》所规定的著作权延伸性集体管理符合"三步检验标准"，由此似乎就可认定著作权延伸性集体管理属于权利限制制度。《丹麦著作权法》第 50 条第 1 款以及第 51 条的规定确实符合"三步检验标准"，但是该法第 50 条第 2 款规定，虽然在特定领域内可以适用著作权延伸性集体管理，但是，如果作者对合同当事人的任何一方发出禁止使用其作品的通知，则有关著作权延伸性集体管理的规定不再适用。[①] 因此，著作权延伸性集体管理在本质上与合理使用等权利限制制度存在不同点。合理使用、法定许可等制度由法律明确规定，著作权人并无选择的余地，著作权人不得作出声明拒绝他人以合理使用、法定许可等方式使用其作品。而著作权延伸性集体管理制度却赋予著作权人享有拒绝他人使用其作品的权利，《丹麦著作权法》第 50 条第 2 款规定的即此项权利。

又如《送审稿》第 63 条规定，著作权集体管理组织取得权利人授权并能在全国范围内代表权利人利益的，可以就自助点歌系统向公众传播已经发表的音乐或者视听作品以及其他方式使用作品，代表全体权利人行使著作权或者相关权，权利人书面声明不得集体管理的除外。由该规定可知，虽然著作权延伸性集体管理表面上符合"三步检验标准"的规定，但由于该制度允许著作权人作出例外声明以排除适用著作权延伸性集体管理，从而改变了该制度的本质属性。如果非会员著作权人未作出

---

① 梁志文.著作权延伸性集体许可制度的移植与创制［J］.法学，2012(8):122-131.

例外声明，则表明非会员著作权人愿意接受著作权延伸性集体管理；如果非会员著作权人作出例外声明，则表明非会员著作权人拒绝或者退出著作权延伸性集体管理。因此，例外声明赋予非会员著作权人选择是否适用著作权延伸性集体管理的权利，著作权延伸性集体管理本质上属于权利许可制度。

此外，有论者从形成权的角度去论证分析著作权延伸性集体管理并非权利限制制度，而属于行使权利的一种方式。形成权，是指权利人通过自己的行为，使自己或者与他人共同的法律关系发生变动的权利。根据作用的方向，形成权可以分为成立形成权、变更形成权、消灭形成权以及规定权四类。[①] 非会员对著作权延伸性集体管理作出例外声明则属于消灭形成权中的解除权。该解除权由法律直接规定，由非会员著作权人据其意志行使，该解除权行使的法律后果是著作权延伸性集体管理法律关系的解除。[②] 因此，非会员著作权人针对著作权延伸性集体管理所作的例外声明是非会员著作权人行使权利的具体方式，而非限制其著作权的制度。

二、著作权延伸性集体管理的理论依据

任何制度的确立都有赖于其理论基础的存在，著作权延伸性集体管理也不例外，因此有必要对该制度的理论基础进行梳理。在此基础之上，进一步挖掘其理论基础。由前文对著作权默示许可原理的分析和论证可知，著作权默示许可也可以作为著作权延伸性集体管理的理论基础之一。

[①] 龙卫球.民法总论[M].北京：中国法制出版社，2002:124-126.
[②] 杜伟.著作权延伸性集体管理制度若干问题探析：基于著作权法的立法考量[J].知识产权，2013(1):62-74.

（一）现有学说

1. 经济效率说

经济效率说认为由于存在国外作者难以联系、沟通或者存在孤儿作品等情形，但是使用者急于使用国外作者的作品或孤儿作品。因此，只有赋予著作权集体管理组织代表非会员著作权人的权利，才能解决使用者使用作品的问题。这种方式同时节省了与该类作品著作权人沟通、协商等经济成本，提高了效率，促进了经济社会的发展。[①] 著作权不似所有权，所有权与其载体不具有可分离性，所有权人可以对所有物进行占有以实现对该物的控制。由于著作权与著作权载体的所有权具有可分离性，因此著作权人不可能通过对著作权载体的占有以实现对其著作权的控制。数字技术的出现改善了创作条件，更重要的是加速了作品的传播和流通，而数字作品载体的无形性进一步增加了著作权人对其著作权进行保护和控制的难度。因此，在技术革新的时代，有必要对作品的利用方式进行革新，从而适应新技术的出现。著作权延伸性集体管理顺应了新技术和新变化，当越来越多的外国人作品、孤儿作品以及非会员作品等难以通过著作权集体管理组织获得使用许可时，此类作品以著作权延伸性集体管理的方式进行管理，使用者可径直与著作权集体管理组织取得联系且获得使用许可。如此，不仅解决了使用者难以联系著作权人的问题，方便了使用者使用作品；同时也是对著作权人权利的保护，实现了著作权人的经济利益。于使用者与著作权人而言属于双赢。

虽然著作权延伸性集体管理具有前述优点，但是该制度也存在不

[①] 丁丽瑛，韩伟. 延伸性著作权集体管理的理论基础探析 [J]. 中国版权，2014(1):25-29.

足。有论者认为主要存在三方面的不足：其一，非会员著作权人的人身权利未给予充分保护；其二，非会员著作权人不能通过该方式实现其财产权的全面保护；其三，著作权延伸性集体管理对著作权集体管理组织的自律性要求非常高。[1] 非会员著作权人可以在著作权集体管理组织实施著作权延伸性集体管理之前作出声明拒绝该制度的适用。在此情形下，非会员著作权人的著作权完全由自己行使或者授权他人行使，不存在著作人身权或者著作财产权不能得到完全保护的情形。非会员著作权人在著作权集体管理组织实施著作权延伸性集体管理之后作出拒绝该制度适用声明，如果使用者继续复制或者广播非会员著作权人的作品，则其行为属于侵权行为。此外，虽然立法对著作权延伸性集体管理适用的作品类型以及适用范围作了严格规定，但由于主导该制度适用的主体是著作权集体管理组织，因此著作权集体管理组织必须具备高度的自觉性和自律性，否则容易超越作品类型的范围或者超越立法所规定的适用范围。

2. 集体协商传统说

集体协商传统说认为著作权延伸性集体管理的产生主要受北欧国家集体协商制度的影响。以瑞典劳动和就业集体协议为例，这类协议不仅对会员劳工有效，对工作场所的非会员劳工也会产生拘束力。该学说认为著作权延伸性集体管理的作用主要体现在以下三个方面：其一，集体协议对非会员劳工具有效力的功能与著作权延伸性集体管理的功能相一致；其二，集体组织不仅确定了集体组织与劳工之间的权利义务，同时也为劳工争取应有的权益；其三，集体组织能够提供高效透明的服务。[2]

---

[1] 丁丽瑛，韩伟.延伸性著作权集体管理的理论基础探析[J].中国版权，2014(1):25-29.

[2] 丁丽瑛，韩伟.延伸性著作权集体管理的理论基础探析[J].中国版权，2014(1):25-29.

集体协商制度在北欧国家运用非常广泛，该制度的历史背景及运用为著作权延伸性集体管理运用于非会员的作品管理提供了成长土壤。于客观角度而言，在集体协商制度的影响下，著作权延伸性集体管理制度在北欧国家的建立水到渠成。于主观角度而言，由于北欧国家集体协商制度透明度高，非会员著作权人已经知晓集体协商制度的运作、权利义务分配等机制。因此，非会员著作权人主观上更容易接受与集体协商制度模式相一致的著作权延伸性集体管理制度。

集体协商传统说能够为著作权延伸性集体管理提供理论基础，但是该学说也存在不足。第一，集体协商存在不能代表非会员部分权利的情形；第二，延伸保护非会员的基础不同；第三，集体协商属于社会法范畴，而著作权延伸性集体管理属于民法范畴。[①] 虽然集体协商传统说存在不足，但并不影响该学说成为著作权延伸性集体管理的理论基础。著作权延伸性集体管理应当被视为对集体协商制度的继承，属于法律继承的具体表现。法律继承是指在法律发展过程中，新法在审查、批判旧法的基础上，有选择地吸收、借鉴旧法中的合理因素，使之成为新法的有机组成部分。[②] 法律继承包括法律概念、法律规范、法律制度、法律原则等方面的继承。法律继承并非全盘照收，而需取其精华、弃其糟粕，同时要结合所处时代的政治、经济、文化等多方面的因素对继承对象作出相应的改变。著作权延伸性集体管理适用于著作权领域，而集体办商制度适用于社会法领域，二者适用领域的不同必然导致其立法目的、适用对象等方面的不同，但是不能因此而否认著作权延伸性集体管理起源于集体协商。为了契合著作权法的立法目的和宗旨，并与著作权法中的

[①] 丁丽瑛，韩伟. 延伸性著作权集体管理的理论基础探析 [J]. 中国版权，2014(1):25-29.

[②] 付子堂. 法理学初阶 [M]. 北京：法律出版社，2005:133.

其他制度相协调，著作权延伸性集体管理在继承集体协商制度的同时，应当作出相应的改变。

（二）著作权默示许可对著作权延伸性集体管理的理论补充

著作权默示许可的特殊性决定了其适用领域的特定性。其特殊性一方面表现为著作权人许可方式的特殊性，另一方面表现为著作权人可以作出例外声明以排除他人通过默示许可使用其作品。著作权延伸性集体管理制度也是著作权领域中的一项特殊制度，而其特殊性与著作权默示许可相契合。因此，著作权默示许可原理可以作为著作权延伸性集体管理的又一理论基础，以证成该制度立法的可行性和正当性。

如前文所述，著作权默示许可是指在特定的范围内，虽然著作权人未以明确的方式许可他人使用其作品，但他人根据著作权人的沉默或其特定行为推断出著作权人对他人使用作品的行为并不反对，作品使用者得以据此进行侵权抗辩，而著作权人可以"选择—退出"的方式终止他人使用其作品的特殊许可形式。著作权默示许可的独特性之一在于著作权人许可他人使用其作品的方式非常特殊。通常情形下，著作权人以书面或者言语的方式许可他人使用其作品，但是在特定情形下，著作权人也可以以默示的方式许可他人使用其作品。1991年《著作权法实施条例》规定，与著作权人订立合同或者取得许可使用其作品，应当采用书面的形式，但报社、杂志社刊登作品除外。意思自治原则是民法的基本原则之一，意思自治包括了当事人决定是否订约的自由、选择相对人的自由，同时还包括了内容自由和形式自由。[①] 此规定极大地束缚了著作权人与作品使用者选择订约形式的自由，不符意思自治原则。因此，在之后的修法中对该规定作

---

① 龙卫球. 民法总论[M]. 北京：中国法制出版社，2002:53.

出了修改。2002 年《著作权法实施条例》规定，使用他人作品应当与著作权人签订许可使用合同，如果许可使用的权利是专有使用权，则应当签订书面合同，但报社、期刊社刊登作品除外。相较于先前的规定，此规定更符合意思自治原则，同时与实际情况更加契合。

著作权延伸性集体管理是将著作权集体管理组织的作品许可规则适用于非会员著作权人的一种制度。虽然著作权集体管理组织并未获得非会员著作权人的书面授权对其著作权进行管理，但由于著作权集体管理组织能够代表绝大多数著作权人的权益，著作权集体管理组织因此而获得了管理非会员著作权人著作权的正当性。或者说，出于著作权集体管理组织能够代表绝大多数著作权人的权益这一考量，非会员著作权人以默示的方式允许著作权集体管理组织在无书面协议的前提下对其著作权进行管理。

在著作权默示许可下，虽然他人可以通过著作权人的特定行为或者沉默以推定著作权人对使用其作品的行为并不表示反对，但是当著作权人拒绝或者不再愿意他人使用其作品时，著作权人可以事先拒绝他人通过默示许可使用其作品或者在他人使用作品的过程中退出著作权默示许可。此即"选择—退出"机制。在特定情形下，通过著作权人的特定行为或者沉默以推定著作权人同意他人使用其作品，节约了双方的时间和经济成本，实现了双方的经济利益，同时促进了作品的流通和传播，进而实现了公共利益的增长。著作权默示许可的特殊之处在于著作权人与作品使用者未就作品的使用进行面对面或者一对一的协商与谈判，不能真正体现著作权人的意思表示。"选择—退出"机制弥补了这一缺憾，尤其是当著作权人拒绝使用者继续使用其作品时，著作权人可以作出声明，要求使用者停止使用其作品。

著作权延伸性集体管理也存在"选择—退出"机制。在该模式下，著作权集体管理组织对非会员著作权人的作品进行管理的前提并非双方之间存在书面授权协议，而是著作权集体管理组织能够代表绝大多数著作权人的权益。基于此，著作权集体管理组织以默示的方式获得非会员著作权人许可而管理其著作权。因此，非会员著作权人与著作权集体管理组织之间也缺少面对面的协商与谈判。为了弥补这一缺憾，立法在设计著作权延伸性集体管理制度时将"选择—退出"机制引入其中。他人意欲使用非会员作品可以向著作权集体管理组织请求授权使用许可，而无须寻找或联络著作权人。与此同时，为弥补非会员著作权人没有书面授权著作权集体管理组织管理其著作权这一缺陷，立法允许非会员著作权人作出声明拒绝著作权集体管理组织对其作品进行管理。该声明与著作权默示许可中著作权人的声明的功能相一致，弥补使用者或者著作权集体管理组织面对面地与非会员著作权人进行协商和授权这一缺憾，平衡非会员著作权人与使用者、著作权集体管理组织之间的利益，真正实现非会员著作权人的意思自治。

三、著作权延伸性集体管理入法的要求

著作权延伸性集体管理将非会员著作权人的作品纳入管理的范围，满足使用者使用作品的需求，实现非会员著作权人的权益，促进作品的流通和传播。但是作为一种特殊的著作权集体许可方式，应当对之作出合适的立法安排。唯有如此，才能实现和保障有关主体的利益，维持非会员著作权人、传播者、使用者等主体之间的利益平衡，维持私人利益与公共利益之间的平衡。

（一）严格限制适用范围

一方面，著作权集体管理组织可能不会过多地为设立人之外的著作权人谋利，[①]为了保障非会员著作权人的合法权益，应当对著作权延伸性集体管理的适用范围予以限制。虽然著作权延伸性集体管理表面上符合"三步检验标准"，但是著作权人的例外声明这一设计表明该制度本质上仍然属于授权许可。与一般授权许可不同的是，著作权延伸性集体管理的授权方式非常特殊。一般授权许可通常采用书面或者口头的方式授权，而著作权延伸性集体管理则通过著作权人的沉默推定著作权人对他人使用其作品并不表示反对。著作权延伸性集体管理制度所管理的作品的权利主体是非会员著作权人，意味着该类作品的著作权人并未加入著作权集体管理组织，著作权人与著作权集体管理组织之间并不存在书面授权协议。著作权集体管理组织对非会员著作权人的作品进行管理的前提是该组织能够代表绝大多数著作权人的权益，由此将适用于会员著作权人的著作权集体管理制度延伸至非会员著作权人。著作权属于私权，私权所体现的是权利人在意思自治原则下对其权利自由地支配和处分，授权许可则是著作权人对其著作权自由支配和处分的具体表现。由于著作权延伸性集体许可的前提及许可方式特殊，因此有必要对该许可的适用范围作出限制，从而保障非会员著作权人对其权利处分的自由。反之，如果立法不对著作权延伸性集体管理的适用范围予以限制，则将影响非会员著作权人对其权利的处分，甚至存在侵权之虞。

另一方面，对著作权延伸性集体管理的适用范围予以限制有利于该制度与著作权法中的法定许可等制度相区分。著作权延伸性集体管理与

[①] 卢海军.论我国著作权集体管理组织的法律地位[J].政治与法律，2007(2):69-74.

法定许可的相同之处为使用者只需向著作权人支付相应报酬即可使用其作品，而无须经过著作权人许可。虽然历史上每次出现因传播技术变革而在利益分配上僵持不下的情形时，法定许可都成为被优先考虑的立法政策，但其适用范围非常狭窄，适用条件也很严格。[①] 为了与法定许可作出区分，著作权延伸性集体管理必须从适用范围上作出限制，且其适用范围不得覆盖法定许可的适用范围，否则将削弱法定许可的功能及存在的必要性。此外，法定许可制度以利益平衡为原则，其主要功能是通过适当限制权利人的自主决定权与获酬渠道，最大限度地鼓励和促进作品的传播和使用。[②] 因此，法定许可制度本质上属于权利限制制度。如果不对二者的适用范围作出区分，著作权延伸性集体管理的授权许可这一法律属性将被遮蔽。著作权延伸性集体管理的法律属性不仅决定着该制度在立法体系中的地位和安排，同时也左右着该制度的功能发挥。著作权延伸性集体管理应当是对现行制度功能和作用的补充，而非对法定许可等制度造成冲击。

（二）建立"选择—退出"机制

北欧五国建立了著作权延伸性集体管理制度，实现了著作权集体管理组织对非会员著作权人作品的管理。但是该制度的适用并非以非会员著作权人的口头或者书面授权许可为前提，而是以著作权集体管理组织能够代表绝大多数著作权人的利益为前提。著作权为私权，理应秉承意思自治原则。为了能够弥补欠缺非会员著作权人的口头或者书面授权这一缺憾，真正实现非会员著作权人的意思自治，在通过著作权延伸性集

---

① 熊琦.中国著作权立法中的制度创新[J].中国社会科学，2018(7):118-138.
② 蔡元臻.新媒体时代著作权法定许可制度的完善：以"今日头条"事件为切入点[J].法律科学，2015(4):43-51.

体管理实现对非会员著作权人作品利用的同时,应当赋予非会员著作权人作出例外声明的权利。非会员著作权人的例外声明即著作权默示许可中的"选择—退出"机制。

以《丹麦著作权法》第50条为例,该条规定了著作权延伸性集体管理的适用范围、适用程序等内容。为了充分保障非会员著作权人的著作权,该条第2款赋予非会员著作权人"选择—退出"的权利。该款规定,如果非会员著作权人对合同当事人的任何一方发出禁止使用其作品的通知,则不得再适用著作权延伸性集体管理。可以说《丹麦著作权法》对著作权延伸性集体管理的规定非常详细,除了该法第50条对该制度的适用范围作了严格的限制以及对其适用程序作了具体的规定之外,该法第51条赋予非会员著作权人的报酬请求权,同时对报酬分配规则作了详细的规定。此外,针对因报酬分配而产生的争议,该法第52条规定了具体的解决办法和详细程序,任何一方当事人都可以提出调解或者仲裁。这些规定的初衷是为了使著作权延伸性集体管理具有可操作性,实现他人通过该制度使用非会员著作权人的作品这一目的。而该法第50条第2款规定的初衷则是保障著作权是私权这一属性,在著作权延伸性集体管理模式下非会员著作权人仍然能够自由处分其权利。同时,"选择—退出"机制的设置也说明了著作权延伸性集体管理属于授权许可,而非权利限制制度。

"选择—退出"机制的设置应当注意以下三个方面的问题:其一,非会员著作权人行使退出著作权延伸性集体管理这一权利的时间上的确定。为了能够充分保障非会员著作权人的权利,立法不应当对行使该权利的时间作过于苛刻的规定。非会员著作权人可以在他人启动著作权延伸性集体管理之前声明拒绝该制度的适用,也可以在他人通过该制度使用其作品之后作出声明而拒绝该制度的继续适用。其二,由于著作权延伸性集体管理适用的作品范围是非会员著作权人的作品,因此,作出选择退出适用该制度决定的主体应当是非会员著作权人,而非其他主体。如果主体不明确或者赋予太多主体这一权利,则会影响使用者的权益,同时不利于著作权集体管理组织对作品进行管理。其三,非会员著作权人作出退出著作权延伸性集体管理制度的适用,并不意味着非会员著作权人丧失了求偿的权利。只要使用者通过著作权延伸性集体管理制度获得使用许可,使用者即有义务支付相应费用。作品使用费由著作权集体管理组织转交给非会员著作权人。

(三)建立纠纷解决机制

著作权延伸性集体管理是将著作权集体管理组织的作品许可规则适用于非会员著作权人的一种制度。由于作品使用者并未与非会员著作权人就作品使用进行面对面或一对一协商谈判,因此极易产生收费标准、分配标准以及退出程序等方面的纠纷,而如何解决纠纷以及保障各方合法权益至关重要。此外,在著作权延伸性集体管理中,著作权集体管理组织处于强势地位,非会员著作权人处于弱势地位。为了切实保障非会员著作权人的利益,在适用著作权延伸性集体管理时应当明确相应的纠纷解决机制。著作权延伸性集体管理制度的目的在于实现对非会员著作权人作品的传播和利用,满足各方利益需求,最终实现公共利益和社会福祉的增长。笔者认为应当采取非诉讼纠纷解决机制解决著作权延伸性集体管理中产生的纠纷。非诉讼纠纷解决机制体现了双方当事人的合意,该合意不仅体现于双方当事人对非诉讼纠纷解决机制的共同选择,同时也体现于对非诉讼纠纷解决机制的程序选择和结果的认同上。合意表明双方当事人自愿选择非诉讼纠纷解决机制。无论在西方,还是在中国,"自愿"被普遍认为是当事人运用非诉讼纠纷解决机制的基础准则。^①在双方当事人的合意之下，可以最大限度地实现纠纷的解决。

典型的非诉讼纠纷解决机制有仲裁和行政调解。仲裁是指仲裁机构根据当事人之间达成的书面协议，取得对约定事项的管辖权并据此对所涉争议作出具有强制力的裁决。仲裁由当事人合意启动，且仲裁人员亦由双方当事人共同决定，符合意思自治原则。仲裁周期较短，双方当事人可节约时间成本，有利于纠纷解决。行政调解作为对私人之间、公私之间以及市场主体之间纠纷的一种非强制性介入方式，打破了原有的"命令—服从"式行政管制"一统天下"的局面，并与追求公平正义的司法产生价值共鸣。[2]行政调解能够圆满高效地解决双方当事人之间的纠纷。一方面，由于行政机关主导行政调解，行政调解具有较高的权威性和合法性，因此双方当事人对行政调解结果的认可度较高。另一方面，由于行政机关的介入，行政调解过程往往体现出较强的能动性和较大的灵活性，能够高效解决纠纷。在著作权领域，行政调解属于新生事物，我国法律层面尚无规定，但部分地方法规已经授权行政机关对著作权纠纷进行调解。较理想的著作权纠纷行政调解模式是在行政机关主导下双方当事人达成行政调解书，而后将行政调解书送至司法审判机关予以确认，使之具有强制力。

第三节 著作权默示许可在网络环境下的适用

著作权默示许可既可适用于孤儿作品，也可适用于著作权延伸性集体管理等领域。值得提出的是，著作权默示许可适用的最大空间应当是

---

① 熊浩.论中国调解法律规制模式的转型[J].法商研究，2018(3):115-125.
② 耿玉基.超越权力分工：行政司法化的证成与规制[J].法制与社会发展，2015(3):175-191.

网络领域。数字和网络技术的产生和发展催生出了网络作品，著作权人的专有权的控制范围也随之扩大。技术网络的发展也促进了创作主体范围的扩大和数量的增长。创作不再为职业作家所独有，在网络技术支撑下，普通群众也可以成为创作的主体，并且其作品能够得到迅速传播和流通。与此同时，数字网络传播快、范围广等特点决定了网络作品的传播速度非常快、受众多。由于"一对一"授权模式存在一定的局限性，而著作权默示许可与数字技术和网络技术相契合，因此，著作权默示许可在数字时代具有更大的适用空间。

一、著作权默示许可在搜索引擎中的运用

搜索引擎在网络搜索过程中起着无可替代的作用，它能够对成千上万的网站网页进行搜索且免于承担直接侵权责任，其主要原因在于著作权默示许可在搜索引擎中的适用。搜索引擎的结构组成及工作原理表明网络爬虫技术的运用以著作权默示许可为基础，否则该项技术将无法运用，最终将可能导致搜索引擎的运营者陷入侵权之虞。

（一）搜索引擎的工作原理及构成简述

搜索引擎是指根据一定的策略、运用特定的计算机程序搜集互联网上的信息，在对信息进行组织和处理之后，为互联网用户提供检索服务的系统。[①] 数字技术的发展以及接触信息方式的改变促使拥有大量信息资源的特定机构如图书馆、博物馆将之控制的信息资源数字化，其一实现了这些机构对其信息资源的优化和保存，其二方便了用户使用这些信

---

① 袁津生，李群，蔡岳.搜索引擎原理与实践 [M].北京：北京邮电大学出版社，2008:1.

息。此外，数字技术的发展拓展了信息发布主体的范围。可以说，数字技术和信息网络出现之后，信息发布主体由传统的特定机构变为不特定的主体。前述两方面的原因形成了浩瀚的网络资源。搜索引擎在用户如何利用浩瀚的网络资源中发挥着至关重要的作用。用户通过搜索引擎查找网页中的关键词，含有该关键词的网页被搜索出来并且按照与关键词相关度的高低依次排序。

  搜索引擎的原理可以分为三个步骤：第一，从互联网上抓取网页；第二，建立索引数据库；第三，在索引数据库中搜索排序。搜索引擎主要由搜索器、索引器、检索器以及用户接口四部分构成。搜索器俗称网络爬虫或者网络蜘蛛（Web Spider），是一种互联网自动收集网页的浏览和抓取网页信息的机器人。网络爬虫的功能就是不间断地对互联网网页进行浏览和抓取网页，从而使搜索引擎拥有海量的互联网信息。网络爬虫不仅要搜集新信息，还要定期浏览和更新旧信息，从而避免出现死链，保持数据具有时效性。索引器是指用于数据快速查找的数据结构，其功能是理解搜索器所搜集到的信息。以本书为例，本书的目录即一种索引结构。索引器的价值在于它能够帮助用户在最短的时间内获得最相关、最全、最深的信息集合。[①]检索器的功能是针对用户的查询请求在索引库中快速检索出文档，采用一定的信息检索模式进行文档与查询的相关度评价，对将要输出的结果进行排序、聚类等操作，并实现某种用户相关性反馈机制。[②]用户接口的作用是输入用户查询，显示查询结果，提供用户相关性反馈机制。用户接口的主要目的是方便用户使用搜索引擎，高效率、多方式地从搜索引擎中得到有效、及时的信息。用户接口

---

  ① 刘平凡.大数据搜索引擎原理分析及编程实现［M］.北京：中国工信出版集团，2016:15.
  ② 袁津生，李群，蔡岳.搜索引擎原理与实践［M］.北京：北京邮电大学出版社，2008:27.

的设计和实现,使用人机交互的理论和方法,从而充分适应人类的思维习惯。①

(二)搜索引擎中的默示许可

由前述搜索引擎的原理及结构可知,著作权默示许可在搜索引擎中的适用与搜索引擎工作原理中的第一步即从互联网上抓取网页密切相关。而该步骤的完成依赖于搜索引擎中的网络爬虫完成。网络爬虫在整个搜索引擎系统中负责抓取时新的并且公共可访问的 Web 网页、图片和文档等资源。② 网络爬虫访问 Web 网页的前提条件之一是该网页可被公共访问。如果网页被网站建立者作了相应设置,不允许网络爬虫访问其网页,则网络爬虫将无法抓取该网页,如此也就无法浏览该网页的内容。反之,如果网站建立者并未对其网页的访问作出限制,则网络爬虫能够抓取该网页,进而获得网页的内容。置言之,网页能否被搜索引擎的网络爬虫抓取、下载和储存,取决于网站建立者在设计和建立网站时是否采取了相应的措施,网站建立者具有决定权。

雅虎和微软的搜索引擎通过网络爬虫技术访问和收录互联网内容,并将内容存储为"缓存"页面。这些缓存页面是网站快照,目的是帮助用户在原网站暂时无法访问时,依旧能通过搜索引擎获取该页面的内容。雅虎和微软均支持"robots.txt"文件协议,网站所有者可通过此协议限制爬虫访问其网站的部分或全部内容。此外,雅虎还提供了手动"退出"机制选项,供网站管理员请求从搜索结果中删除特定内容。

---

① 袁津生,李群,蔡岳.搜索引擎原理与实践[M].北京:北京邮电大学出版社,2008:27-28.
② 潘雪峰,花桂春,梁斌.走进搜索引擎[M].北京:电子工业出版社,2011:13.

以 Parker v.Yahoo! 和 Microsoft 案为例。本案原告 Parker，是一位电子书作者和出版人，专门出版约会与诱惑技巧类电子书。Parker 将他撰写的电子书免费发布在自己建立的网站上，并允许用户免费浏览和下载。他指控被告雅虎公司和微软公司在其搜索引擎中展示并缓存了他网站上的内容，侵犯了他的版权。Parker 明知可以通过"robots.txt"文件阻止搜索引擎爬取或缓存内容，但他并未采取这些措施。此外，他也未使用雅虎提供的手动"退出"功能要求删除其内容。

法院认为，默示许可是本案的重要原则。Parker 明知可通过"robots.txt"文件或其他技术手段来阻止搜索引擎爬取和缓存他的网站内容，但他并未采取任何措施。Parker 的不作为构成对搜索引擎行为的"默许"，并形成法律上的默示许可。此种许可通常适用于在双方没有直接的明示协议的情况下，通过默认行为（或不作为）推导出允许的行为。[1]法院援引了 Field v.Google Inc. 案，该案中也同样确认，当版权所有者不利用技术手段限制爬虫访问时，搜索引擎可以合理地认为其行为得到了许可。

法院最终根据《数字千年版权法》（DMCA）第 512 条安全港条款的规定作出裁判，雅虎和微软的行为应得到保护。DMCA 明确规定，提供缓存或其他中介服务的互联网服务提供商在符合一定条件下对侵权行为享有免责权。本案中，雅虎和微软的缓存和链接行为被认为属于"系统缓存"，是一种自动化的技术过程。法院认为，他们并未对内容进行编辑或修改，因此符合 DMCA 的规定。

总而言之，法院的说理强调了在互联网环境中，默示许可和技术协议的使用可以帮助界定版权保护范围。同时，DMCA 提供的法律框架确保了网络平台在自动化服务过程中的合法性，不会因被动展示用户内容而承担版权责任。

---

[1] See Parker v. Yahoo!, Inc., 07-cv-02757 (E.D. Pa. 2008).

二、著作权默示许可在数字图书馆建设中的运用

构成数字图书馆的要素之一是数字信息资源。[①] 数字信息资源主要来自两方面：一方面来自网络，数字图书馆运营者通过搜索引擎对网络进行搜索而获取数字信息资源；另一方面来自传统的纸质作品，数字图书馆运营者对传统的纸质作品进行扫描和数字化形成数字信息资源。前者来源可以归类为搜索引擎的使用，后者是数字图书馆运营者通过扫描纸质作品而形成的。由于后者涉及数字图书馆运营者对纸质作品的复制，因此笔者将著作权默示许可在数字图书馆中的运用与著作权默示许可在搜索引擎中的适用相分离，单独讨论著作权默示许可在数字图书馆建设中的运用。

（一）数字图书馆建设

在数字技术时代，人们对信息量的需求不断增长，同时也要求能够在短时间内接收相关信息。由于传统的印刷书刊等纸质信息载体承载的信息量有限，同时其传播速度较慢，纸质信息载体已经不能满足人们的需求。信息技术的出现和发展正好迎合了人们新的需求。信息技术的产生和不断优化促使信息总量呈爆炸式增长，信息传播速度也迅速提高。数字图书馆也是在信息技术高速发展以及人们期望以更快的速度获取更多、更优质的信息这一背景下产生的。

数字图书馆是同时具备数字资源、网络服务与特色技术三大特征的图书馆。数字图书馆与传统图书馆的最大区别在于数字图书馆只有通过

---

① 吴志荣.数字图书馆：从理念走向现实［M］.上海：学林出版社，2000:36.

网络才能提供服务。因此,网络是数字图书馆的生命线,网络是否健全决定着数字图书馆的兴废。数字图书馆除了采用通用计算机技术和网络技术之外,还有自己的特色技术,如海量信息存储与组织技术、多媒体信息标引与检索技术。[①]数字图书馆的结构组成包括资源库、索引/搜索系统、用户界面等部分。资源库的功能在于储存和管理各种数字对象。这些数字对象一般是由关系型数据库来管理,应用程序通过资源库提供的库访协议来访问数据库,从而实现存储、访问、复制、移动和删除数字对象等操作。索引可能是由机器的自动扫描、手工录入和干预创建的,或者是这二者的结合。客户机查询后提交给索引服务器,将返回与之相匹配的数字对象的URN。URN是"Uniform Resource Name"的缩写,中文名为"统一资源命名",URN可以用来查找和检索定义特定命名空间的架构文件。普通的URL也可以提供类似功能,但在这方面,URN更加强大更加容易管理。一般情形下,数字图书馆借助浏览器作为用户界面工具。由于用户的需求不同,用户界面的内容编排和服务方式也比较复杂。[②]

数字图书馆必须具备海量的信息存储量才具有价值,才能为人们所利用。而海量信息的存储量来自数字图书馆经营者对现有的书籍、报纸、期刊等资源进行扫描和数字化,形成资源库。复制权是著作权中最基本的权利之一。数字技术的出现催生了新的复制方式和新的作品承载载体。数字图书馆经营者将纸质书籍、报纸、期刊等资源进行扫描和数字化理应属于新的复制方式,其原因在于该方式将作品原原本本地进行还原并且储存于相应介质之中。该复制方式与传统的复制方式的不同点

---

① 李培. 数字图书馆原理及应用[M]. 北京:高等教育出版社,2004:4-5.
② 夏立新,黄晓斌,金燕等著. 数字图书馆导论[M]. 科学出版社,2009:29-30.

在于其复制方式以及复制品的承载体不同,但是复制过程相同。由于复制权是著作权人的一项重要权利,因此数字图书馆经营者将著作权人的作品进行扫描和数字化是否合法成为极具争议的话题。

(二)Google 数字图书馆案

2004 年 12 月 14 日,Google 公司宣布其数字图书馆计划,对世界上最大的五个图书馆的藏书进行扫描,进而实现用户能够对五大图书馆的书籍进行搜索这一目的。Google 公司的最终目的是建立全球最大的在线图书馆,帮助人们实现利用世界各地图书馆的资源。由于 Google 公司对图书馆的书籍进行扫描和数字化的本质就是著作权法上的复制,因此该计划一经推出即遭到美国出版界的反对。为了缓和与美国出版界的矛盾,Google 公司于 2005 年 8 月 11 日推出了"选择—退出"机制。根据"选择—退出"机制,如果出版社向 Google 公司提交一份不想被扫描的书籍清单,即使与 Google 公司合作的图书馆含有清单所列的书籍,Google 公司也不会扫描清单上的书籍。但是"选择—退出"机制并没有让美国出版界满意。[①] 其原因在于"选择—退出"机制将防止侵权的责任转移至著作权人,但是根据法律的规定,防止侵权的责任应当由作品使用者承担而非著作权人。2005 年 9 月 20 日,美国作家协会及美国出版商协会向法院提起诉讼,起诉 Google 公司在实施其数字图书馆计划的过程中存在侵犯著作权的行为。原告请求法院判决 Google 公司为每一次侵权行为支付赔偿金,并且请求法院判决禁止 Google 公司在支付相应费用之前不得复制受著作权法保护的书籍。2008 年 10 月,Google 公司与出版

---

① Greative. Google Library Project Raises Serious Questions for Publishers and Authors [EB/OL]. (2005-08-15) [2024-07-17]. https: creativepro.com/gppgle-library-project-raises-serious-questions-for-pulishers-and-authors/.

社以及作者达成协议，由 Google 公司出资 1.25 亿美元建立电子数据库，Google 公司仍然实施其数字图书馆计划，但是应当以商业化的模式将所获利益在出版社与作者之间进行分配。虽然 Google 公司已有让步，仍有不少人士和行业机构反对该协议。Google 公司再次与出版社及作者进行磋商，最终达成协议。协议内容为 Google 公司可以继续进行数字图书馆计划，但是 Google 公司必须承认和顾及著作权人的利益。没有经过著作权人的同意，Google 公司不得将其作品进行扫描和数字化并上传至网络。Google 公司可以搜索、展示授权图书的 20% 的内容。此外，Google 公司为这些图书的数字拷贝增加链接，指向 Google 电子书店，从而方便用户在电子书店购买书籍。①

Google 公司在推行数字图书馆计划之后，五大图书馆中的斯坦福大学图书馆和密歇根大学图书馆同意将全部馆藏图书交给 Google 公司进行扫描和数字化。而纽约公共图书馆、哈佛大学图书馆和英国牛津大学图书馆考虑到版权限制以及担心图书受损等原因，对 Google 公司的数字图书馆计划有一定的保留。例如，纽约公共图书馆只同意将超过著作权保护期限的图书中的一部分交给 Google 公司进行扫描和数字化；哈佛大学图书馆则打算在第一期计划中向 Google 公司提供 4 万册图书进行扫描和数字化，而后根据结果决定是否提供更多的图书；牛津大学则在协议中规定，Google 公司可以对 1900 年之前出版的馆藏图书进行限量扫描和数字化，之后 3 年内扫描和数字化 100 万册以上超过著作权保护期限的旧书。② 纽约公共图书馆、哈佛大学图书馆和英国牛津大学图书馆仅向 Google 公司提供部分馆藏图书，针对仍然处于著作权保护期的书籍，三家图书馆并没有提供给 Google 公司进行扫描和数字化，从而避免为自己

---

① 禾泽."谷歌图书馆"被迫在多国让步[N].中国文化报，2013-1-8(10).
② 黄梦醒.数字图书馆服务链：服务模式·体系架构·关键技术[M].北京：清华大学出版社，2013:6.

带来著作权侵权问题。Google 公司的数字图书馆计划涉及两个行为：其一为 Google 公司将书籍全文扫描并储存至公司的数据库；其二为用户利用 Google 公司的搜索引擎按其需求进行搜索，Google 公司向用户提供文本中的部分句子。[①] 由于 Google 公司向用户提供的文本句子相较于书籍全文而言，比重非常小，因此，Google 公司的第二个行为并不构成侵权。最令人关注的是 Google 公司的第一个行为，将书籍全文扫描并储存至数据库，该行为即复制行为。复制权是著作权人的一项财产权，他人只有经过著作权人授权或根据法律特别规定才能行使该项权利。

由 Google 公司与前述五家图书馆达成的协议可知，Google 公司推出数字图书馆的最终目的在于将这些图书馆的馆藏图书进行扫描和数字化，供全世界用户免费在线查询和使用。要达到该目的，则有必要将仍然处于保护期的书籍作品进行扫描和数字化，而对这类作品进行扫描和数字化，则必须解决第一个行为即复制的合法性问题。如果 Google 公司的复制行为属于合理使用，则其行为无须经过著作权人许可。但该行为是否属于合理使用应结合《美国版权法》第 107 条进行考察。该法第 107 条确立了合理使用的四个判断因素：其一，使用作品的目的与性质，包括使用是否具有商业性质，或者是否为了营利的教学目的；其二，版权作品的性质；其三，所使用部分的质与量与作为整体的版权作品的关系；其四，使用行为对版权作品的潜在市场或者价值所产生的影响。[②] 由于 Google 公司推行数字图书馆计划的目的是供全球用户免费在线查询和使用，该目的具有公共利益的性质，因此该目的与合理使用的宗旨相契合。Google 公司向用户提供的部分句子占整部书籍作品的比重非常小，

---

① 吕炳斌.反思著作权法：从 Google 数字图书馆说起 [J].图书馆杂志，2007(5):3-7.

② 吴汉东.著作权合理使用制度研究 [M].北京：中国政法大学出版社，2005:195.

该行为对作品的潜在市场或者价值也不会产生质的影响。因此，Google公司向用户提供作品中部分句子的行为也与合理使用相符。对于Google公司的行为是否属于合理使用，最为关键的是因素二与因素三。Google公司扫描和数字化的作品中既有独创性很高的作品，也有独创性较低的作品，甚至还有不具备独创性的外在表达，而具有独创性的作品并不能成为合理使用的对象。由于Google公司复制的是整部书籍作品而非部分作品，该行为与合理使用制度相悖。总之，合理使用不能将Google公司的复制行为涵盖其中。

为了缓和与美国出版界的矛盾，Google公司随后推出了"选择—退出"机制。"选择—退出"机制推出的实质为Google公司将著作权默示许可运用于数字图书馆建设。不可否认，"选择—退出"机制的确将防止侵权的责任转移至著作权人，但是不能因此而否定该机制的合理性及功能，也不能因此而阻碍数字图书馆的建设。首先，著作权法的最终目的是促进文学、科学和艺术作品的创作和传播，实现公共利益的增长。Google公司数字图书馆计划的目的在于将全世界的书籍作品进行扫描和数字化，供全球用户免费在线查询和使用。其目的与著作权法的最终目的相契合，都是为了实现公共利益的增长。因此，无论是著作权人，还是出版界，都应当促成数字图书馆计划的实现。其次，作者为创作作品付出了大量的精力、时间以及物质成本。正常情形下，著作权人希望其作品获得广泛的传播和利用，能够被受众认可。在数字技术时代，作品的数量呈爆炸式增长，"一对一"的授权模式已经无法解决许可使用问题。著作权默示许可能够解决海量作品授权问题，同时借助数字网络技术加快作品的流通和传播，不仅帮助著作权人实现其作品被更多的受众接受和认可，同时也实现了著作权人经济利益上的增长。于著作权人而言，著作权人应当接受数字图书馆计划。最后，虽然"选择—退出"机制将防止侵权的责任转移至著作权人,但是该机制也赋予著作权人退出默示许可适用的权利。适用著作权默示许可之前,著作权人可以明确表态拒绝适用著作权默示许可;适用著作权默示许可之后,著作权人也可以表示退出,同时使用者应当支付相应费用。总之,将著作权默示许可适用于数字图书馆的建设,能够解决数字图书馆经营者复制书籍作品的问题,能够赋予其行为正当性。

三、著作权默示许可在其他网络领域中的运用

网络领域是著作权默示许可适用的主要空间。除了适用于搜索引擎和数字图书馆之外,著作权默示许可还可以适用于其他网络领域,如社交网络中的运用以及在网络媒体转载、摘编报刊内容中的运用。社交网络是一种基于网络而建立起来的新型社会关系网络。社交网络上的作品日益增多,而著作权默示许可能够解决这些作品的使用授权问题,使之流通和传播。

(一)著作权默示许可在社交网络中的运用

社交网络是指用户基于共同的兴趣爱好、活动,利用软件在网络平台上建筑的一种社会关系网络。[①] 国外典型的社交网络有 Facebook 和 Twitter。Facebook 通过为用户提供个人空间、涂鸦墙、第三方应用等程序实现用户在线交往。以个人空间为例,用户可以在个人空间发表日志、上传照片等。Twitter 的主要功能是向用户提供社交和发布短信息。国内比较典型的社交网络有人人网和新浪微博。人人网是我国最早的校

---

① 张春红,于翠波,朱新宁,等.社交网络(SNS)技术基础与开发案例[M].北京:人民邮电出版社,2012:4.

园社交关系网络平台之一。人人网与Facebook相类似，该社交网络可以向用户提供的功能有个人主页、日志、相册、留言板、状态、分享等。以分享为例，用户可以通过该功能将看过的文章、视频、照片等分享出来，供其他人查看。其他用户则可以查看用户的日志、上传的照片、分享的内容等。新浪微博是由新浪公司推出的提供微型博客服务的网络平台。其功能类似于Twitter。用户可以在微博上发布信息或者上传图片。

社交网络的特征之一是其传播性非常强。社交网络可以通过广播动态传递用户的各种行为。与此同时，社交网络与传统网站的区别在于，传统的交友网站模式一般是个人对个人，通过一点向外辐射。但社交网络则为用户通过其朋友去认识其他朋友，其中原理为六度空间理论。该理论假设世界上互相不认识的人只需要很少中间人就可以建立联系。1967年，哈佛大学的心理学教授坦利·米尔格拉姆根据这个概念做过一次连锁信件实验，尝试证明平均只需要五个中间人就可以联系任何互不认识的美国人。该现象并不是说任何人与其他人之间的联系都必须通过六个层次才能产生联系，而是表达任何两个素不相识的人通过一定的方式必然能产生相应的联系或关系。社交网络用户以传递的模式形成私人交往圈。[1]传播性强是数字媒介的总体特征。在数字媒介的作用之下，以数字形式出现的文学、科学、艺术等作品的传播速度远远超过了传统媒介传播的速度，并且其传播的范围也更加广泛。作品传播速度快且范围广是数字时代的应有之义，但最为关键的是作品的传播必须经过著作权人许可。在数字时代，使用社交网络的个人越来越多，用户通过社交网络发布、上传的作品也越来越多。他人使用这些作品的概率也将越来越大，如何获得著作权人授权是使用者必须考虑的问题，否则将有

---

[1] 张春红，于翠波，朱新宁，等.社交网络（SNS）技术基础与开发案例［M］.北京：人民邮电出版社，2012:4.

第三章　著作权默示许可的典型适用 | 187

侵权之虞。社交网络的另一特征是用户平台具有公开性，关注某用户的其他用户可以查看某用户的日志、相册等，甚至可以转载部分信息。以微博为例，某用户甲在注册的微博上发布文章或者上传图片，在六度空间理论的作用下，不论是否关注某用户微博的其他用户，都可以查看其微博，转发其文章或者图片。

著作权法并未赋予著作权人阅读权，阅读社交网络用户的文章或者图片并不构成侵权。但是一旦其他用户未经许可转发某用户发表的文章或照片，则将侵害著作权人的著作权。社交网络存在大量的文学、科学、艺术等作品，同时社交网络的用户日益增多，通过社交网络转载他人作品的行为也日益增多。如果一再强求用户必须以"一对一"的授权模式获得著作权人的授权，一方面必将使著作权人和使用者消耗更大的成本用于授权和获得授权，另一方面不利于作品的流通和传播。社交网络用户在使用微博、人人网、Facebook、Twitter之前理应知道这些社交网络的特征和功能，或者在使用过程中逐渐熟悉其特征和功能。用户以著作权人的身份通过这些社交网络发布或者上传其文学、科学、艺术等作品，则应当认为著作权人以该方式允许他人转载其作品。唯有如此，才能解决海量作品必须通过"一对一"模式进行授权这一问题。与此同时，在著作权默示许可模式下，促进作品的流通和传播，增长社会公共利益。当然，使用者应当向著作权人支付相应报酬。

（二）著作权默示许可在网络媒体转载、摘编报刊内容中的运用

网络媒体能否转载、摘编报刊内容在我国立法与司法过程中经历了历史变迁。2001年颁布且于2004年修订的《最高人民法院关于审理涉及计算机网络著作权纠纷案件适用法律若干问题的解释》[以下简称"《计算机网络著作权司法解释》（2004）"]第3条规定，已在报刊

上刊登或者网络上传播的作品,除著作权人声明或者报社、期刊社、网络服务提供者受著作权人委托声明不得转载、摘编的以外,在网络上进行转载、摘编并按有关规定支付报酬、注明出处的,不构成侵权。但转载、摘编作品超过有关报刊转载作品范围的,应当认定为侵权。该条属于著作权法定许可,与一般法定许可的不同之处为其适用空间是网络空间,因此法定许可的适用领域由报社、期刊社转载法定许可扩张至网络空间。与此同时,由于该条也有但书声明,该条亦存在著作权默示许可的规定。如果著作权人未声明不得转载、摘编,也没有委托报社、期刊社、网络服务提供者作出不得转载、摘编的声明,则他人可推断著作权人以默示的方式允许在网络上对其作品进行转载、摘编。

2006 年,国务院颁布并实施《信息网络传播权保护条例》,该条例并未对网络媒体转载、摘编报刊内容作出规定。同年,最高人民法院对《计算机网络著作权司法解释》(2004)作了第二次修订,删除了该司法解释中的第 3 条。而 2013 年《最高人民法院关于审理侵害信息网络传播权民事纠纷案件适用法律若干问题的规定》[以下简称"《信息网络传播权民事纠纷案件司法解释》(2013)"] 开始施行,前述司法解释也被废止。有论者认为,网络媒体转载、摘编报刊内容非常普遍,但是网络媒体真正向作者支付报酬的情形非常少,作者难以从该法定许可中获得经济利益。域外相关立法也很少规定网络媒体可以不经作者许可而转载其作品。[①] 正因为如此,相关条例和司法解释不再赋予网络媒体转载、摘编报刊内容这项法定许可的权利,以保障著作权人的合法权益。

网络具有无国界和迅速传播的特点,这两个特点决定了通过网络传播作品的范围非常广泛,同时其传播速度也非常快,最终作品的受众数量巨大。如果不对网络媒体转载、摘编报刊内容的行为进行规制,确

---

① 王迁.著作权法[M].北京:中国人民大学出版社,2015:371.

实会对著作权人的经济利益造成损失，最终影响作者的创作热情。《信息网络传播权保护条例》和《信息网络传播权民事纠纷案件司法解释》（2013）出于保护著作权人的合法权益而不再赋予网络媒体该项权利有其正当合理之处。虽然相关条例和司法解释不再赋予网络媒体该项权利，但是并不表明网络媒体不得在任何情形下转载、摘编报刊内容。虽然《著作权法》第24条第1款第4项仅列举了报纸、期刊、广播电台、电视台四种媒体，并未将网络媒体纳入其媒体范畴，但是"等媒体"表明该规定仍然属于开放性规定。作为新兴媒体的网络，理应属于该项规定中的媒体。如果作者未作不得刊登的声明，则网络媒体可据此推断著作权人同意转载、摘编已经在报刊上刊登或者在网络上传播的有关政治、经济、宗教问题的时事性文章。

第四章 我国著作权默示许可的制度构建

著作权默示许可在我国立法中并无明确规定，但能从中找到其踪迹。此外，我国司法实践中已有运用著作权默示许可解决法律纠纷的先例。虽然著作权默示许可的适用范围具有特定性，但是著作权默示许可能够解决数字技术时代海量作品的授权问题，加快作品的流通速度并拓宽作品的流通范围，增长社会福祉。著作权默示许可的确立应当遵循诚实信用、利益平衡以及经济效益原则。在著作权默示许可构建的具体要求上，首先要设计著作权默示许可的立法路径；其次应明确相关主体享有的权利及应履行的义务，构造合理的利益分配机制；最后应明确如何认定该模式下的侵权责任。为了使著作权默示许可在我国立法中具有体系，立法机关应当在《著作权法》以及相关的法律法规中明确著作权默示许可。

第一节　著作权默示许可在我国立法与司法中的体现

一、著作权默示许可在我国立法中的体现

无论是《著作权法》，还是《信息网络传播权保护条例》，都能够从中找到著作权默示许可的踪迹。不同的是，《著作权法》并没有明确规定著作权默示许可，多数情况下与著作权法定许可、合理使用混杂一起；而《信息网络传播权保护条例》却有明确的规定，如该条例中的第8条和第9条，其中第9条最为典型。导致二者不同的根本原因在于《著作权法》侧重于保护传统的著作权法律关系，而《信息网络传播权保护条例》侧重于保护数字技术时代下的著作权法律关系。

（一）糅合在法定许可和合理使用中的著作权默示许可

1. 报刊转载或者摘编他人作品

《著作权法》第 35 条第 2 款是有关报刊转载的法定许可。该款的立法目的主要是实现公共利益，其他报刊可根据此款将有价值的作品迅速传播至不同的读者层，满足大众的文化需求。[①] 相较于图书，报刊的出版周期非常短，报纸一般每日一期，而期刊一般半个月、一个月或者双月一期。报刊的出版周期短导致报刊的更新速度非常快。一般情形下，报刊受众的关注点也将随着报刊的更新而转移。允许其他报刊转载、摘编已经发表于报刊的作品并不会影响该作品的市场。如果著作权人没有作出例外声明，其他报刊转载、摘编其作品反而有助于其作品的传播，让更多的受众接触其作品，同时帮助著作权人实现经济利益上的增长。该款将著作权默示许可运用其中，主要原因在于报刊出版周期短。如果一味强求以"一对一"的模式进行授权，则将耽误转载、摘编的时机，作品受众将会减少，著作权人的利益也会缩水。其他报刊以著作权默示许可的方式获得授权，不仅可以节约双方当事人的授权成本，而且可以加速作品的流通，让社会公众受益，著作权人也将受益。

2. 使用他人已经合法录制为录音制品的音乐作品制作录音制品

《著作权法》第 42 条第 2 款是有关制作录音制品的法定许可。规定制作录音制品法定许可的基础在于，著作权人将其作品公开发表这一行为表明著作权人愿意由他人传播其作品。因此，只要符合特定条件，录音制作者可将已经合法录制为录音制品的音乐作品制作录音制品而无须经过著作

[①] 胡康生. 中华人民共和国著作权法释义 [M]. 北京：法律出版社，2002:143.

权人同意。[1]该款也规定了著作权人可以作出例外声明，无论是出于著作权人不满其音乐作品的创作水平，或是不满录音制作者所支付的报酬，抑或其他原因，该款赋予著作权人拒绝他人使用已经合法录制为录音制品的音乐作品制作录音制品。反而言之，只要著作权人未作出例外声明，则表明著作权人以沉默的方式同意录音制作者使用著作权人已经合法录制为录音制品的音乐作品制作录音制品，此亦为著作权默示许可。

3. 报纸、期刊、广播电台、电视台等媒体刊登或播放其他媒体发表的关于政治、经济、宗教问题的时事性文章

《著作权法》第24条第1款第4项是有关时事性文章合理使用的规定。时事性文章一般是为了宣传、贯彻党和国家某一时期或者某一重大事件的方针、政策而创作的，这种文章需要通过多种渠道流通和宣传。[2]虽然此类文章具有很强的政策性和目的性，但毕竟为作者创作而成，作者享有著作权。如果作者不愿报纸、期刊等媒介刊登、播放其作品，则应尊重其意愿。因此，立法也赋予作者作出例外声明的权利。

《著作权法》第24条第1款第5项是在公众集会上讲话的合理使用的规定。该项规定，报纸、期刊、广播电台、电视台等媒体刊登或者播放在公众集会上发表的讲话。该项亦有例外声明的规定，即作者声明不得刊登、播放的除外。在公众集会上发表讲话本身具有公开宣传的性质，因此立法明确报纸、期刊等媒介刊登、播放此类讲话无须经过著作权人许可符合该类讲话的性质和目的。但是在特定情形下，作者出于历史、政治或者其他原因不希望自己在公众集会上的讲话在报纸、期刊等媒介上刊登或者播放，此时报纸、期刊等媒介应当尊重作者的意愿，不

---

[1] 胡康生.中华人民共和国著作权法释义[M].北京：法律出版社，2002:143.
[2] 胡康生.中华人民共和国著作权法释义[M].北京：法律出版社，2002:104.

刊登或者播放其讲话。[①] 因此，立法也赋予作者作出不得刊登、播放这一例外声明的权利。

《著作权法》第 35 条第 2 款以及第 42 条第 2 款都属于法定许可的具体情形，而《著作权法》第 24 条第 1 款第 4 项以及第 5 项属于合理使用的具体情形。虽然前述条款都属于权利限制的具体表现，但由于其中都含有例外声明，赋予作者拒绝他人以法定许可或者合理使用的形式使用其作品，因此这些条款也糅合着著作权默示许可。只要著作权人没有作出例外声明，即表明著作权人以沉默的方式允许他人使用其作品。

（二）信息网络传播特定领域的著作权默示许可

1. 为扶助贫困通过信息网络向农村地区提供特定作品

《信息网络传播权保护条例》第 9 条可以被认定为著作权默示许可的典范。该条是有关为了扶助贫困通过信息网络向农村地区提供特定作品的特别规定。《信息网络传播权保护条例》第 9 条所作设计属于典型的著作权默示许可，具备著作权默示许可的所有要素。其一，著作权默示许可授权方式的特殊性决定了它适用的范围和空间具有特定性。《信息网络传播权保护条例》第 9 条规定的作品的范围和空间也具有特定性。该条将作品的范围确定为我国公民、法人或者其他组织已经发表的种植养殖、防病治病、防灾减灾等与扶助贫困有关的作品以及适应基本文化需求的作品。因此，该条针对作品权利主体和作品种类作了严格的限制。其二，著作权默示许可的构成要件之一是使用者通过著作权人特定的行为或者沉默推断著作权人同意使用其作品。《信息网络传播权保护条例》第 9 条同样具备该要件。该条规定，网络服务提供者应当提前公告拟提

[①] 胡康生.中华人民共和国著作权法释义［M］.北京：法律出版社，2002:106.

供的作品及其作者、拟支付报酬的标准。自公告之日起 30 日内，著作权人不同意提供的，网络服务提供者不得提供其作品；自公告之日起满 30 日，著作权人没有异议，则网络服务提供者可以提供作品。其三，为了真正体现著作权人的意思表示，著作权默示许可具有"选择—退出"机制，保障著作权人维护其权益。《信息网络传播权保护条例》第 9 条也含有该机制。该条规定，网络服务提供者提供著作权人的作品之后，著作权人不同意提供的，网络服务提供者应该立即删除著作权人的作品，并按照公告标准向著作权人支付相应报酬。

2. 为通过网络实施九年义务教育或者国家教育规划使用已发表作品片段或其他特定作品

《信息网络传播权保护条例》第 8 条是有关网络远程教育的法定许可。该条规定，为通过信息网络实施九年制义务教育或者国家教育规划，可以不经著作权人许可，使用其已经发表作品的片段或者短小的文字作品、音乐作品或者单幅的美术作品、摄影作品制作课件，由制作课件或者依法取得课件的远程教育机构通过信息网络向注册学生提供，但应当向著作权人支付报酬。将该条内容与法定许可的构成要件相对照，可知该条亦属于典型的法定许可。但是，正如有论者所言，从体系解释的角度来看，《信息网络传播权保护条例》第 10 条第 1 项对第 8 条作出了一定的限制。[①]《信息网络传播权保护条例》第 10 条第 1 项规定，除本条例第 6 条第 1 项至第 6 项、第 7 条规定的情形之外，不得提供作者事先声明不得提供的作品。虽然《信息网络传播权保护条例》第 8 条并未规定作者可以作出例外声明，但是由《信息网络传播权保护条例》第 10 条第 1 项规定可知，在适用网络远程教育法定许可的情形下，作者仍

---

① 郭威. 版权默示许可制度研究[M]. 北京：中国法制出版社，2014:139.

然可以作出例外声明以排除他人将其作品用于网络远程教育。因此，可以认定《信息网络传播权保护条例》第8条亦包含了著作权默示许可。

二、著作权默示许可在我国司法中的运用及反思

著作权默示许可在大陆法系国家的发展态势不如英美法系国家，而著作权默示许可在英美法系国家能够得到繁荣发展主要得益于英美法系国家以判例法为主这一原因。在英美法中，判决的司法效力之一是一项判决可以成为先例，在法律渊源的意义上对以后相同或者相类似的案件具有或强或弱的拘束力。① 这一效力实现了著作权法对发端于英美合同法的默示许可的承继，在著作权法领域发扬光大。著作权默示许可在《著作权法》及相关条例中初见端倪，而在我国司法实践中也得到了运用。由于著作权默示许可在我国司法领域中的运用尚处于尝试阶段，因此难免会出现运用不当或者偏差的情形。但并不能因噎废食，否定著作权默示许可本身所具有的功能与作用。

（一）方正诉宝洁、家乐福案

2008年，原告北大方正公司认为被告宝洁公司生产的、由北京家乐福销售的洗发水、香皂等67款产品中有24款产品使用了由原告享有著作权的倩体"飘柔"二字，原告遂以被告侵犯其著作权为由，向法院起诉。该案历经一审和二审。一审法院认为方正倩体字库字体具有一定的独创性，符合《著作权法》规定的美术作品的要求，可以进行整体性保护；但是对于字库中的单字，不能作为美术作品给予保护。② 最后，一

---

① 付子堂.法理学初阶[M].北京：法律出版社，2005:241.
② 北京市海淀区人民法院（2008）海民初字第27047号判决书。

审法院驳回了北大方正公司的全部诉讼请求。原告不服，遂上诉。二审法院审理后认为，在北大方正公司并无明确的、合理且有效限制的情况下，宝洁公司所实施的一系列行为都属于字库产品购买者合理期待的使用行为，应当视为经过了北大方正公司的默示许可。原因在于汉字字库产品是以实用工具功能为主、审美功能为辅的产品，在宝洁公司的使用方式都属于汉字工具正常使用方式的情形下，宝洁公司对作品的使用行为原则上都属于字库产品购买者合理期待的使用行为。因此，应当视为经过了北大方正公司的默示许可。[①] 最终二审法院维持了一审法院的判决。该案二审判决结果与一审判决结果一样，但是判决理由大相径庭。北大方正诉宝洁案是司法机关直接以著作权默示许可作为判决理由进行裁判的案件。

　　二审法院在方正诉宝洁、家乐福案件中将著作权默示许可作为判决理由引起了学界巨大的争议。有论者认为该案标志着默示许可理念和方法开始走向我国著作权司法领域，具有积极、正面的影响。[②] 与此同时，也有论者认为，著作权默示许可的讨论语境应当与网络时代创作的草根化、传播平台的公共化、作品使用方式的多元化这一时代背景相契合；此外，必须严格设计著作权默示许可的适用条件，避免他人利用著作权默示许可架空著作权人的信息网络传播权和网络环境下的其他权利。[③] 不论该理由运用是否得当，可以肯定的是该案是著作权默示许可在我国司法领域的重大突破，对著作权默示许可理论在我国的发展具有重要意义。当然，在适用该理论的同时，司法机关应当严格把握其适用条件，在促进作品利用、流通和传播的同时，保障著作权人的权利不被侵害。

---

　　① 北京市第一中级人民法院（2011）一中民终字第5969号判决书。
　　② 王国柱.知识产权默示许可制度研究［D］.长春：吉林大学，2013:18.
　　③ 李宗辉.论著作权的绝对权性质、交易安全保护与默示许可：兼评方正宝洁字体侵权案二审判决［J］.电子知识产权，2012(10):39-44.

（二）高某与徐州市泉山区城管局、徐州市云龙区城管局等著作权权属、侵权纠纷案

著作权默示许可可以解决海量作品授权问题，但是著作权默示许可授权方式的特殊性，导致其适用空间非常有限。除了适用空间有限外，著作权默示许可适用的权项也应当具有特定性。通过对著作权默示许可适用空间及适用的权项进行限制，从而保障著作权人的权利。在高某与徐州市泉山区城市管理局、徐州市云龙区城市管理局等著作权权属、侵权纠纷一案中则体现了这一点。

审理该案的法院认为，涉案27幅浮雕设计图构成著作权法意义上的作品。虽然涉案作品来源于历史故事或者名人诗词，但是原告高某在构图及集字过程中做了具有独创性的工作。高某与建筑职业学院不存在雇佣关系，二者之间应视为口头上的委托合同关系。根据《著作权法》第17条（现《著作权法》第19条）的规定，在认定涉案作品的著作权人应为原告高某的前提下，认为高某作为著作权人，在设计方案中标而未实际施工完成之前，高某多次找建筑职业学院、城管局反映情况，要求中止使用其浮雕作品。高某由张某介绍加入设计团队，建筑职业学院对高某的加入是明知的。高某加入设计团队之后，可以视之同意将其作品的复制权、展览权等经济性权利许可建筑职业学院和城管局使用，但作品中的著作人身权不可让渡。建筑职业学院不能通过合同将属于高某的著作权项下的所有权利让渡给城管局。城管局不能因为高某与建筑职业学院的合同关系或者建筑职业学院的允诺就可以忽视真正的著作权人的权利。即使城管局、建筑职业学院根据委托设计合同足额给付了著作权人设计报酬，也不代表被告可以任意的方式使用浮雕设计作品而不经著作权人同意，因为著作权人未明示放弃署名权、修改权等权利。经对比高

某的设计图及城管局实际施工完成的浮雕照片,城管局在施工中对浮雕设计图作了超出正常范围的增删及改变,多幅浮雕省略了相关背景人物或者减少了背景人物数量。有的浮雕删除了大部分文字说明内容,有的改变了主题名称,有的浮雕人物造型、神态变更较大。总之,施工完成的浮雕整体效果与设计图存在较为明显的区别。城管局在浮雕作品施工中将"集字作品"中"高某集字"署名删除,且将本应作为高某个人作品的浮雕设计作品对外宣传为他人作品,侵犯了高某的署名权。综上,城管局、建筑职业学院根据默示许可合同使用浮雕设计作品时超出了正常许可范围,城管局及建筑职业学院行为存在过错,从而使当事人之间的关系从设计合同关系转化为侵权关系。[①] 该判决为一审判决,根据笔者所掌握的材料,该案的被告并未提出上诉。因此,可以认为被告也认可了法院所认定的事实,即被告对原告的浮雕设计作品的使用超出了正常许可范围。

著作人身权具有人身属性,因此发表权、修改权等著作人身权不能转让和继承。但是著作权人自己行使或者许可他人行使著作财产权时,往往伴随着著作人身权的行使。以发表权为例,无论是作者本人或者他人将创作好的作品进行复制、发行、展览或者表演等,即意味着该作品公之于众,即著作权法意义上的发表。可以说,著作人身权的行使与著作财产权密切相关。但是并不能因此而否认著作人身权的本质属性,他人应当在尊重著作权人的著作人身权的前提下行使著作权人的著作财产权。对于著作权默示许可这一特殊的授权许可,立法以及司法机关更应当严格控制被许可人的行为。他人可以通过著作权默示许可行使著作权人的著作财产权,而著作人身权不应属于授权权项范围。此限制符合著作人身权的固有属性。

[①] 徐州市中级人民法院(2013)徐知民初字第0421号判决书。

（三）重庆广播电视集团与上海全土豆文化传播有限公司等著作权纠纷案

重庆广播电视集团（以下简称"广电集团"）创作完成栏目剧《拍案说法》，其中一期为《挥向儿子的砍刀》。土豆传播公司与土豆科技公司是土豆网的经营者，该期节目在卫视播出后，两公司未经广电集团许可，擅自将涉案视频发布于土豆网。广电集团认为两个公司构成共同侵权。此外，土豆网播放的该期作品没有为广电集团署名，且视频上添加了两公司的标识，广电集团认为两公司的行为侵害了其署名权、修改权以及保护作品完整权。因此，广电集团向法院提起诉讼，诉请法院确认两公司的行为属于侵权行为，要求两公司停止播放涉案作品、赔偿损失、赔礼道歉。

一审法院认为，根据有关事实与证据，广电集团系《挥向儿子的砍刀》的著作权人，对广电集团享有作品《挥向儿子的砍刀》的著作权予以确认。在土豆网的子域名页面播放了名称为《挥向儿子的砍刀》的视频内容，该名称与广电集团主张著作权的作品名称相同，且该视频的播出时间与作品登记证书上首次发表时间相同，该视频内容属于《拍案说法 2010》栏目中的一期节目，而该栏目的著作权人为广电集团，有关证据可以证明涉案视频与广电集团主张著作权的作品内容一致，即土豆网上播放了涉案作品。此外，涉案视频内容由土豆网的经营者提供，而非其他主体通过土豆网上传提供。土豆网的网络文化经营许可证的所有人为土豆传播公司，ICP 备案系统显示土豆网的主办单位为土豆科技公司，且《使用协议》并非针对所有浏览土豆网的公众，仅针对注册土豆网账号的用户，在无相反证据证明的情况下，应认定土豆传播公司及土豆科技公司共同经营土豆网，土豆传播公司及土豆科技公司共同实施了侵权行为。最后一审法院认定两公司侵害了广电集团的著作权,根据有关事实与证据,支持广电集团的部分诉讼请求。

广电集团与两公司均不服一审判决,上诉至二审法院。两公司在上诉中提出多项诉求,其中一项为请求二审法院确认其行为并未侵犯广电集团的著作权,其理由是广电集团在涉案视频上传后很长一段时间内并未通知土豆网进行删除,因此可以推定广电集团对作品在土豆网的传播持默示许可态度。二审法院认为,广电集团的涉案作品处于保护期内,两公司没有提供证据证明自己并非涉案视频的内容提供者,因此广电集团没有在发现侵权行为后立即通知侵权行为人对侵权作品进行删除、断开链接等处理,并不影响两公司的侵权行为认定。两公司提出的广电集团对土豆网传播涉案视频视为默示许可的理由缺乏事实和法律根据。最后,二审法院并未支持两公司该项的诉求。①

两公司在二审中以默示许可为由提出侵权抗辩。两公司与广电集团之间是否形成了著作权默示许可,两公司是否通过广电集团的沉默或者其特定行为推断出广电集团许可使用涉案作品。广电集团并未以沉默或者特定行为的方式作出许可两公司使用涉案作品的意思表示。其一,根据已有的事实和证据,广电集团既未以书面或者口头形式许可两公司使用涉案作品,也未作出能够推断广电集团许可两公司使用涉案作品的特定行为。其二,两公司主张广电集团在涉案视频上传后很长一段时间内并未通知土豆网进行删除,因此可以推定广电集团对作品在土豆网的传播持默示许可态度。换言之,两公司认为广电集团以沉默的方式许可两公司使用涉案作品。根据《民法典》等相关法律规定,沉默只有在法律规定、当事人约定或者符合当事人之间的交易习惯时,才可以视为意思表示。该案相关事实和证据表明,两公司与广电集团之间就沉默视为意

---

① 重庆市中级人民法院 2017(渝)01 民终字第 5027 号判决书。

思表示既无事先约定，也不存在交易习惯，更不符合相关法律规定。因此，两公司以默示许可作为侵权抗辩理由并不成立。诚然，著作权默示许可可以成为作品使用者的侵权抗辩事由，但是该事由的适用必须具备一定的条件，其适用空间也应受到一定的限制。著作权默示许可不能适用于所有的著作权许可使用情形，否则著作权人的权利将无端受到侵害。

第二节 著作权默示许可应遵循的原则

一、诚实信用原则

诚实信用原则起源于罗马法中的诚信契约和诚信诉讼，[①]其初衷在于规制经济与诉讼活动中主观及客观上存有恶意之人。此原则得到了各国立法的认可和确立。《法国民法典》第1134条规定，依法成立的契约，对缔结该契约的人，具有法律效力。缔约之人应当善意履行。[②]该条是有关契约效果的一般规定，该条明确债务人应当善意履行债务，从契约关系的角度确立了诚实信用原则。《德国民法典》第242条规定，债务人有义务照顾交易习惯，以诚实信用所要求的方式履行其给付。[③]相较于《法国民法典》第1134条，《德国民法典》第242条将诚实信用原则的适用覆盖了整个债法领域，而非仅限于契约关系。我国《民法典》第7条

[①] 徐国栋.民法基本原则解释：成文法局限性之克服[M].北京：中国政法大学出版社，1992:79.

[②] 法国民法典[M].罗结珍，译.北京：中国法制出版社，1999:287.

[③] 德国民法典[M].陈卫佐，译.北京：法律出版社，2004:74.

亦是有关诚实信用原则的规定。徐国栋教授将诚实信用分为主观诚信与客观诚信。① 笔者以此为准，将著作权默示许可中的诚实信用分为著作权默示许可中的主观诚信与著作权默示许可中的客观诚信加以分析。

（一）著作权默示许可中的主观诚信

主观诚信是指毋害他人的内心状态，可以为不知，也可以是错误。② 现代学者认为主观诚信具有以下要点：其一，主观诚信是主体对其行为符合法律或者道德的个人确信；其二，这种确信虽然是主观的，但是从主体产生它的过程来看，该确信是诚实和合理的；其三，主体在形成这种确信时尽到了注意；其四，主体在形成这种确信的过程当中没有发生故意和过失；其五，主体的这种确信可以就其自己的情势发生，也可以就与他有关的他人的情势发生；其六，这种确信决定了主体的行为；其七，法律因为主体的这种确信赋予其行为有利的待遇。③ 由主观诚信的概念及特征可知，主观诚信关注的是当事人的内心状态。在主观诚信中，当事人的心理处于不知或者确信自己并没有侵害他人的权利这一状态。

由于著作权默示许可是一种特殊的授权许可，因此在授权许可的过程中也体现了当事人的主观诚信。于使用者而言，著作权人的沉默或者特定行为使作品使用者确信著作权人允许使用其作品。而这种确信是基

---

① 徐国栋.客观诚信与主观诚信的对立统一问题——以罗马法为中心［J］.中国社会科学，2001（6）:97-113.

② 徐国栋.民法基本原则解释：诚信原则的历史、实务、法理研究［M］.北京：北京大学出版社，2013:84.

③ Véase Manual Dela Puente y Lavalle，El contrato en general, El fondo para publicacion del PUC del Peru, 1996:30. 转引自徐国栋.民法基本原则解释：诚信原则的历史、实务、法理研究［M］.北京：北京大学出版社，2013:97.

于著作权人的沉默或者特定行为，而非其他因素。与此同时，使用者在形成这种确信的过程中并不存在过失。在此情形下，使用者根据著作权人的沉默或者特定行为而作出著作权人允许使用其作品这一判断。该判断即体现了使用者的主观诚信。除了授权许可这一过程体现了使用者的主观诚信之外，在作品使用过程当中亦体现了使用者的主观诚信。在使用作品过程中，使用者应当在既定的范围以确定的方式使用作品，而这种确信的形成也是主观诚信的体现。无论是《著作权法》第35条第2款，第24条第4项、第5项，还是《信息网络传播权保护条例》第9条等条款都含有著作权默示许可，这些条款都规定了使用者应当向著作权人支付报酬的规定。向著作权人支付报酬这一确信的形成也体现了使用者的主观诚信。

于著作权人而言，著作权人在著作权默示许可中也体现了主观诚信。他人通过著作权人的沉默或者特定行为而认定著作权人允许使用其作品，而著作权人在允许他人使用其作品这一过程中所形成的确信即体现了其主观诚信。其原因在于著作权默示许可的适用空间及适用主体特定，著作权人在作出沉默或者特定行为之前必然对其作品的适用空间和适用人群作出选择，这一选择的过程也是著作权人就授权许可形成内心确信的过程。该确信体现了著作权人的主观诚信。虽然著作权人能够以不满报酬或者其他原因退出著作权默示许可，但是在作品使用过程中，著作权人仍然应当恪守由其沉默或者特定行为所形成的授权许可。著作权人应当允许使用者按照既定的使用方式和范围使用作品。这种恪守协议的内心确信也体现了著作权人的主观诚信。

（二）著作权默示许可中的客观诚信

客观诚信是指毋害他人甚至有益他人的行为。[①] 现代学者认为客观诚信主要包含以下要点：其一，客观诚信是一种课加给主体的具有明显道德内容的行为义务；其二，这种行为义务的内容是除了为保护自己的合法利益的必要外不得损害他人的利益；其三，评价主体行为的尺度不是当事人自己的，而是一个客观的标准；其四，这种客观性不排除对主体的故意和过失等主观因素的考虑；其五，这种客观标准由主体行为与法律标准或典型的中等的社会行为的对比构成；其六，在寻求可适月的法律标准时，应考虑主体实施行为的社会背景。[②] 从客观诚信的概念和特征可知，客观诚信所关注的是当事人的外在行为。客观诚信强调的是当事人忠实地履行了自己的义务。

首先，著作权人在以沉默或者特定行为的方式作出允诺的过程中，使用者并未实施诱导等导致著作权人作出错误意思表示的行为，完全由著作权人依据自身意志作出许可的意思表示。在此过程中使用者的行为体现了其客观诚信。其次，使用者在既定的范围内以特定的方式使月作品，亦体现了其客观诚信。以《信息网络传播权保护条例》第9条为例，网络服务提供者应当向农村地区的公众提供作品，而非向其他主体提供作品。此外，网络服务提供者所提供的作品应当限于已发表的与种植养殖、防病治病、防灾减灾等与扶助贫困有关的作品和适应基本文化需求的作品，即网络服务提供者所提供的作品不能超越扶助贫困和适应基本

---

① 徐国栋.民法基本原则解释：诚信原则的历史、实务、法理研究［M］.北京：北京大学出版社，2013:84.

② Véase Manual Dela Puente y Lavalle , El contrato en general, El fondo para publicacion del PUC del Peru, 1996:33. 转引自徐国栋.民法基本原则解释：诚信原则的历史、实务、法理研究［M］.北京：北京大学出版社，2013:97.

文化需求的范围。网络服务提供者按照《信息网络传播权保护条例》第9条的规定通过信息网络向既定的主体提供既定的作品，体现了网络服务提供者的客观诚信。最后，使用者应当向著作权人支付相应的报酬。使用者向著作权人支付报酬的行为也体现了其客观诚信。

著作权人在著作权默示许可中也体现了其客观诚信。首先，在授权许可的过程中，使用者通过著作权人的沉默或者其特定行为推断著作权人许可使用其作品，由于著作权人主观上已经形成了允许使用者使用其作品的确信，著作权人将此确信以沉默或者特定行为的方式表现于外部。因此，在授权许可过程中，著作权人恪守了客观诚信，以其沉默或者特定行为表示同意他人使用其作品。其次，在著作权默示许可中，著作权人可以选择退出从而终止他人对其作品的使用。但是，著作权人选择退出并不意味着在作品使用过程中，著作权人可以肆意干扰使用者使用其作品。使用者在使用著作权人作品的过程中，著作权人应当认同使用者的使用行为，并且不得作出干扰、阻碍等行为从而影响使用者对其作品的使用。著作权人对使用者的使用行为表示认同并且不予干扰和阻碍，表明了著作权人在使用者使用作品的过程中恪守了客观诚信。最后，著作权人可以随时选择退出从而终止他人对其作品的使用，但是著作权人在选择退出之前应当告知使用者。其一在于尽量减少因终止使用而给使用者带来的不利影响，其二使用者有充分的时间全面停止作品的使用，这也是对著作权人权利的保护。著作权人提前告知的行为也体现了其客观诚信。

二、利益平衡原则

利益平衡原则是著作权法中的重要原则，著作权法中许多理念的形成与制度的设计都与利益平衡原则密切相关。著作权默示许可也不例外。

著作权默示许可中体现了多种利益平衡，笔者试图分析著作权人与作品传播者、著作权人与作品使用者、公共利益与私人利益三者之间的利益平衡。通过分析此三种利益平衡以论证著作权默示许可存在利益平衡。

（一）利益平衡与著作权

利益平衡也被称为利益均衡，是指在一定的利益格局和体系下呈现的利益体系相对和平共处、相对均势的状态。① 早在19世纪，人们就已经注意到了知识产权法中的利益平衡原理。1875年，英国法官罗兹就知识产权的保护指出，应当对两个方面给予平等的对待：其一，对他人以其休闲时间为公众服务应当予以重视，不得剥夺他人劳动的价值、智慧以及劳动报酬；其二，不应忽视包括艺术在内的整个社会的进步和发展。② 利益平衡贯穿于整个知识产权法领域，无论是专利法，还是商标法，抑或是著作权法，这些部门法中的很多制度和理念都体现了利益平衡原则。在著作权法中，著作权利益不仅涉及著作权人，还包括作品传播者、作品使用者等主体的利益。这些主体利益的实现，依赖于著作权专有权理念的形成和著作权法制度的设计，在理念和制度的共同作用下最终实现各个主体的利益。在实现任何一个私主体的利益或者公共利益时，都应当考虑其他主体的利益，不能顾此失彼，各个主体的利益达到平衡状态是最好的结局。

虽然著作权为私权，但由于作品的产生依赖于前人作品或者已有信息，这就导致著作权属于私权的同时也具有公共属性。著作权的公共属性

---

① 冯晓青.知识产权法利益平衡理论[M].北京：中国政法大学出版社，2006:11.

② SIEBRASEE N. A Property Rights Theory of the Limits of Copyright[J]. U. toronto lJ, 2001, 51 (1):1-62.

决定了该权利还涉及公共利益。私人利益与公共利益相辅相成。作者只有让他人接近、分享其作品，作者本人才能充分实现自己的著作权利益；如果公众不能接近作者的作品，作者的著作权利益将难以实现。[①] 著作权法等相关法律法规的制定和实施，一方面实现了著作权人的利益，另一方面也对著作权人的利益作了相应的限制。对著作权人的利益作出限制的目的是顾及和实现作品传播者等私主体的利益以及社会公众的利益。以《著作权法》为例，该法第1条开宗明义地指出，制定著作权法的目的和宗旨是保护著作权人以及邻接权主体的权益，同时也是鼓励作品的创作和传播，最终是为了促进社会主义文化和科学事业的发展和繁荣。

为了实现著作权法律关系中诸多主体之间利益的平衡，《著作权法》以及其他相关法律法规赋予著作权人著作权，保护其权利，实现其利益。与此同时，我国立法又从不同的方面对著作权人的权利进行了限制，从而实现其他私人主体以及社会公众的利益。其一，《著作权法》及相关法律法规确立了合理使用、法定许可等权利限制制度，通过这些制度对著作权人的权利进行限制，实现其他私主体的利益，促进作品的流通和传播，发展和繁荣社会主义文化和科学事业。其二，对著作权人专有权的期限作了限制。物权所有人对其所有物的所有权的期限具有永久性，而著作权不似物权。考虑到著作权的公共属性，立法对著作权的期限作了限制。著作权人只能在法律明确规定的期限内对著作权具有专有权。作品的保护期限一旦届满，作品将流入公共领域，著作权人将不再对该作品享有专有权。其三，思想与表达二分法原则的确立。著作权法只保护作品的表达而不保护思想。该原则的确立保障了作者之外的其他主体能够自由接近作品的思想，促进思想的传播，进而催生出更多的作品。

---

① 冯晓青.知识产权利益平衡理论[M].北京：中国政法大学出版社，2006:103.

（二）著作权默示许可中的利益平衡

德国法学家赫克曾经提出，法律不仅是一个逻辑结构，而且是各种利益的平衡。著作权默示许可作为一个法律概念决定了它必然与利益相关联。著作权默示许可所涉利益主体包括著作权人、作品传播者、作品使用者等主体。著作权默示许可实施过程中必然涉及这些主体的利益。针对这些主体，立法者应当明确保护其利益；司法机关在司法过程中应当公正裁决，以维护这些主体的利益。无论是立法，还是司法，其最终目的都是实现各方主体的利益，促进各方利益实现平衡。

1. 著作权人与作品传播者之间的利益平衡

在著作权默示许可中，他人通过著作权人特定的行为或者沉默以推断著作权人同意使用其作品。虽然此方式具有特殊性，但是仍应肯定著作权默示许可属于授权许可。同一般的授权许可一样，著作权默示许可仍然属于著作权人实现其利益的方式。著作权人通过默示许可的方式许可期刊社、出版社、网络服务提供商等传播者传播其作品。传播者的传播行为不仅帮助著作权人实现和增加了其经济利益，也增加了作品的受众，作者的精神利益在无形之中得到增长。著作权默示许可的特殊性决定了其适用空间的特定性，同时也应当对传播者提供作品的行为是否获利作出规定。以《信息网络传播权保护条例》第9条为例，该条第2款规定，提供作品的网络服务提供者不得直接或者间接获得经济利益。作此规定主要是为了防止作品传播者滥用著作权默示许可损害著作权人的利益。虽然在著作权默示许可之下作品传播者不得直接或者间接获得经济利益，但是立法赋予传播者以著作权默示许可的方式获得传播作品的权利本身就属于一种利益上的增长。因此，在著作权默示许可之下，著作权人的经济利益与精神利益都在一定程度上得到了增长，而作品传播者以著作权默示许可的方式传播他人作品本身也属于利益的增长。著作权人与作品传播者在利益增长的同时，两者的利益也处于平衡状态。

2. 著作权人与作品使用者之间的利益平衡

在著作权默示许可中，作品传播者只是著作权人与其他相关主体的媒介和平台。作品经传播者传播之后最终流向使用者，由此著作权人与作品使用者建立了相应的法律关系，二者之间也因此产生了利益关联。如前文所述，在著作权默示许可之下，由于作品的流通和传播，著作权人的经济利益与精神利益都得到增长。与此同时，通过著作权默示许可而接触作品的使用者的利益也得以实现。著作权默示许可不仅可以解决孤儿作品、著作权延伸性集体管理等问题，更重要的是通过著作权默示许可还可以解决海量网络作品授权问题。使用者以著作权默示许可的方式获得著作权人授权，不仅可以节约授权成本，而且可以获得使用作品的权利。一般情况下，使用者使用他人作品的目的在于实现其利益。因此，著作权人与作品使用者的利益在一定程度上得到了实现，同时也处于平衡状态。此外，在著作权默示许可之下，传播者被许可传播著作权人的作品或者使用者被许可使用著作权人的作品，当著作权人不再愿意其作品被传播或者被使用时，传播者或使用者应当停止传播或者使用。该机制设置的目的也是平衡著作权人与作品的传播者和使用者之间的利益。

3. 私人利益与公共利益之间的平衡

公共利益原则是著作权法中的重要原则，著作权的公共产品属性决定了著作权法不可能回避公共利益。以《著作权法》为例，该法第 4 条规定，著作权人行使著作权，不得违反宪法和法律，不得损害公共利益。由此规定可知公共利益的重要性。虽然著作权为私权，但是其最终目的是实现公共利益。虽然公共利益的内涵难以界定，但可以肯定的是，公共利益的主体应当是社会群体中不特定的群体成员。著作权法制度、概念的设计必然要考虑公共利益的安排，如合理使用、法定许可、著作权保护期限等制度的设计都是为了公共利益的实现。著作权默示许可也不例外。著作权默示许可实现了私主体的利益，如著作权人、作品使用者等私主体的利益；与此同时，在著作权默示许可之下，公共利益也得以实现。著作权默示许可属于授权许可，因此一旦授权成功，一方面著作权人的经济利益及精神利益得以实现，另一方面被许可人如作品传播者的利益也得以实现。如前文所述，虽然作品传播者不能直接或者间接获得经济利益，但是传播者获得授权传播著作权人的作品本身即为一种利益。在私人利益实现的同时，公共利益也得以增长。作品的流通和传播意味着作品的受众在增加，表明受众能够接触到作品。受众可以从中获得启发从事新的创作，也可以从中学习到新的技术用于生产生活。无论受众如何使用作品，都表明公共利益得到了增长。虽然著作权法的宗旨和最终目的是实现公共利益的增长，但是公共利益的增长依赖于私人利益的实现。因此，在保障公共利益的同时，应当维护好著作权人等私主体的利益。私人利益与公共利益二者不得偏颇。唯有如此，两种利益才能实现。

三、效益原则

效益一般适用于经济学领域，但是在法学领域也可适用。法律制度或概念的设计和安排在追求公平正义等价值之余，应当考虑这一法律制度或概念所产生的效益,通过效益原则以评判该制度或概念是否科学合理。著作权默示许可亦不例外,在考虑诚实信用、利益平衡之余,应当将效益原则纳入考量体系。

(一)效益原则概述

效益是指有效产出减去实际投入之后的结果。与效益相似的概念是效率,效率是指以最少的资源消耗获取同样多的效果。二者貌似相同,但存在本质上的区别。效益一般是一个处于正值状态的数值,而效率是指有效产出与实际投入的比重。效率与法的价值之一公平联系密切,二者既相互适应又相互矛盾。一方面,效率高则促进经济发展,增加社会财富总量,由此才可能实现高层次的公平。另一方面,如果把效率绝对化,不考虑公平,则容易导致收入悬殊、两极分化,最终从根本上损害效率。[1] 虽然效益不能与法的价值产生直接的联系,却无法被法学研究忽视,尤其是不能被立法学所忽略。立法活动是立法过程中人财物等资源投入与产出的过程,于经济学角度而言,该过程也是一种经济活动,具有经济活动的特点,就是什么样的资源配置才能取得效益最大化的问题。[2] 著作权法的制定是为了确认和保护著作权人的专有权,但其最终目的和宗旨是促进作品的创作、流通和传播,实现公共利益的增长。因此,著作权法中的一系列制度和概念的设计和安排都将不可避免地涉及效益。而著作权默示许可的设立也应当考虑其效益。

效益可分为社会效益和经济效益。社会效益是指生产活动中的产品能够满足社会中所有人民日益增长的物质文化需求。经济效益则是指社

---

[1] 张文显.法理学[M].北京:高等教育出版社,2010:328.
[2] 汪全胜.立法效益研究:以当代中国立法为视角[M].北京:中国法制出版社,2003:5-6.

会生产实践活动中的组织者和参与者的个人利益。[①] 著作权包含著作人身权和著作财产权两大权利，而著作权的载体是作品，因此作品也具有精神和物质两大属性。作品作为一种文化产品同样体现出应有的社会效益和经济效益。作品的精神属性和财产属性都体现出该作品应有的社会效益，作品的财产属性则体现出该作品应有的经济效益。

作品的社会效益具体表现在以下四个方面：其一，作品能够满足人们积极、健康的娱乐需求。物质的丰富和生活水平的提高，促使人们追求更高层次的精神生活。无论是传统的纸质作品，还是数字作品，都能够满足人们对精神生活的追求。其二，作品能够满足人们对知识的追求和接受教育的渴望。作品是知识和人类思想的承载体，人们通过接触和阅读作品可以从中获取生产、生活等方面的知识。作品也是人们接受教育的有效工具之一，人们不断地从作品中汲取营养，启发其思想，拓展其思维。其三，优秀的作品能够培养人们的道德品质。优秀的作品在价值取向上具有正面性，能够引导人们形成正确的价值观，培养人们的道德责任感与使命感。其四，优秀的作品能够激发人们的爱国精神和民族自豪感。以我国文学作品为例，每个时代都能够产生优秀的文学作品，而这些优秀的文学作品是中华民族精神的重要组成部分，是中华民族文化的具体体现。[②] 人们接触和阅读这些作品能够激发其爱国情怀和民族自豪感。

作品的经济效益就是在经济上所表现的具体的、有效的利益，该利益主要由作者通过出版发行等方式获取的利润决定，这种利益可通过

---

① 景小勇，叶青.文艺生产社会效益与经济效益辨析［J］.艺术百家，2016(3):1-13.

② 景小勇，叶青.文艺生产社会效益与经济效益辨析［J］.艺术百家，2016(3):1-13.

加快作品的使用频次、加速作品的流通等人为方式予以提高。[①] 作品的经济效益是作者从事创作的重要动力之一。可观的经济效益能够改善作者的生存和创作环境，这种改善不仅能够让作者投入更多的时间和成本进行更多的创作，也能够激励其他作者或者意欲从事创作的主体进行创作。作品的经济效益也是作品流通和传播的重要保障之一。如果某作品不具有经济效益，不仅不能为作者带来收益，也表明该作品不具有市场影响力，即受众的范围非常小。这将影响作品产生的社会效益。可以说，作品的社会效益与经济效益密切相关，作品社会效益的扩大必然对其经济效益产生正面影响，而作品的经济效益在一定程度上反映了该作品的社会效益的大小。

（二）著作权默示许可中的效益原则

著作权授权许可是著作权人行使著作财产权的具体表现。著作权人一旦授权他人行使其著作财产权，一方面，著作权人、作品传播者、作品使用者等主体的各种利益得以实现；另一方面，作品的流通和传播无形之中促进了公共利益的增长。从效益角度而言，无论是社会效益，还是经济效益，在著作权授权许可之下，二者都得以实现。著作权默示许可作为授权许可的一种，社会效益和经济效益当然也能够得到实现。

1. 著作权默示许可中的经济效益

虽然著作权默示许可适用的空间有限，但是仍然能够产生一定的经济效益。著作权默示许可的经济效益主要体现于著作权人、作品传播者、作品使用者等私主体利益的满足。

---

① 景小勇, 叶青. 文艺生产社会效益与经济效益辨析[J]. 艺术百家, 2016(3):1-13.

首先,著作权人从著作权默示许可之中获益。一般情形下,他人为了获得著作权的许可使用权不仅要经过著作权人的同意,也要向著作权人支付相应报酬。虽然著作权默示许可的授权方式有其特殊性,但并不意味着被许可人无须向著作权人支付报酬。在著作权默示许可之中,著作权人仍然可以从中获取经济利益。

其次,作品传播者亦可以从著作权默示许可中获得相应利益。虽然《信息网络传播权保护条例》第9条规定网络服务提供者不得因向农村地区的公众提供与扶贫有关以及适应基本文化需求的作品而直接或者间接获得经济利益,但并不意味着网络服务提供者不得通过其他途径获得经济利益。立法允许网络服务提供者通过网络向农村地区传输与扶贫有关以及适应基本文化需求的作品,于网络服务提供者而言,这是对其自身的肯定,这种肯定必将为网络服务提供者产生积极和正面的效应,进而从其他方面为网络服务提供者带来经济利益。

最后,作品使用者也将从著作权默示许可中获益。作品使用者不仅能够从接触和阅读作品之中获取知识,也能够将其中的知识转化为生产力,最终产生经济效益。再以《信息网络传播权保护条例》第9条为例,农村地区的公众获得和学习与种植养殖、防病治病、防灾减灾有关的作品之后,农牧产品的产量得以增加,其生产效率及农产品质量得以提高,最终实现财富上的增加。

著作权默示许可应当遵循效益原则。由于著作权默示许可属于授权许可,因此,著作权模式许可的实现依赖于著作权人的同意。只有获得著作权人的同意,著作权默示许可才能得以实施。是否向著作权人支付报酬以及支付多少报酬是著作权人是否授权的重要考量因素之一。如果不支付报酬或者支付的报酬过少,则有损著作权人的积极性,不利于著作权人以该方式授权他人传播和使用其作品。于作品传播者和作品使用者而言，著作权默示许可亦应当为二者带来一定的效益。虽然部分立法规定特定的传播者不能直接或者间接获得经济利益，但是如果不能从其他方面产生相应效益，则会影响作品传播者传播作品的积极性，不利于作品的流通。于作品使用者而言，如果以著作权默示许可的方式获得作品的使用权，而该作品不能产生相应效益，则会影响作品使用者接触和阅读作品的积极性，最终导致著作权默示许可丧失应有的功能和作用。

2. 著作权默示许可中的社会效益

虽然著作权默示许可所涉主体包括著作权人、作品传播者、作品使用者等私主体，但是著作权默示许可的适用必将产生一定的社会效益。其根本原因在于作品的公共物品属性，该属性决定了作品不仅是私权利的载体，也是公共利益的载体。公共利益的实现意味着作品社会效益的产生。著作权默示许可属于授权许可，一旦授权成功则表明特定作品可以在该方式下流通、传播和使用，由此必将产生相应的社会效益。

著作权默示许可产生的社会效益主要体现在以下四个方面：其一，将著作权默示许可定性为授权许可，一方面是基于著作权默示许可的特征而作出的推论，另一方面也是基于著作权法的最终目的和宗旨作出的选择。著作权法保护著作权人等主体的私权利，但是其最终目的和宗旨是实现公共利益。著作权默示许可作为一种授权许可，必将进一步促进作品的流通和传播。作品的流通和传播增加了社会公众接触、阅读和使用作品的可能性。而作品能够丰富社会公众的精神生活，提升社会公众的精神生活品质。其二，著作权默示许可能够满足人们的求知欲，促进科学、文学和艺术作品的推陈出新。著作权默示许可能够实现孤儿作品、网络作品等特定作品的流通，解决授权难的问题。以孤儿作品为例，相较于其他作品，孤儿作品是所有作品中的一小部分，但并不代表孤儿作品不具价值。每一部作品的价值都取决于其具体内容，孤儿作品也不例外。通过著作权默示许可不仅可以实现孤儿作品的流通和传播，而且能够开拓其他作者的创作思维，为之创作新作品奠定一定的基础。其三，在孤儿作品、网络作品等特定作品中，有的作品具有很强的实用性。通过著作权默示许可实现这些作品的流通和传播，实现人们对这些作品的利用，不仅可以为人们带来一定的经济效益，也将产生一定的社会效益。其四，除了前述社会效益之外，通过著作权默示许可而实现流通和传播的部分作品同样可以培养人们的道德品质，同样能够激发人们的爱国情怀和民族自豪感。

第三节 我国著作权默示许可应然性规范思路

一、我国著作权默示许可立法路径

无论是著作权默示许可应遵循的原则，还是著作权默示许可中著作权人与被许可人所享有的权利和应承担的义务，最终还是应当落实到具体的法律规范之中。唯有如此，著作权默示许可才能适用于司法实践中，其功能和作用才能得以发挥。就我国现行的法律规范而言，应主要从传统的民事立法、著作权法以及相关条例对著作权默示许可的立法路径进行设计和完善。

（一）以《民法典》统领默示许可规定

默示意思表示在我国《民法通则》及《民通意见》中已有规定。首先，《民法通则》第 56 条规定，民事法律行为可以采用书面形式、口头形式或者其他形式。虽然该条没有明确规定默示意思表示，但是"其他形式"已将默示意思表示这一方式涵盖于其中。其次，《民法通则》第 66 条第 1 款最后部分规定，本人知道他人以本人的名义实施民事行为而不作否认表示的，视为同意。此规定是对代理民事法律关系中所发生的默示意思表示法律效力的确定。最后，《民通意见》第 66 条规定，一方当事人向对方当事人提出民事权利的要求，对方未用语言或者文字明确表示意见，但其行为表明已接受的，可以认定为默示。不作为的默示只有在法律有规定或者当事人双方有约定的情况下，才可以视为意思表示。相较于《民法通则》第 56 条，《民通意见》第 66 条进一步明确了默示意思表示方式，同时对默示的适用条件作了相应规定。虽然《民法通则》和《民通意见》对默示意思表示都有所规定，但是《民法通则》和《民通意见》的规定仍然存在不足：其一，《民法通则》没有明确规定默示意思表示，只能从"其他形式"中进行推断；其二，《民法通则》第 66 条第 1 款有关默示意思表示的规定仅适用于代理行为，并且没有明确适用条件；其三，《民通意见》第 66 条将默示意思表示的适用条件限定为"一方当事人向对方当事人提出民事权利要求"，使之适用范围过于狭窄；其四，《民通意见》将不作为的默示意思表示的适用条件定位成"法律有规定或者双方当事人有约定"，适用条件过于严苛。[①]

《民法典》确立了默示意思表示的法律地位，并且拓宽了其适用空间，为著作权默示许可理论的正当性和合法性进一步提供了支撑。相较于《民法通则》及《民通意见》有关默示意思表示的规定，《民法典》第 140 条规定，行为人可以明示或者默示作出意思表示。沉默只有在有法律规定、当事人约定或者符合当事人之间的交易习惯时，才可以视为

---

① 王国柱.知识产权默示许可制度研究［D］.长春：吉林大学，2013:162.

意思表示。该条直接表明默示属于意思表示的一种方式。与此同时，根据《民法总则》的规定，默示意思表示产生的方式更具多样性，既可以由法律规定，也可以由双方当事人约定。此外，如果沉默符合当事人之间的交易习惯也可以视为意思表示。产生方式的多样性意味着默示意思表示的适用空间更加广泛。虽然默示意思表示具有特殊性，但其效力与明示所产生的意思表示相同。当双方当事人意思表示一致时，默示意思表示对双方当事人都具有一定的拘束力。

（二）以《著作权法》落实默示许可规定

著作权属于著作权人的专有权，《著作权法》作了一系列的制度安排以实现其专有权。《著作权法》第三章是有关著作权许可使用和转让合同的规定。由该章内容可知，著作权人可以自己行使其著作权，也可以授权他人行使该权利。通过许可他人使用著作权人的作品是著作权人实现其利益的重要途径，著作权许可使用这一制度也成为著作权法上的重要制度之一。著作权默示许可本质上属于授权许可，因此它应当属于著作权许可使用制度的具体方式之一。在第三次著作权法修订中，立法机关应当明确著作权默示许可属于授权许可，而非权利限制，进而赋予其独立的法律地位。

虽然《著作权法》并未明确确立著作权默示许可，但是从中仍然可以发现著作权默示许可的踪迹。著作权默示许可杂糅在《著作权法》有关法定许可、合理使用的规定中。法定许可、合理使用等制度的目的是对著作权人的权利进行限制，以实现公共利益。法定许可、合理使用的本质属性属于权利限制。将著作权默示许可杂糅于其中，赋予著作权人以例外声明的方式排除他人通过法定许可、合理使用方式使用其作品的权利。此举模糊了法定许可、合理使用等制度的法律性质，不利于其权利限制功能的真正发挥。因此，在第三次著作权法修订中，应当对法定许可与合理使用的相关条文进行修改，消除著作权默示许可糅合于法定许可、合理使用之中的现象，还法定许可与合理使用本来面貌，真正发挥其作用和功能。

（三）以《信息网络传播权保护条例》细化默示许可规定

著作权人的权利外延随着技术的发展而不断扩张，信息网络传播权正是因应数字网络技术的发展而赋予著作权人的一项新权利。在《信息网络传播权保护条例》颁布之前，立法机关通过修订《著作权法》《著作权法实施条例》以及司法机关通过颁布相关司法解释以保护数字网络环境下著作权人的著作权。法律规范的修改以及司法解释的颁布在一定程度上缓解了数字网络环境下著作权侵权现象的频繁发生，对著作权人权利的保护发挥了相应作用。但是，这些举措仍然难以解决数字网络环境下著作权人的权利保护和行使问题。《信息网络传播权保护条例》的颁布和实施因应时代发展的需求，对著作权人的信息网络传播权的保护、行使等问题进一步细化，保障著作权人该权利的实现。

从《信息网络传播权保护条例》层面来看，著作权默示许可在该条例中真正得以体现，如该条例第9条即典型的著作权默示许可。《信息网络传播权保护条例》第9条是落实全国文化信息资源共享工程的具体措施之一。但是该条规定仍然存在不足，如有关国家机关是否应当补贴网络服务提供者。虽然该条是有关为扶助贫困通过信息网络向农村地区提供特定作品的规定，但是著作权人仍有获得报酬的权利。为了能够真正保障著作权人获得报酬的权利，网络服务提供者向著作权人支付报酬后，有关国家机关应当补贴网络服务提供者。该条所指的网络服务提供者的范围应当限缩还是适当扩大，也应当作出进一步规定。无论是限缩，还是扩大，都应当有相应标准可循。唯有如此，相关条文才能真正实施，不至成为僵尸条款。

二、著作权默示许可中的利益分配机制

利益是促使人们践行的动力所在。[①] 利益常伴随着人类社会生活。权利是社会主体以利益为目的，依照其意志、权威和能力向不特定或特定社会主体主张诉求的资格。权利以实现特定的利益而存在，否则权利不具有现实意义，社会主体也不会主张和追求此种权利。利益的存在先于法律，也先于权利。利益的表现形式多样，法律利益是其形式之一，是通过法律的形式确定下来的利益，即合法利益。而法律权利是法律利益在内容上的具体体现。著作权默示许可中相关主体的利益划分即以该主体所享权利体现出来。

（一）著作权人所享权利和应履行之义务

在著作权默示许可中，作为授权许可的一方，著作权人既享有相应的权利，也应履行一定的义务。著作权人主要享有知情权、报酬请求权以及退出著作权默示许可的权利。与此同时，著作权人应当履行不得干扰被许可人传播或使用其作品和提前告知的义务。

1. 著作权人享有的权利

首先，保障著作权人享有知情权。诚如有论者所言，保障著作权人的知情权是制度功能发挥的前提，"著作权人没有明确拒绝即视为同意"

[①] LAUBE H D. Jurisprudence of Interests [J]. Cornell Law Quarterly, 1948, 34 (3):291-302.

的前提是著作权人知晓其作品将被使用。① 让著作权人知晓其作品被传播或者使用的理由有二。其一，作品由作者创作完成，著作权人对作品享有专有权。虽然著作权不似所有权，所有权人对其所有物享有绝对的权利，但是著作权仍然属于私权。既然为私权，当作品被他人传播或者使用时理应让著作权人知晓。这是对著作权人权利的尊重，也是对著作权作为私权这一理念的维护。其二，让著作权人知晓其作品被传播或者使用，有利于著作权人维护其权益。如果著作权人不希望他人传播或者使用其作品，则著作权人可进一步行使其相应的权利，从而维护其著作权的完整性。

为了能够让著作权人知晓其作品将被传播或者使用，立法应当建立公告制度，通过相应的平台告知著作权人其作品将被传播或者使用。在建立相应平台时，应当考虑传播者或者使用者找寻著作权人的成本和著作权人接收告知的成本，任何一方成本过高都将导致著作权默示许可功能的削弱。② 在数字技术迅速发展的时代，应当充分利用数字技术建立告知平台，方便传播者或者使用者发出通知，同时也方便著作权人接收通知。数字技术平台包括具有较大影响力的广播电视平台、网络平台、数字期刊报刊平台。通过这些平台，传播者或使用者能够低成本、高效率地发出告知，而著作权人也能够低成本、高效率地接收到由前者发出的告知。以《信息网络传播权保护条例》第9条为例，网络服务提供者向农村地区提供与扶助贫困有关的作品和适应基本文化需求的作品之前，应当公告拟提供的作品及其作者、拟支付报酬的标准。通过公告这些信息，方便著作权人知晓其作品将被传播或者使用，著作权人根据其

---

① 王国柱.著作权"选择退出"默示许可的制度解析与立法构造[J].当代法学，2015(3):106-112.

② 王国柱.著作权"选择退出"默示许可的制度解析与立法构造[J].当代法学，2015(3):106-112.

作品传播和使用的范围、方式以及报酬多少作出是否同意他人传播或者使用其作品。

其次，立法应当保障著作权人的报酬请求权。著作财产权是著作权人非常重要的权利，著作权人在合法途径下可以各种方式利用其作品以实现其财产性权利。著作权人可以利用作品获得财产利益印证了著作权属于私权这一属性。著作权人可以自己行使著作权从而实现其经济利益，也可以转让著作权或者许可他人行使著作权以实现其经济利益。一般情形下，著作权人转让或者授权他人行使其著作权，他人都应当向著作权人支付相应报酬。著作权人属于理性经济人，追求经济利益是理性经济人的本质属性。被许可人向著作权人支付报酬，一方面是对著作权人进行创作的肯定和回馈，另一方面有利于著作权人投入更大的热情和更多的精力进行再创作。

最后，立法应当保障著作权人退出著作权默示许可的权利。在著作权默示许可中，他人通过著作权人的沉默或者其特定行为而推断著作权人同意使用其作品。这种授权方式导致著作权人就作品的传播或者使用未与作品传播者或使用者进行协商这一不足的产生。为了弥补这一不足，著作权默示许可建立了"选择—退出"机制。在"选择—退出"机制下，如果著作权人不希望被许可人继续传播或者使用其作品，或者被许可人所支付的报酬未达到其期望值，著作权人可以随时退出著作权默示许可，从而终止被许可人传播或者使用其作品。"选择—退出"机制弥补了前述不足，实现了著作权人借助该机制维护其著作权的目的。与实现著作权人的知情权一样，"选择—退出"机制的建立同样应当方便著作权人与被许可人之间信息的传递和沟通，尽可能降低著作权人利用该机制所产生的成本，同时保障被许可人能够及时获取著作权人作出的退出这一决定的信息。同样，在建立"选择—退出"机制时，应当充分利用和融合数字技术，建成低成本、高效率的"选择—退出"机制，真正保障著作权人退出著作权默示许可这一权利。

2. 著作权人应履行的义务

"没有无义务的权利，也没有无权利的义务。"[1]社会生活中的权利总量与义务总量是对等的，而在具体的法律关系之中，权利与义务也是对等的。[2]著作权默示许可作为一种具体的法律关系，既然其中含有权利，当然也包含相应的义务，否则权利无法兑现。著作权人作为著作权默示许可法律关系的主体，享有相应的权利，同时也应履行相应的义务。

其一，著作权人应履行不得肆意干扰传播者或使用者传播或使用其作品的义务。他人一旦通过著作权默示许可获得授权，传播者或使用者有权传播或者使用著作权人的作品。在传播或者使用作品的过程中，传播者或使用者应当按照既定的范围和方式传播或者使用作品，维护著作权人的著作权。在该过程中，除非发生侵害著作权人著作权的情形，否则著作权人不得肆意干扰传播者或使用者传播或者使用其作品。著作权默示许可能够让相关主体各取所需。通过著作权默示许可，著作权人不仅能够实现其经济利益，也能产生一定的精神利益。他人通过著作权默示许可获得授权，实现其传播或者利用作品的目的。著作权法的最终目的和宗旨是促进作品的创作、流通、传播和利用，最终实现公共利益的增长。而著作权默示许可的建立和适用亦应遵循该目的和宗旨。在著作权默示许可模式下，如果著作权人肆意干扰传播者或使用者对其作品的传播或者使用，则有碍于著作权默示许可功能的发挥，最终背离著作权法的目的和宗旨。

---

[1] 马克思,恩格斯.马克思恩格斯选集：第2卷[M].中共中央马克思恩格斯列宁斯大林著作编译局，编译.北京：人民出版社,1995:610.

[2] 付子堂.法理学进阶[M].北京：法律出版社,2005:38.

其二，著作权人应履行提前告知的义务。虽然著作权默示许可含有"选择—退出"机制，著作权人可以通过该机制退出许可，终止他人对其作品的传播或者使用，但并不意味着著作权人可以利用该机制任意妄为。著作权人行使该权利时，应当提前告知传播者或使用者。即著作权人在终止传播者或使用者传播或者使用其作品之前，应当予以告知。虽然著作权默示许可中的当事人未就告知义务进行约定，但是并不意味着当事人可以将该义务予以排除。告知义务的履行有利于交易安全。著作权人可以退出著作权默示许可，但是在退出之前应当履行告知义务。一方面，提前告知可以使传播者或使用者因著作权人退出而作出相应的准备，从而尽量减少因著作权人终止其传播或者使用作品而产生的损失。另一方面，诚实信用原则贯穿民商事法律关系的每一个环节。告知义务的存在是以诚实信用原则为基础的，告知义务的履行彰显了当事人的诚实信用，尤其是当事人的客观诚信。著作权默示许可亦不例外。从著作权人默示许可他人传播或者使用其作品到著作权人终止传播者或使用者传播或者使用其作品，诚实信用原则自始至终体现于其中。提前告知体现了著作权人的诚实信用，是对传播者或使用者的尊重，也是对其著作权更好地维护。

（二）被许可人所享权利和应履行之义务

此部分笔者以被许可人作为传播者和使用者的统称，分析二者在著作权默示许可法律关系中所享有的权利和应履行的义务。被许可人主要享有传播或者使用作品、被著作权人告知的权利，同时被许可人应当履行让著作权人知晓其作品被传播或者使用、向著作权人支付报酬、不得阻碍著作权人退出著作权默示许可的义务。

1. 被许可人享有的权利

一方面,被许可人享有传播或者使用作品的权利。一旦著作权人以沉默或者特定行为而授权被许可人,则表明被许可人获得了传播或者使用其作品的权利。以《信息网络传播权保护条例》第9条为例,在公告期内,如果著作权人对网络服务提供者向农村地区提供其作品以及支付报酬的标准无异议,则网络服务提供者即可通过信息网络向农村地区提供著作权人的作品。著作权人不得无故阻碍网络服务提供者向农村地区提供其作品。再如,《著作权法》第35条第2款规定,针对已经发表于报纸、期刊的作品,如果著作权人未作不得转载、摘编的声明,则其他报纸、期刊可以转载、摘编其作品。著作权人不得阻碍报纸、期刊转载、摘编其作品。虽然被许可人与著作权人就授权事宜并未进行面对面的协商,签署"一对一"的授权协议,但是在著作权默示许可模式下,著作权人以沉默或者特定行为这一特定的单方法律行为表达其意思表示,被许可人享有传播或者使用作品的权利,著作权人不得干扰被许可人行使该权利。

另一方面,被许可人享有被告知的权利。著作权默示许可存在"选择—退出"机制,著作权人可以利用该机制退出著作权默示许可,终止被许可人对其作品的传播或者使用。但是在此情形下,著作权人应当履行告知义务。而与此义务相对应的则是被许可人享有被告知的权利。著作权人享有退出著作权默示许可的权利,但是著作权人在行使该权利之前应当告知被许可人。被许可人享有该权利的法理基础在于诚实信用原则。于被许可人而言,提前获悉著作权人退出著作权默示许可主要有两方面的好处。其一,被许可人可以做相应的准备工作,尽量减少因著作权人终止其授权许可而产生的损失;其二,被许可人提前获悉著作权人退出著作权默示许可后,被许可人有充足的时间全面停止对作品的传播或者使用，这也是对著作权人权利的充分保护。

2. 被许可人应履行的义务

首先，被许可人应当让著作权人知晓其作品将被传播或者使用。在著作权默示许可之下，知情权对于保障著作权人权利的完整性非常重要。于著作权人而言，著作权作为私权由著作权人专有，其作品被传播或者使用理应让著作权人知晓。让著作权人知晓其作品将被传播或者使用，能够保障著作权人是否行使退出著作权默示许可的权利，有利于著作权人进一步维护其专有权。于被许可人而言，被许可人获得授权方式的特殊性决定了被许可人应当保障著作权人的知情权。由于被许可人是通过著作权人的沉默或者其特定行为而推断著作权人同意使用其作品，被许可人并没有就授权事宜与著作权人进行面对面的协商。在此情形下，被许可人应当让著作权人知晓其作品将被传播或者使用，弥补被许可人与著作权人未进行面对面的协商这一缺憾。《信息网络传播权保护条例》第9条所规定的30日公告期即为保障著作权人的知情权而设立。

其次，被许可人应当履行支付报酬的义务。作者为作品的创作投入了时间、精力等成本，被许可人传播或者使用其作品理应支付相应报酬。虽然著作权默示许可适用的空间和方式非常有限，但是其特殊性不应成为被许可人免于向著作权人支付报酬的理由。原因之一是著作权默示许可仍然为授权许可，著作权人有权要求被许可人支付相应报酬。原因之二是通过著作权默示许可传播或使用作品，能够为被许可人带来一定的利益。基于利益平衡原理，当被许可人的利益得到实现时，立法对著作权人的利益也应当予以保障。保障著作权人利益的措施之一就是当其作品被传播或者使用时，被许可人应当向著作权人支付相应报酬。

最后，被许可人不得阻碍著作权人退出著作权默示许可。"选择—退出"是著作权默示许可中的特殊机制,该机制弥补了著作权人未与被许可人进行面对面的交流和协商这一缺憾。当著作权人不满被许可人传播或者使用其作品时,著作权人可以退出著作权默示许可,终止被许可人对其作品的传播或者使用。当著作权人行使退出这一权利时,被许可人应当容忍著作权人实施相应的行为。一方面,被许可人不得实施有碍著作权人退出著作权默示许可的行为;另一方面,被许可人应当配合著作权人,全面停止传播或者使用著作权人作品的行为,并且向著作权人支付相应的报酬。

三、著作权默示许可下侵权责任的认定

相较于一般的民事侵权责任,著作权侵权责任的构成要件具有特殊性,其构成要件不同于一般的民事侵权责任构成要件。有论者认为,著作权侵权责任的构成要件可以概括为两方面:第一,行为人侵犯的对象是受法律保护的著作人身权和著作财产权;第二,侵权人实施了侵犯著作权的行为或者已实施的行为将威胁著作权人的利益。[①] 亦有论者从主观要件和客观要件两方面对著作权侵权责任构成要件进行分析。[②] 该方法更具合理性。著作权侵权行为作为民事侵权行为的一种,由此引起的责任仍然可以利用一般的民事侵权责任构成要件加以分析。

由于著作权默示许可属于授权许可,著作权默示许可中的侵权行为应当指著作权人以默示的方式授权后所发生的他人侵犯其著作权的行为。此外,著作权默示许可中的侵权行为所涉侵权主体应当为被许可人。如果不对侵权主体作区分,则与其他著作权侵权行为并无二致,因

---

① 吴汉东,等.西方诸国著作权制度研究[M].北京:中国政法大学出版社,1998:224-225.

② 丁丽瑛.知识产权法[M].厦门:厦门大学出版社,2016:131-132.

此也就失去了对著作权默示许可中发生的侵权行为以及产生的责任进行探讨的意义。虽然著作权默示许可的特殊性造就了该模式下发生侵权行为空间的特殊性以及侵权行为人的特定性，但是著作权默示许可下的侵权行为仍然属于侵权行为的范畴，对此类侵权行为引发的侵权责任的认定仍然应当运用传统的侵权责任构成要件进行分析。

著作权默示许可下，一旦被许可人逾越既定许可范围和行使方式，则其行为被认定为侵权行为。对被许可人应承担的侵权责任仍然应从四个方面予以确定，其一为被许可人的行为存在违法性，其二为被许可人的行为导致损害事实发生，其三为损害事实与被许可人的行为存在因果关系，其四为主观过错是否应当成为被许可人承担侵权责任的构成要件。

（一）被许可人的行为存在违法性

在著作权默示许可中，被许可人基于著作权人的授权而获得行使著作权的权利，但是被许可人行使著作权的空间和方式都具有特定性。一旦被许可人逾越其授权范围和行使方式，将侵犯著作权人的著作权。《著作权法》等法律法规根据侵犯著作权行为的性质、造成的后果、侵权获利等，对实施侵权行为的侵权人科以民事责任和行政责任，并根据侵权人所承担法律责任的不同将侵犯著作权的行为分为两大类：一类是承担民事责任的侵权行为；另一类是承担民事责任外，并可以由著作权行政管理部门给予行政处罚的侵权行为。[①] 由于我国主要通过《著作权法》和《信息网络传播权保护条例》等法律规范赋予著作权人专有权，因此，可以从前述两部法律法规的相关规定中对被许可人的违法行为进行分析。

首先，如果被许可人逾越著作权默示许可的授权范围实施著作权人

---

① 丁丽瑛.知识产权法［M］.厦门：厦门大学出版社，2016:132-133.

未经许可的行为,则其行为将被视为对著作权人专有权的侵犯,即其行为具有违法性。被许可人行为的违法性体现于违反了《著作权法》相关规定,导致该法对其行为进行否定性的评价。如《著作权法》第52条列举了未经著作权人许可而发表其作品、剽窃他人作品等十一种侵犯著作权人著作权的行为,一旦实施这些行为,行为人应承担停止侵害、消除影响、赔礼道歉、赔偿损失等民事责任。又如,《著作权法》第53条列举了制作、出售假冒他人署名的作品、出版他人享有专有出版权的图书等八种侵权行为,一旦实施这些行为,行为人应承担停止侵害、消除影响、赔礼道歉、赔偿损失等民事责任;当行为人的侵权行为损害公共利益时,行为人还将承担没收、销毁侵权复制品,没收违法所得等行政处罚责任;构成犯罪的还将承担刑事责任。

其次,被许可人的违法性体现于其行为违反了《信息网络传播权保护条例》的相关规定,导致被许可人被科以相应的责任。例如,《信息网络传播权保护条例》第18条是有关侵犯信息网络传播权应承担法律责任的规定。该条列举了五项具体的违法行为,现以第1项及第2项为例作具体分析。该条第1项规定的违法行为是他人未经著作权人许可通过信息网络向公众提供著作权人的作品、表演、录音录像制品的行为。信息网络传播权属于著作权人的专有权利,著作权人通过该权利得以控制其作品在信息网络中传播,保障其权益的实现。作为著作权人的专有权,如果他人意图通过信息网络传播著作权人的作品,则应当经过著作权人的许可。如未经著作权人许可而通过信息网络传播其作品,该行为即属于《信息网络传播权保护条例》第18条第1项的违法行为。该条第2项规定的是有关故意避开或破坏技术措施的违法行为。赋予著作权人信息网络传播权的原因在于作品通过信息网络传播变为现实。立法赋予著作权人该权利的同时应当采取相应措施对其权利予以保护,而赋予著作权人可以采取技术措施以避免他人擅自利用其作品是立法保护著作权人作品的具体表现。虽然采取技术措施是否为著作权人的专有权存有争议，但著作权人采取技术措施的最终目的是保护其专有权。因此，他人一旦实施避开或破坏技术措施的行为，该行为即具备了违法性，行为人应当承担相应的责任。

（二）被许可人的行为导致损害事实发生

损害是指受害人因行为人的侵权行为所遭受的不利后果，该不利后果包括财产利益损失、人身利益损失。损害事实应当具备三个条件：

其一，对损害具有进行法律救济的可能性。在著作权默示许可中，被许可人既可能实施侵害著作权人财产性利益的行为，如不按事先约定拒绝向著作权人支付报酬、超越事先约定范围而传播著作权人的作品，又有可能实施侵害著作权人的人身性利益的行为，如歪曲、篡改他人作品，在作品传播过程中未署作者的姓名。无论是侵犯财产性利益的行为，还是侵犯人身性利益的行为，这些行为所致后果都能得到补救。如通过赔偿损失以弥补著作权人所遭受的财产性利益损失，通过消除影响、赔礼道歉等方式弥补著作权人所遭受的人身性利益损失。虽然有些措施不足以让著作权人的权利恢复至原有状态，但是这些措施仍然能够在一定程度上消解因侵权行为给著作权人带来的不利后果或者负面影响。

其二，损害具有确定性。损害具有确定性是确定一般侵权责任有无的必要条件，于著作权侵权而言亦复如是。无论是针对已经实施完毕的侵权行为，还是针对正在实施或者即将实施的侵权行为，侵权行为产生的后果都具有确定性。无论是一些国外立法，还是国际条约，抑或我国立法,针对即将实施的著作权侵权行为都有相应的规定予以规制。此类行为尚未完成或者尚未开始,但并不表明此类行为所产生的后果不具有确定性。立法对此类行为予以规制,主要出于两方面的原因:一方面是出于对著作权人合法权益的保护。如果不对此类行为予以制止,行为人一旦实施,其行为将对著作权人产生无法弥补的损失。另一方面,出于尽可能发挥法律的作用这一考量。如果立法能够对即将实施的侵权行为予以规制但并未采取相应措施,而采取事后救济的方式,法律的作用和功能将大打折扣,无法实现法律的公平、正义等价值。

其三,损害对象具有合法性。知识产权是一种财产权,该财产权为特定主体专有。知识产权的专有性表明知识财产为权利人独有,权利人垄断此专有权利并且受到严格保护,没有法律规定或者未经权利人许可,任何人不得使用权利人的知识产品。[1] 知识产权作为特定主体的专有权利,其专有性也表明知识产权属于私权。无论是我国《宪法》这一根本大法,还是《著作权法》等一般法律规范,都确定了合法私有财产的地位。如我国《宪法》第13条规定,公民的合法的私有财产不受侵犯。再具体到《著作权法》,亦有类似规定,如该法第2条第1款规定,我国公民、法人或者非法人组织的作品,不论是否发表,依照该法享有著作权。著作权作为知识产权的一种,必然也具有私权属性,属于财产权,受法律保护。一旦他人未经著作权人许可或者无法律特定情形而擅自行使著作权,则是对法律赋予著作权人专有权的侵害。

---

[1] 吴汉东. 知识产权法 [M]. 北京:法律出版社,2014:13.

（三）损害事实与被许可人的行为存在因果关系

侵权责任法因果关系中的原因是行为人的加害、应当由行为人负责的他人行为以及应当由行为人负责的物的内在危险实现，结果则是指受害人所遭受的人身和财产方面的不利后果。[①] 损害事实与违法行为之间存在因果关系是确定行为人侵权责任的必要条件。因果关系具有时间性和客观性。时间性是指因果关系具有严格的时间顺序，作为原因的违法行为在前，作为后果的损害事实在后；客观性是指因果关系不以人的意志为转移，但通过人的思维可以认知。[②] 在著作权默示许可中，侵权行为产生的因果关系亦遵循时间性和客观性两个特点，如行为人实施《著作权法》第52条、第53条所列举的违法行为，这些行为必然先于损害事实。著作权默示许可中因侵权行为所产生的因果关系必然是客观的，否则违法行为与损害事实之间的联系是不确定的，最终将无法确定行为人的侵权责任。

（四）被许可人的主观过错

著作权侵权行为可分为直接侵权与间接侵权。根据《著作权法》及相关司法解释的规定，对著作权直接侵权行为的责任认定中，行为人的主观过错不影响行为人侵权责任的认定，主观过错仅影响行为人赔偿数额和承担责任方式的确定。对著作权间接侵权行为的责任认定中，行为人的主观过错是确定行为人是否应当承担侵权责任的必备条件。在间接侵权中，如果行为人存在主观过错，则应当承担侵权责任，否则将无须

[①] 张新宝.侵权责任构成要件研究［M］.北京：法律出版社，2007:294-296.
[②] 王利明.民法［M］.北京：中国人民大学出版社，2008:678.

承担侵权责任。

在著作权默示许可中,被许可人应当在被许可的范围内以约定的方式行使著作权人的权利。在以下两种情形中,被许可人的行为属于直接侵权行为:其一,被许可人逾越既定的范围。以《信息网络传播权保护条例》第9条为例,根据该条规定,为了扶助贫困,网络服务提供者通过信息网络提供与扶助贫困有关的作品以及适应基本文化需求的作品的空间或者地域范围仅限于农村地区,如果网络服务提供者超越该区域而向其他区域提供该类作品,则网络服务提供者逾越了既定范围,侵害了著作权人的权利。其二,被许可人逾越了既定的使用方式。仍然以《信息网络传播权保护条例》第9条为例,网络服务提供者根据该条规定从著作权人处获得的权利是信息网络传播权。网络服务提供者只能行使信息网络传播权而不得行使其他未经授权的权利,一旦行使其他权利则意味着网络服务提供者逾越了既定的使用方式。在这两种情形中,被许可人未经著作权人许可或者缺乏法律依据而实施了著作权这一专有权所控制的行为,因此其行为都属于直接侵权行为。对被许可人直接侵权行为的责任认定无须考虑其主观过错。

在著作权默示许可中,被许可人的行为是否有可能构成间接侵权?在著作权默示许可中,被许可人不存在实施间接侵权行为的空间。间接侵权以直接侵权的存在为前提。由于被许可人属于著作权默示许可的一方当事人,一旦被许可人实施超越既定授权范围和行使方式的行为,则其行为将被定性为直接侵权行为,而不存在间接侵权。被许可人教唆、帮助他人侵权或者为他人侵权提供实质性帮助的行为,已经超越了著作权默示许可的讨论范围。

第四节　完善我国相关法律条文的立法建议

一、《著作权法》有关默示许可的立法完善

《著作权法》并未明确规定默示许可，但是并非表明该法不允许默示许可的存在。著作权人可以自己行使著作权，也可以授权他人行使该权利。因此，《著作权法》针对他人使用著作权人的作品作了规定。《著作权法》第26条第1款针对他人使用作品的情形要求使用者与著作权人订立许可使用合同，但是并没要求使用者必须与著作权人订立书面许可使用合同。这就表明在特定情形下，使用者可以与著作权人订立书面许可使用合同之外的其他形式的协议。该法并未将默示许可排除在外，《著作权法实施条例》第23条的规定也印证了这一观点。该条规定表明，除了许可使用的权利属于专有使用权应当采用书面形式外，其他非专有使用权的许可并不排除以口头或者其他形式授权。

虽然《著作权法》以及《著作权法实施条例》并未完全排斥著作权默示许可的适用，同时也可以从法定许可与合理使用中找到著作权默示许可的踪迹，但是《著作权法》中的个别规定如该法第29条则抑制了著作权默示许可功能的发挥。该条规定，许可使用合同和转让合同中著作权人未明确许可、转让的权利，未经著作权人同意，另一方当事人不得行使。该条规定表明只有在著作权人作出明确的意思表示之下，他人才能获得著作权许可使用权或者专有权。此即表明著作权默示许可在著作权许可使用中并无适用的空间，与该法第26条第1款以及《著作权法实

施条例》第 23 条规定并不一致。为了承认著作权默示许可的法律地位，在现行法律条文的基础上，应对《著作权法》第 29 条作进一步的完善，在该条第 1 款之下增加一款作为该条第 2 款："著作权人的沉默在有法律规定、当事人约定或者符合当事人之间的交易习惯视为许可时，他人使用作品不构成侵犯著作权。"若依此予以修改，著作权默示许可将在《著作权法》中得以确立，同时其适用条件或者空间也将受到限制。毕竟，著作权默示许可并不能适用于整个著作权法领域，其适用空间具有特定性，如前文所说的对孤儿作品的适用、著作权延伸性集体管理的适用、网络著作权领域的适用。

著作权默示许可有自身的功能和价值，著作权默示许可属于授权许可方式的一种，能够促进作品的流通和传播，能够实现著作权人的经济利益和精神利益，激励作者进行创作，社会公众从中受益，最终能够增加社会公共利益。因此，著作权默示许可应当独立于合理使用及法定许可制度。但是，《著作权法》将著作权默示许可与法定许可、合理使用混为一体。正如有论者所言，这种做法违背了法定许可的立法目的。[①]为了能够进一步确立著作权默示许可在《著作权法》中的独立地位，完善著作权法定许可和合理使用制度，有必要对所涉条文进行修改，将例外声明予以删除。该问题在《著作权法》第三次修改后有所改善，如现《著作权法》第 25 条则是原《著作权法》第 23 条修改后的条文。相较于原《著作权法》第 23 条，现《著作权法》第 25 条已无例外声明规定，著作权人不得以声明的方式拒绝他人使用其作品用于为实施义务教育和国家教育规划而编写教科书。但令人遗憾的是，现《著作权法》并未完全将原《著作权法》中法定许可、合理使用当中的例外声明予以删除。

---

① 王国柱，李建华. 著作权法定许可与默示许可的功能比较与立法选择[J]. 法学杂志，2012(10):150-154.

例如，现《著作权法》第 24 条第 1 款第 4 项是有关报纸、期刊、广播电台、电视台等媒体刊登或播放其他媒体发表的关于政治、经济、宗教问题的时事性文章的合理使用规定。该项仍然保留了例外声明，著作权人可通过声明拒绝他人使用其文章。全面对法定许可及合理使用中的例外声明予以删除，一方面还著作权法定许可与合理使用以真面貌，真正实现二者应有的作用和功能；另一方面可以实现著作权默示许可与法定许可、合理使用制度的独立，确立其应有的法律地位，最大限度地发挥其作用和功能。

二、《信息网络传播权保护条例》有关默示许可的立法完善

《信息网络传播权保护条例》第 9 条赋予著作权人和被许可人相应的权利以及应履行的义务，其中著作权人的选择退出以及获取报酬的权利尤为重要。虽然《信息网络传播权保护条例》第 9 条设计了"选择—退出"机制、公告机制等，但是该条规定仍然存在不足，其不足主要体现在以下两个方面：

一方面，该条规定网络服务提供者应当提前公告拟提供的作品及其作者、拟支付报酬的标准、支付报酬的主体。支付标准的确定使著作权人的经济收益得以量化，从而保障著作权人获酬权的实现，也使著作权人可以向网络服务提供者主张确定的报酬。该条确定了支付报酬的主体是网络服务提供者，立法作此规定主要是为了方便著作权人实现其报酬权。由于该条第 2 款规定网络服务提供者不得获取直接或者间接经济利益，因此网络服务提供者向著作权人支付报酬之后，有关国家机关应当补贴网络服务提供者。如果不予补贴将有损网络服务提供者的合法权益，对网络服务提供者基于公共利益向农村地区提供与扶贫有关的作品

和适应基本文化需求的作品的积极性产生负面影响，不利于此类作品在农村地区的流通和传播。《信息网络传播权保护条例》第 9 条的立法目的在于扶助贫困。农村地区的公众主要从事种植养殖产业，因此从业主体急需种植养殖、防病治病、防灾减灾等作品。从个体上来讲，向农村地区的公众提供此类作品可以提高其生产技能，增加经济收入，提高其生活水平。从整体上来讲，农村地区生存环境和生产环境的改善，属于公共利益增长的体现。有论者认为应当由中央政府委托国家版权局筹建设立相应的默示许可专项基金。[①] 笔者不赞成该观点。2002 年 4 月，我国正式启动全国文化信息资源共享工程，该工程由国家财政部拨款，文化部组织实施。[②] 2018 年 3 月，第十三届全国人民代表大会第一次会议审议并通过国务院机构改革方案，组建文化和旅游部，不再保留文化部和旅游局。因此，现今组织实施全国文化信息资源共享工程的职责应当由文化行政管理部门即文化和旅游部履行。为扶助贫困通过信息网络向农村地区提供特定作品属于该工程的一部分，因此应当将文化和旅游部门确定为对网络服务提供者进行补贴的主体。这一方面保障了著作权人的经济利益，另一方面也保障了网络服务提供者传播此类作品的积极性。既然确定文化和旅游部门对网络服务提供者进行补贴的主体，则该条所涉报酬支付标准的制定、报酬核算等事项也应当由文化和旅游部门主导确定较为理想。

另一方面，网络服务提供者的资质或者条件有待进一步明确。由《信息网络传播权保护条例》第 9 条规定可知，网络服务提供者是向农

---

① 梅术文.信息网络传播权默示许可制度的不足与完善[J].法学,2009(6):51-58.

② 张建华.信息网络传播权保护条例释义[M].北京:中国法制出版社,2006:39.

村地区公众传播作品的媒介。但是该条并未对网络服务提供者的资质或者条件作出进一步规定。相关立法机关未对网络服务提供者的准入规定具体条件，其初衷是尽可能让更多的网络服务提供者参与此项公共事业。其立法初衷虽好，但不一定能实现。由于该条第2款规定，网络服务提供者通过信息网络向农村地区公众提供此类作品的，不得直接或者间接获得经济利益。虽然前文分析网络服务提供者能够通过参与此类事务扩大其影响力和知名度，但不能带来直接或者间接的经济利益。因此，相当部分的网络服务提供者向农村地区公众提供与扶助贫困有关的作品的积极性并不高，或者有些网络服务提供者以营利为目的擅自传播他人作品被著作权人诉诸法律后，网络服务提供者以该条为由规避法律责任。为了进一步明确网络服务提供者的条件，有论者认为，国家版权局应当定期公布一批学术类网站和政府类网站，一方面确认这些网站扶助贫困的资格，另一方面明确这些网站所应承担的义务，从而保障一定数量的网络服务提供者从事扶助贫困的传播活动。[①]由有关国家机关定期公布特定网站具有可行性，但如前文所述，实施该行为的主体应当是文化和旅游部门，而非国家版权局。与此同时，可以在此基础上进一步扩大网络服务提供者的范围，让更多的网络服务提供者参与此项活动，进一步促进和加快与扶助贫困有关的作品流向农村地区。但是立法应当对其他网站尤其是商业性网站参与此项活动作出相应的规范。首先，如其他网络服务提供者有通过网络向农村地区提供与扶助贫困有关的作品的意愿，可向文化和旅游部门提出申请，文化和旅游部门经过审查后决定该网络服务提供者是否有资

---

① 梅术文.信息网络传播权默示许可制度的不足与完善[J].法学，2009(6)：51-58.

格从事此项传播活动。其次，其他网络服务提供者获得文化和旅游部门授权后，应当按照《信息网络传播权保护条例》第 9 条履行相关义务，文化市场行政执法部门应当对该网络服务提供者的传播行为进行监督。最后，如其他网络服务提供者在传播活动中侵犯著作权人的著作权或者从中获取经济利益，文化和旅游部门应当取消该网络服务提供者参与传播活动的资格，并由文化市场行政执法部门责令网络服务提供者赔偿著作权人损失。

结语

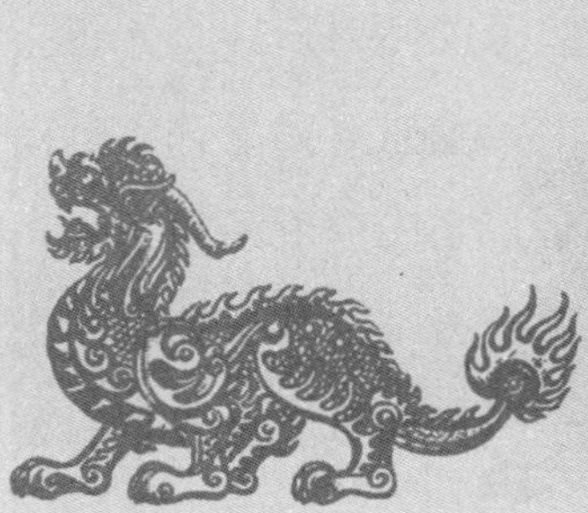

默示许可源于英美法系的合同法，继而引入知识产权法领域，运用于专利法、商标法、著作权法三大传统知识产权领域。数字网络技术的发展，丰富了知识产权的内涵，拓宽了其外延，于著作权而言亦是如此。技术与著作权相伴而行，技术的发展促进了作品的保护、使用等各方面的发展。在著作权领域，著作权默示许可迎来真正的发展和繁荣是在数字网络技术出现之后，其适用空间变得更大，适用门槛更低。

如何定义著作权默示许可是了解和认识著作权默示许可要解决的首要问题。笔者结合国内外立法和司法实践对著作权默示许可的特点进行总结，最后从这些特点入手对著作权默示许可进行定义。从国内外立法和司法角度去认识著作权默示许可更具意义和价值，实现了理论与实践的结合，实践将不断丰富理论的发展，理论将进一步指导实践。著作权默示许可具有何种法律属性仍具争议，而其属性决定著作权默示许可在著作权法中的法律地位及设计与安排。因此，有必要对著作权默示许可的法律属性进行分析与论证。笔者在前人研究的基础上提出"自愿授权—自我限制"一说，认为虽然著作权默示许可形式上是对著作权人权利的限制，但是该限制出于著作权人的自愿，因此其本质仍然属于授权许可。

虽然可以从《著作权法》等法律法规中发现著作权默示许可的踪迹，但是立法并未明确著作权默示许可的法律地位。为进一步推动著作权默示许可入法的进程，有必要对著作权默示许可的正当性进行论证。笔者从三个角度对著作权默示许可的正当性予以论证。其一，著作权默示许可作为授权许可，一方面可以激励作者进行创作，另一方面增加他人接触作品的机会。因此，著作权默示许可具有激励创作和保障接近作品的功能。其二，笔者从宪法价值的角度论证著作权默示许可的正当性。著作权默示许可对于实现公民基本权利以及维护公共利益具有宪法意义。其三，著作权默示许可能够回应现实需求。传统的著作权授权许可方式已经不能解决海量作品授权问题，著作权默示许可的出现能够解决数字网络技术带来的作品授权传播和使用问题。

著作权默示许可不同于一般的授权许可，因此其适用空间具有特定性。著作权默示许可可以适用于孤儿作品，也可以适用于著作权延伸性集体管理制度，但著作权默示许可最大的适用空间当属网络著作权领域。著作权默示许可因应时代发展的需求，从根本上解决了网络作品授权传播和使用的问题。为了能够充分发挥著作权默示许可的功能和作用，有必要科学、合理地构建著作权默示许可。著作权默示许可的构建应当遵循诚实信用、利益平衡、效益三大原则。应当合理设计我国著作权默示许可的立法路径，主要从《民法典》《著作权法》《信息网络传播权保护条例》等法律法规予以安排和设计。在此基础之上进一步明确相关主体的权利义务及责任。在《著作权法》以后的修改中，应进一步明确著作权默示许可的法律地位。此外，应当进一步完善我国其他有关著作权默示许可的法律法规。

参考文献

一、著作类

（一）中文著作

[1] 蔡中宏. 教育与社会发展研究：基于文化和人的视角 [M]. 北京：中国社会科学出版社，2013.

[2] 丁丽瑛. 知识产权法 [M]. 厦门：厦门大学出版社，2016.

[3] 冯晓青. 知识产权法利益平衡理论 [M]. 北京：中国政法大学出版社，2006.

[4] 付子堂. 法律功能论 [M]. 北京：中国政法大学出版社，1998.

[5] 付子堂. 法理学初阶 [M]. 北京：法律出版社，2005.

[6] 付子堂. 法理学进阶 [M]. 北京：法律出版社，2005.

[7] 关今华. 基本人权保护与法律实践 [M]. 厦门：厦门大学出版社，2003.

[8] 郭威. 版权默示许可制度研究 [M]. 北京：中国法制出版社，2014.

[9] 韩大元，王建学. 基本权利与宪法判例 [M]. 北京：中国人民大学出版社，2013.

[10] 贺鸣. 著作权法定许可制度研究 [M]. 广州：世界图书出版公司，2017.

[11] 黄茂荣. 法学方法与现代民法 [M]. 7版. 厦门：厦门大学出版社，2024.

[12] 黄梦醒. 数字图书馆服务链：服务模式·体系架构·关键技术 [M]. 北京：清华大学出版社，2013.

[13] 胡康生. 中华人民共和国著作权法释义 [M]. 北京：法律出版社，2002.

[14] 江平. 民法学 [M]. 北京：中国政法大学出版社，1999.

[15] 李琛. 著作权基本理论批判 [M]. 北京：知识产权出版社，2013.

[16] 李明德，许超. 著作权法 [M]. 北京：法律出版社，2003.

[17] 李培. 数字图书馆原理及应用 [M]. 北京：高等教育出版社，2004.

[18] 林来梵. 从宪法规范到规范宪法 [M]. 北京：商务印书馆，2017.

[19] 刘平凡. 大数据搜索引擎原理分析及编程实现 [M]. 北京：中国工信出版集团, 2016.

[20] 刘兆兴. 比较法学 [M]. 北京：社会科学文献出版社, 2004.

[21] 龙卫球. 民法总论 [M]. 北京：中国法制出版社, 2002.

[22] 柳经纬. 民法 [M]. 厦门：厦门大学出版社, 2012.

[23] 罗争玉. 文化事业的改革与发展 [M]. 北京：人民出版社, 2006.

[24] 潘雪峰, 花桂春, 梁斌. 走进搜索引擎 [M]. 北京：电子工业出版社, 2011.

[25] 汤茂仁. 知识产权合同理论与判解制度 [M]. 苏州：苏州大学出版社, 2005.

[26] 唐义虎. 知识产权侵权责任研究 [M]. 北京：北京大学出版社, 2015.

[27] 王春燕. 平行进口法律规制的比较研究 [M]. 北京：中国人民大学出版社, 2012.

[28] 王利明. 人格权法研究 [M]. 北京：中国人民大学出版社, 2012.

[29] 王利明. 民法 [M]. 北京：中国人民大学出版社, 2008.

[30] 王利明. 人格权新论 [M]. 长春：吉林人民出版社, 1994.

[31] 王迁. 知识产权法教程 [M]. 北京：中国人民大学出版社, 2016.

[32] 王迁. 网络环境中的著作权保护研究 [M]. 北京：法律出版社, 2011.

[33] 王迁. 著作权法 [M]. 北京：中国人民大学出版社, 2015.

[34] 汪全胜. 立法效益研究：以当代中国立法为视角 [M]. 北京：中国法制出版社, 2003.

[35] 王泽鉴. 民法总则 [M]. 北京：北京大学出版社, 2009.

[36] 吴志荣. 数字图书馆：从理念走向现实 [M]. 上海：学林出版社, 2000.

[37] 吴汉东. 著作权合理使用制度研究 [M]. 北京：中国政法大学出版社, 2005.

[38] 吴汉东, 等. 西方诸国著作权制度研究 [M]. 北京：中国政法大学出版社, 1998.

[39] 吴汉东. 知识产权法 [M]. 北京：法律出版社, 2014.

[40] 夏立新, 黄晓斌, 金燕, 等. 数字图书馆导论 [M]. 北京：科学出版

社，2009.

［41］许崇德.宪法［M］.北京：中国人民大学出版社，2014.

［42］徐国栋.民法基本原则解释：成文法局限性之克服［M］.北京：中国政法大学出版社，1992.

［43］徐国栋.民法基本原则解释：诚信原则的历史、实务、法理研究［M］.北京：北京大学出版社，2013.

［44］严桂珍.平行进口法律规制研究［M］.北京：北京大学出版社，2009.

［45］易建雄.技术发展与版权扩张［M］.北京：法律出版社，2009.

［46］尹新天.专利权的保护［M］.北京：知识产权出版社，2005.

［47］袁津生，李群，蔡岳.搜索引擎原理与实践［M］.北京：北京邮电大学出版社，2008.

［48］张春红，于翠波，朱新宁，等著.社交网络（SNS）技术基础与开发案例［M］.北京：人民邮电出版社，2012.4.

［49］张建华.信息网络传播权保护条例释义［M］.北京：中国法制出版社，2006.

［50］张新宝.侵权责任构成要件研究［M］.北京：法律出版社，2007.

［51］张文显.法理学［M］.北京：高等教育出版社，2010.

［52］周赟.法理学［M］.北京：清华大学出版社，2013.

［53］周占生.权利的限制与抗辩［M］.北京：科学技术文献出版社，2015.

［54］朱广新.信赖责任研究：以契约之缔结为分析对象［M］.北京：法律出版社，2007.

［55］卓泽渊.法理学［M］.北京：法律出版社，2009.

（二）中文译著

［1］彼得·达沃豪斯.知识财产法哲学［M］.周林，译.北京：商务印书馆，2008.

［2］彼得·达沃豪斯，约翰·布雷思韦特.信息封建主义［M］.刘雪涛，译.北京：知识产权出版社，2005.

［3］布拉德·谢尔曼，莱昂内尔·本特利.现代知识产权法的演进［M］.金海军，译.北京：北京大学出版社，2006.

[4]迪特尔·梅迪库斯.德国民法总论[M].邵建东,译.北京:法律出版社,2013.

[5]德国民法典[M].陈卫佐,译.北京:法律出版社,2004.

[6]K.茨威格特,H.克茨.比较法总论[M].潘汉典,米健,高鸿钧,等译.北京:法律出版社,2003.

[7]卡尔·拉伦茨.德国民法通论:下册[M].王晓晔,邵建东,等译.北京:法律出版社,2013.

[8]M.雷炳德.著作权法[M].张恩民,译.北京:法律出版社,2005.

[9]维尔纳·弗卢梅.法律行为论[M].迟颖,译.北京:法律出版社,2013.

[10]法国民法典[M].罗结珍,译.北京:中国法制出版社,1999.

[11]孟德斯鸠.论法的精神[M].许明龙,译.北京:商务印书馆,2012.

[12]科恩.论民主[M].聂崇信,朱秀贤,译.北京:商务印书馆,1988.

[13]劳伦斯·莱斯格.代码2.0:网络空间中的法律[M].李旭,沈伟伟,译.北京:清华大学出版社,2009.

[14]理查德·毕曼.美国宪法导读[M].刘雁,译.北京:商务印书馆,2016.

[15]罗伯特·P.墨杰斯,等.新技术时代的知识产权法[M].齐筠,张清,彭霞,等译.北京:中国政法大学出版社,2003.

[16]罗斯科·庞德.通过法律的社会控制[M].沈宗灵,译.北京:商务印书馆,2010.

[17]小杰伊·德雷特勒.知识产权许可:上[M].王春燕,等译.北京:清华大学出版社,2003.

[18]日本著作权法[M].李扬,译.北京:知识产权出版社,2011.

[19]十二国著作权法[M].《十二国著作权法》翻译组,译.北京:清华大学出版社,2011.

[20]外国宪法选译[M].肖君拥,等译校.北京:法律出版社,2015.

(三)英文著作

[1]APLIN T F, APLIN T, DAVIS J. Intellectual Property Law: Text, Cases, and

Materials [M]. New York: Oxford University Press, 2013.

[2] FICSOR M. Collective Management of Copyright and Related Rights [M]. Geneva: WIPO, 2002.

[3] MERGES R P, MENELL P S, LEMLEY M A. Intellectual Property in the New Technological Age (4th edition) [M]. Colorado: Aspen Publishers, 2003.

[4] NIMMER D. Nimmer on Copyright [M]. New York: LexisNexis, 2013.

[5] PATTERSON L R. The Nature of Copyright: A Law of Users' Right [M]. Athens: University of Georgia Press, 1991.

二、论文类

（一）学位论文

[1] 方纲德.中韩著作权法律制度比较研究 [D].大连：中国海洋大学，2009.

[2] 王国柱.知识产权默示许可制度研究 [D].长春：吉林大学，2013.

（二）中文期刊论文

[1] 陈融."允诺禁反言"原则研究 [J].河北法学，2007（7）.

[2] 丁丽瑛，韩伟.延伸性著作权集体管理的理论基础探析 [J].中国版权，2014（1）.

[3] 丁士军，王妙.新时期文化扶贫的有效路径探析 [J].学习与实践，2017（10）.

[4] 丁文.权利限制论之疏解 [J].法商研究，2007（2）.

[5] 杜伟.著作权延伸性集体管理制度若干问题探析：基于著作权法的立法考量 [J].知识产权，2013（1）.

[6] 冯晓青，邓永泽.数字网络环境下著作权默示许可制度研究 [J].南都学坛（人文社会科学学报），2014（5）.

[7] 冯晓青.著作权法的利益平衡理论研究 [J].湖南大学学报（社会科学版），2008（11）.

［8］冯晓青.著作权法之激励理论研究：以经济学、社会福利理论与后现代主义为视角［J］.法律科学，2006（6）.

［9］冯晓青.著作权合理使用制度之正当性研究［J］.现代法学，2009（4）.

［10］付子堂.社会学视野中的法律功能问题［J］.郑州大学学报（哲学社会科学版），1999（5）.

［11］郭威.默示许可在版权法中的演进与趋势［J］.东方法学，2014（3）.

［12］胡开忠.构建我国著作权延伸性集体管理制度的思考［J］.法商研究，2013（6）.

［13］黄汇.版权法上公共领域的衰弱与兴起［J］.现代法学，2010（4）.

［14］贾俊民.贫困文化：贫困的贫困［J］.社会科学论坛，1999（5-6）.

［15］景小勇，叶青.文艺生产社会效益与经济效益辨析［J］.艺术百家，2016（3）.

［16］李华伟.民国文献数字化利用及其著作权问题：以国家图书馆馆藏为例［J］.图书馆建设，2010（10）.

［17］李醒民.知识的三大部类：自然科学、社会科学和人文科学［J］.学术界，2012（8）.

［18］李雨峰.论著作权的宪法基础［J］.法商研究，2006（4）.

［19］李宗辉.论著作权的绝对权性质、交易安全保护与默示许可：兼评方正宝洁字体侵权案二审判决［J］.电子知识产权，2012（10）.

［20］梁志文.版权法上的"选择退出"制度及其合法性问题［J］.法学，2010（6）.

［21］梁志文.著作权延伸性集体许可制度的移植与创制［J］.法学，2012（8）.

［22］刘杨.正当性与合法性概念辨析［J］.法制与社会发展，2008（3）.

［23］吕炳斌.反思著作权法：从Google数字图书馆说起［J］.图书馆杂志，2007（5）.

［24］吕炳斌.数字时代版权保护理念的重构：从以复制权为中心到以传播权为中心［J］.北方法学，2007（6）.

［25］吕炳斌.网络时代的版权默示许可制度：两起Google案的分析［J］.电子知识产权，2009（7）.

[26]马岭.民主与自由关系的思考[J].上海政法学院学报（法治论丛），2016（5）.

[27]梅术文.信息网络传播权默示许可制度的不足与完善[J].法学，2009（6）.

[28]孙新强，姜荣.著作权延伸性集体管理制度的中国化构建：以比较法为视角[J].法学杂志，2018（2）.

[29]王栋.基于网络搜索服务的默示许可制度研究[J].常熟理工学院学报（哲学社会科学版），2010（1）.

[30]王光.言论出版自由权与著作权[J].当代法学，1992（2）.

[31]王国柱，李建华.著作权法定许可与默示许可的功能比较与立法选择[J].法学杂志，2012（10）.

[32]王国柱.著作权"选择退出"默示许可的制度解析与立法构造[J].当代法学，2015（3）.

[33]王迁."孤儿作品"制度设计简论[J].中国版权，2013（1）.

[34]吴汉东.论财产权体系：兼论民法典中的"财产权总则"[J].中国法学，2005（2）.

[35]夏勇.权利哲学的基本问题[J].法学研究，2004（3）.

[36]熊琦.著作权延伸性集体管理制度何为[J].知识产权，2015（6）.

[37]徐暄.从宪政的视角看知识产权[J].电子知识产权，2005（7）.

[38]薛红.网络改写《著作权法》[J].IT世界，2001（17）.

[39]严桂珍.我国专利平行进口制度之选择：默示许可[J].政治与法律，2009（4）.

[40]尹卫民.著作权默示许可的法律性质[J].西南石油大学学报（社会科学版），2014（1）.

[41]尹卫民.著作权默示许可对图书馆等非营利性机构孤儿作品的适用：以《著作权法》第3次修订为视角[J].图书馆建设，2017（11）.

[42]翟建雄.合理使用还是侵犯版权？：Google图书馆计划的判例解析[J].法律文献信息与研究，2007（4）.

[43]赵莉.网络环境下默示许可与版权之权利限制分析[J].信息网络安全，2009（2）.

[44] 赵莉. 质疑网络版权中"默示许可"的法律地位 [J]. 电子知识产权, 2003（12）.

[45] 张今, 陈倩婷. 论著作权默示许可使用的立法实践 [J]. 法学杂志, 2012（2）.

[46] 张今. 数字环境下恢复著作权利益平衡的基本思路 [J]. 科技与法律, 2004（4）.

[47] 周艳敏, 宋慧献. 关于孤儿作品著作权问题的立法设想 [J]. 电子知识产权, 2011（3）.

（三）英文期刊论文

[1] ABRAMS H B. Copyright's First Compulsory License [J]. Santa Clara Computer & High Tech. LJ, 2009, 26（2）.

[2] AFORI O F. Implied License: an Emerging New Standard in Copyright Law [J]. Santa Clara Computer & High Tech. LJ, 2008, 25（2）.

[3] BURNHAM S J. The Interstices of Copyright Law and Contract Law Ⅱ: Finding the Terms of an Implied Nonexclusive License in the Absence of Joint Authorship [J]. J. Copyright Soc'y USA, 2014, 62（2）.

[4] DEAZLEY R. The Myth of Copyright at Common Law [J]. The Cambridge Law Journal, 2003, 62（1）.

[5] JANIS M D. A Tale of the Apocryphal Axe: Repair, Reconstruction, and the Implied License in Intellectual Property Law [J]. Md. L. Rev., 1999, 58（2）.

[6] JASIEWICZ M I. Copyright Protection in an Opt-Out World: Implied License Doctrine and New Aggregators [J]. Yale LJ, 2012, 122（3）.

[7] LAUBE H D. Jurisprudence of Interests [J]. Cornell Law Quarterly, 1948, 34（3）.

[8] MOORE H C. Atari v. Nintendo: Super Mario Uses Expressive Security Feature to Lock out the Competition [J]. Rutgers Computer & Tech. LJ, 1992, 18（2）.

[9] NEWMAN C M. A License Is Not a Contract Not to Sue: Disentangling Property and Contract in the Law of Copyright Licenses [J]. Iowa L. Rev., 2012, 98（3）.

[10] NEWMAN C M. What Exactly Are You Implying: The Elusive Nature of

the Implied Copyright License[J]. Cardozo Arts & Ent. LJ, 2013, 32(2).

[11] O'ROURKE M A. Drawing the Boundary between Copyright and Contract: Copyright Preemption of Software License Terms[J]. Duke LJ, 1995, 45(3).

[12] SCHLACHTER E. The Intellectual Property Renaissance in Cyberspace: Why Copyright Law Could Be Unimportant on the Internet[J]. Berkeley Tech. LJ, 1997, 12(1).

[13] SHAH M. Fair Use and Google Book Search Project: The Case for Creating Digital Libraries[J]. CommLaw Conspectus, 2006, 15(2).

[14] SIEBRASSE N. A Property Rights Theory of the Limits of Copyright[J]. U. toronto lJ, 2001, 51(1).

[15] SIEMAN J S. Using the Implied License to Inject Common Sense into Digital Copyright[J]. NCL Rev., 2006, 85(3).

[16] VETHAN C M R. The Defenses of Estoppel and Implied License in Copyright Infringement Claims in the Online World: A Case Study[J]. S. Tex. L. Rev., 2007, 49(2).

三、报纸文章

[1] 禾泽."谷歌图书馆"被迫在多国让步[N]. 中国文化报, 2013-01-08.
[2] 郑胜利. 知识产权法定主义[N]. 中国知识产权报, 2004-03-09.

四、电子文献

[1] Article 77 of Canada Copyright Law[EB/OL].(2012-05-19)[2021-05-16]. http://www.doc88.com/p-083650578230.html.

[2] Directive 2012/28 EU[EB/OL].(2012-10-27)[2021-05-19]. http://www.wipo.int/wipolex/en/text.jsp?file_id=289354.

[3] Directive 2012/28 EU ANNEX[EB/OL].(2012-10-27)[2021-05-19]. http://www.wipo.int/wipolex/en/text.jsp?file_id=289354.

[4] 2010年第六次全国人口普查主要数据公报[EB/OL].(2012-04-20)

[2021-04-02]. http://www.gov.cn/test/2012-04/20/content_2118413.htm.

［5］国家中长期教育改革和发展规划纲要工作小组办公室.国家中长期教育改革和发展规划纲要（2010—2020年）[EB/OL].（2010-07-29）[2021-03-31］. https://www.gov.cn/jrzg/2010-07-29/content_1667143.htm.

［6］Shawn Bentley Orphan Works Act of 2008, S. 2913 [EB/OL].（2008-09-27）[2021-06-21］. https://www.congress.gov/.

［7］U.S. Copyright Office. Report on Orphan Works [EB/OL].（2008-03-01）[2021-05-16］. https://www.copyright.gov/orphan-report-full.pdf.

［8］中华人民共和国著作权法（修订草案送审稿）[EB/OL].（2014-06-10）[2021-05-16］. http://www.fengxiaoqingip.com/law/lawzz/jzqfl/20150302/10125.html.

五、判例

（一）中文判例

［1］北京市第一中级人民法院（2011）一中民终字第5969号。

［2］北京市海淀区人民法院（2008）海民初字第27047号。

［3］重庆市中级人民法院2017（渝）01民终字第5027号。

［4］徐州市中级人民法院（2013）徐知民初字第0421号。

（二）英文判例

［1］British Leyland Motor Co. v. Armstrong Patents Co. Ltd UKHL 7（1986）.

［2］De Forest Radio Telephone Co. v. United States, 273 U. S. 241（1927）.

［3］Effects Associates Inc. v. Cohen, 908 F. 2d555（1990）.

［4］Field v. Google Inc., 412 F. Supp. 2d 1106（2006）.

六、研究报告

Intellectual Property and the National Information Infrastructure. The Report of the Working Group on Intellectual Property Rights [R]. Washington, D. C.: Informat ion Infrastructure Task Force 1995.

七、辞书和资料汇编

［1］辞海编辑委员会.辞海：上［M］.上海：上海辞书出版社，1979.

［2］中国社会科学院语言研究所词典编辑室.现代汉语词典［M］.7版.北京：商务印书馆，2016.

［3］马克思，恩格斯.马克思恩格斯选集：第2卷［M］.中共中央马克思恩格斯列宁斯大林著作编译局，编译.北京：人民出版社，1995.

［4］马克思，恩格斯.马克思恩格斯选集：第19卷［M］.中共中央马克思恩格斯列宁斯大林著作编译局，编译.北京：人民出版社，1995.